高等学校"十三五"规划教材

宏观经济学

陈安宁　朱　喆　编著

西安电子科技大学出版社

内 容 简 介

　　本书主要介绍当今各种宏观经济学的主流思想。全书共 15 章，内容包括导论、宏观经济的指标与衡量、消费与投资、经济增长、经济周期初论、财政政策与 IS 曲线、货币市场均衡与 LM 曲线、IS‑LM 模型与宏观经济政策、开放宏观经济、汇率制度与经济政策、总供给理论、失业、通货膨胀、政府债务、再论经济周期与治理等。在保持"把注意力始终放在经济学的基本概念和核心理论"这一前提下，本书对第 5 章做了重点论述。

　　本书适合于高等院校经济学专业、财经类专业本科生及教师，政府和企业管理者，以及所有对经济学感兴趣的读者使用。

图书在版编目(CIP)数据

宏观经济学 / 陈安宁，朱喆编著. 一西安：西安电子科技大学出版社，2019.7
ISBN 978 - 7 - 5606 - 5312 - 9

Ⅰ. ① 宏…　Ⅱ. ① 陈…　② 朱　Ⅲ. ① 宏观经济学
Ⅳ. ① F015

中国版本图书馆 CIP 数据核字(2019)第 082979 号

策划编辑　陈　婷
责任编辑　王　瑛
出版发行　西安电子科技大学出版社(西安市太白南路 2 号)
电　　话　(029)88242885　88201467　　邮　编　710071
网　　址　www.xduph.com　　　　　电子邮箱　xdupfxb001@163.com
经　　销　新华书店
印刷单位　咸阳华盛印务有限责任公司
版　　次　2019 年 7 月第 1 版　2019 年 7 月第 1 次印刷
开　　本　787 毫米×1092 毫米　1/16　印张　14
字　　数　329 千字
印　　数　1～3000 册
定　　价　32.00 元
ISBN 978 - 7 - 5606 - 5312 - 9/F
XDUP　5614001 - 1

前言
QIANYAN

与微观经济学相比，宏观经济学是一门更为年轻的经济学分支。宏观经济学的诞生是与那场悲惨的大萧条和天才的凯恩斯密切相关的。与微观经济学不同，宏观经济学发展走的不是一条扩展式的思辨进路——不断用新范式包容旧范式，而是一条颠覆式的思辨进路，一直处在"革命"与"反革命"的斗争中：凯恩斯的革命—弗里德曼的反革命—卢卡斯、基德兰德和普雷斯科特等人的继续反革命—新凯恩斯主义的再革命。正因为如此，宏观经济学的教材体系远比微观经济学丰富多样。以中级宏观经济学为例，目前欧美宏观经济学教材大致分为三大体系：一是以萨缪尔森和布兰查德等为代表的正统凯恩斯主义体系；二是以曼昆和多恩布什等为代表的新凯恩斯主义体系；三是以巴罗和威廉森为代表的新古典宏观经济学体系。前两种教材体系以凯恩斯主义、新凯恩斯主义宏观经济学进路为主轴，稍带讲授一些货币主义和新古典宏观经济学；第三种教材体系以新古典宏观经济学进路为核心，顺便介绍一些凯恩斯主义和新凯恩斯主义宏观经济学。

本书采用前两种教材体系，在保留较大篇幅的 IS-LM 模型介绍时，加强 AD-AS 模型的应用（因为 IS-LM 模型和乘数理论在许多国外教材中正在弱化和消失，逐渐为 AD-AS 模型替代，但是，国内许多教材仍将其视为主干），同时，为了比较全面地介绍宏观经济学，书中还加入了有关新古典宏观学派——理性预期和实际经济周期理论观点的介绍。

与微观经济学不同，宏观经济学发展的动力主要来自一些重大历史经济事件，如大萧条、石油危机等。这些历史事件常常会颠覆传统宏观经济学理论，进而促使新的宏观经济学理论诞生。所以，了解这些历史事件对理解宏观经济学理论是有很大帮助的。另一方面，为了验证各种宏观经济学理论，经济学家们进行了许多经济调查和分析，这些调查和分析结果对理解宏观经济学理论也是很有帮助的。因此，在编写本书前，我们听取了许多老师和本科学生对国内外宏观经济学教材比较的看法，在编写时增加了案例部分（包括许多现实世界的经济数据和事件），让学生切身体会到宏观经济学就在身边。

另外，为了便于让本科学生更好地理解宏观经济学理念，书中尽量使用简单的数学模型和示意图；同时，为了满足部分求知欲较强学生的需求，将过于复杂的数学分析放在各章末的附录中，便于学生查阅。书中带星号"＊"的章节，教师可根据实际课时数对其进行取舍。

现代宏观经济学有着广泛的研究领域，但因篇幅所限，本书仅涉及了一些精心选择的问题，供经管类大学本科生使用。

本书编写分工如下：陈安宁和朱喆合写第 1 章，朱喆撰写第 2～8 章，陈安宁撰写第 9～15 章。全书由陈安宁统稿。

尽管我们付出了诸多努力，但疏漏之处在所难免，敬请广大读者批评指正。

陈安宁

2018 年秋于杭州文汇苑

目 录

MULU

第 1 章 导 论

本章首先讨论什么是宏观经济学;其次介绍宏观经济学主要研究的问题;最后介绍宏观经济学的研究方法,即应用微观经济学原理构建宏观经济学模型,探讨宏观经济运行规律。

1.1 什么是宏观经济学

我们每天都可以从报刊、杂志、电视和网络中接触到当今世界上贫富悬殊的报道,那么,为什么一些国家富裕,而另一些国家则贫穷?为什么我们今天的生活比父辈要富足?为什么一些国家、地区,乃至全世界的总体经济活动存在波动?是什么导致了一些国家恶性通货膨胀?为什么一些发达国家会存在严重失业?为什么一些国家政府会欠巨额债务?宏观经济学就是为了解答这些社会经济问题而发展起来的一门经济学。

宏观经济学以整个社会的总体经济活动作为考察对象,所以英文"macroeconomics"除了被译作"宏观经济学"外,还被译作"总体经济学"。宏观经济学关注的是一个国家的消费者、企业和政府的总体行为,社会经济活动的总水平,各国间的经济相互影响,以及财政和货币政策的效应。有人将宏观经济学研究内容概括为四个主体(即家庭、企业、政府和国外部门)、三个市场(即商品市场、金融市场和要素市场)。这四个主体与三个市场之间的相互关系,以及其中所涉及的概念构成了宏观经济学研究的主要对象。通过图 1.1,我们可以较好地理解整个宏观经济运行的框架和脉络。

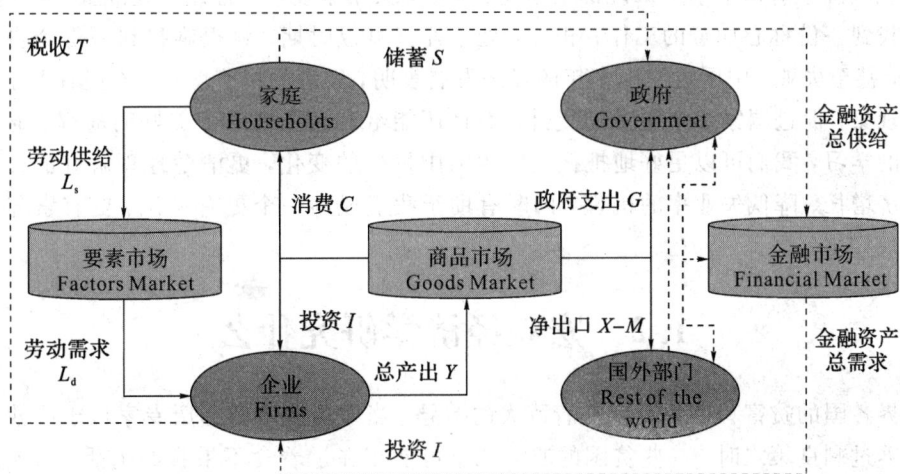

(资料来源:袁志刚等,《宏观经济学》,高等教育出版社,2008年)

图 1.1 宏观经济学的主要框架

家庭、企业、政府、国外部门这四个主体构成了宏观经济的所有行为主体。需要注意的是，这里所做的区分主要是根据行为特征本身。家庭是最终消费品的消费者。企业是投资者，即生产性要素的消费者。政府是一个整体性的特殊消费和投资者。国外部门是用不同货币结算的纯消费者。在宏观经济理论中，这四个主体都是抽象概念，是泛指或代表性、典型性的描述，不是特指任何家庭或企业，也不特指哪个政府或国家，不要简单与现实中诸如由夫妻、孩子组成的家庭或由某些机关部门组成的政府等定义相混淆。

商品市场、金融市场、要素市场，是所有行为发生的场所。商品市场是整个框架的核心，从消费角度反映了一国的生产状况。GDP(gross domestic product，国内生产总值)就是整个商品市场中新生产出来的产品与服务的总和。金融市场反映了服务于商品市场即实体经济背后的货币流动情况。某些时候，货币流动的趋势与幅度可能脱离实体经济。要素市场从生产角度反映了一国的各种要素供求及相应的收入分配情况。要素市场原本应该包含土地、劳动力、资本、企业家才能、知识等诸多生产要素，但由于土地和资本已经金融化，企业家才能、知识往往列于劳动力的特殊类别，因此通常只需研究广义的要素市场。

宏观经济学有别于微观经济学，因为它涉及的是所有经济主体行为对经济的总体影响，而不是单个消费者或企业的选择对经济的局部影响。然而，近三四十年来，微观经济学家与宏观经济学家都在使用非常相似的研究工具，微观经济学与宏观经济学之间的区别已经不再那么明显了。也就是说，宏观经济学家用来描述消费者与企业的行为、目标与约束，以及它们之间相互影响的经济模型，是根据微观经济学原理建立起来的，而且在分析这些模型和数据时通常也都采用微观经济学家所用的方法。这就要求我们学习宏观经济学时继续扮演学习微观经济学时扮演的角色，成为一名出色的规划求解者。如果要说宏观经济学还有一些特色的话，那就是它研究的重点是总体经济的长期增长和短期波动。经济增长(economic growth)是指一个经济在一定时期内生产产品和服务能力的提高。经济波动(economic fluctuation)，也称经济周期(business cycle)，是指一个经济活动的短期波动，如经济景气(boom，亦译为"繁荣")与衰退(recession)的周而复始的交替。

宏观经济学对每个学生来说都很重要。比如，大学毕业时，若处于经济景气时期，就会更容易找到一份称心如意的工作；相反，处于经济衰退时期，就很难找到一份令自己满意的工作，甚至失业。中国近三十多年的经济发展表明，经济的快速增长，不仅有助于减少社会贫困现象，促进国家综合实力的提升，而且还能给自己带来一个美好的前程。通过宏观经济学的学习，我们可以更好地把握经济生活中发生的变化，更清楚地理解好的经济政策促进经济增长、降低失业率的机理，同时有助于我们成为一个更有见识、更有素养和更有良知的现代化公民。

1.2 宏观经济学研究什么

世界各国的贫富程度一直存在着巨大的差异。当发达国家的健康专家忙于寻找解决青少年营养过剩良策之时，一些贫困的非洲儿童可能正在过着食不果腹的生活。从宏观经济学的角度来看，富国与穷国之间的差异来自于它们各自不同的经济发展历程。富国通常经历过一个较长时期的高速经济增长，而穷国则可能从未有过持续的增长，甚至还可能经历过一定时期的经济衰退。

生产的增长率，尤其是人均产出的增长率最终决定了一国的贫富程度，因而，宏观经济学的一个最重要的任务就是要找出经济增长的决定因素。然而，这并不容易。举一个简单的例子：是什么使德国、日本和韩国这样资源贫乏且饱经战火摧残的国家在一两代人的时间里就恢复，甚至完成了现代化，而一些资源丰富的拉美国家的经济却在 20 世纪七八十年代长期停滞不前，甚至出现负增长呢？为什么中国在改革开放前后，经济增长的表现会有惊人的差异？宏观经济学家对这些问题进行了卓有成效的研究，并得出了一些令人信服的结论，但是，目前他们仍然无法准确地回答经济增长的主要决定因素究竟有哪些。尽管如此，他们当中的大多数人还是确信，较高的储蓄率和投资率、积极的技术和制度创新，以及一些诸如稳定的政治生态、长期的和平环境等其他因素是取得高增长的重要条件。这些探索都为人们进一步研究经济增长提供了有价值的思路。

经济运行过程中，实际 GDP 的增长率和失业率等宏观经济指标会在长期趋势面上作不规则波动。由于经济活动的复杂性和不确定性，经济运行的波动并非像时钟的运转那样规则和固定，其演变的进程往往是随机的和难以预料的。

尽管制定经济政策的工作通常落在各个国家或地区的领导人身上，但解释经济现象、预测经济结果和提供经济政策方案等工作却往往由宏观经济学家来完成。为了达到这些目的，宏观经济学家首先需要收集不同时期和不同国家或地区有关收入、价格、失业和其他许多变量的数据；然后，构建一般性理论来解释这些数据现象。像研究星体演变的天文学家或研究物种进化的生物学家一样，宏观经济学家不能在实验室中进行受控实验。相反，他们必须利用历史观察数据来说明和实证他们的理论。宏观经济学家观察到各国经济互不相同，而且还会随着时间的推移而发生变化。这些观察既提供了发展宏观经济理论的素材，又提供了检验这些理论的依据。在分析各种资料的基础上，宏观经济学还需要研究政府政策对经济产出、就业、通货膨胀和贸易平衡的影响程度，以及如何确定"最优"政策等。

1.3　经济学理论与模型

客观地说，宏观经济学是一门年轻而不完善的科学。经济学家预测宏观经济未来趋向的能力并不比地质学家预测下一次强地震爆发时间的能力强。但是，经济学家对宏观经济运行的知识相当熟悉。这些宏观经济知识既有助于解释经济事件，又有助于制定合理的经济政策。

在研究宏观经济问题时，经济学家们经常会有激烈的争论，但是，他们总会试图以科学家的客观性来分析这些分歧。与任何一门科学一样，经济学有自己的一套工具（如术语、数据、辩术和思考方式等）。不过，在社会科学中，现代经济学的特别之处在于它的思考方式往往与某些数学模型联系在一起。这些工具，特别是数学模型对外行来说几乎是十分陌生和神秘的。至于为什么经济学家特别喜欢用数学模型说明问题，谁也没有给出一个完全合理的解释。不过，这种现象大概与以下两点事实有关：一是存在大量系统化的宏观经济数据可供经济学研究使用，整理、挖掘这些数据需要数学；二是经济学中许多概念需要用数学语言来描述（这与那场轰轰烈烈的边际革命有关）。既然数学成了陈述经济学问题的普遍语言，许多经济学术语需要用数学语言来描述，那么，我们就要去熟悉它。熟悉这些数学分析工具的最佳方法就是不断运用这些工具进行实践。为此本书提供了充分的机会让读者进行这种实践。为了使这些数学分析工具不那么令人望而生畏，本书主要讨论一些比较简单的，但又十分重要的工具。

小孩通过玩玩具模型学到了现实世界的许多知识。例如，他们经常组装汽车模型、轮船模型或飞机模型，虽然这些玩具模型与实物相差甚远，但是模型组建者可以从中学到很多相关知识。模型表明了我们试图模仿的实物的本质。此外，对许多孩子来说，组装模型是很有趣的。

经济学家也用模型来理解世界。他们将复杂的经济系统运行过程简化为由少数可把握变量构成的模型。不过，与小孩的玩具模型不同，经济学模型不是实物的，而是文字的，或数学的。在古典经济学时期，经济学模型几乎都是文字的。到了边际革命时期，像戈森、杰文斯、门格尔、瓦尔拉斯和马歇尔等经济学家开始不断试图用数学语言描述经济学问题。其后，数学模型就逐渐成为经济学研究问题的主流范式。宏观经济学家常常通过构建数学模型来说明 GDP 增长率、通货膨胀和失业等经济变量之间的关系。由于经济学模型能够帮助我们略去无关的细节和关注根本的联系，因此，它们对我们理解宏观经济运行大有用途。

预测事物时，人们一般会简化现实世界的关系，以便用一个简单的模型来概括它们。经济学的艺术在于判断简化的假设（例如假设一个城市房子租赁市场上所有房子的租金是相同的）什么时候揭示了事物的本质和什么时候偏离了事物的本质。简化的假设是构建一个有用模型的必要组成部分。如果构建的模型完全反映现实，那么，这样的模型会复杂到任何人的大脑都无法接受，就像一张 1:1 比例尺的地图是毫无用处的。然而，简化会伴随着误差。欧几里德平面几何中三角形内角之和等于两个直角之和之类的结论通常会与大地测量结果有所偏差，因为地球是一个不规则的椭球体。一个模型是否成功，关键要看这种简化产生的理论结论与实际结果之间的偏差是否超过人们对其的容忍程度。如果一个经济学模型的假设抛弃了所处理问题的关键特征，那么，这样的模型就会得出错误的结论。因此，构建经济学模型时要细心，并根据相关常识行事。

与我们中学里学过的物理、化学和生物等自然科学不同，经济学研究的对象不是自然物体，而是人，这大大增加了理解经济学现象的难度。经济学，尤其是宏观经济学不可能像物理、化学和生物那样进行可以人为控制的实验，因此经济学模型很难达到自然科学模型的精确程度。难以进行宏观经济学实验的主要原因在于进行这样实验的成本是高昂的。例如，某位经济学家提出了一种理论，认为如果中国不使用化石能源，中国的 GDP 就会下降 90%。为了用实验证明这一结论，就得在中国停止使用所有化石能源一年或一个月，看看将会发生什么情况。当然，我们事先已经知道，化石能源在促进中国经济有效运转方面发挥了非常重要的作用，停止使用它们一年甚至一个月都会给中国经济带来无法弥补的损失。因此，进行这样的实验是极不可行的。许多类似上面的宏观经济学实验可以使人们增长见识，但因成本过高而无法实施。所以，宏观经济学很像天文学，在很大程度上必须依赖对现实事物的观察。然而，遗憾的是，我们所观察到的经济现象和统计数据并不具有类似于天体运行般的规律性和可预测性，因此经济学家们不得不想出许多精致的经济计量工具来处理经济统计数据。即便如此，经济学模型也很难做到像万有引力、库仑力那样精确的物理学模型和开普勒三大定律那样优美的天文学模型的程度。就此而言，经济学模型通常不是用来做定量预测的，而是用来说明经济变量之间因果关系，做定性分析的。尽管存在误差，我们还是试图用经济学模型来说明经济活动的运行规律。

一个经济学模型需要研究两种变量：内生变量(endogenous variable)和外生变量(exogenous variable)。内生变量是指一个模型要解释的变量；而外生变量则是指一个模型视为给定的变量。在宏观经济学模型中，实际国内生产总值、投资、消费、价格(在本书，特指一般物价水平)、实际工资等通常视为内生变量；天气、战争和国际政治等被视为外生变量。模型的目的是说明外生变量如何影响内生变量。图 1.2 显示了这一过程。

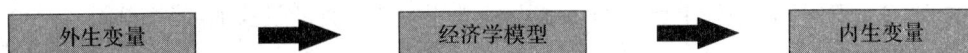

外生变量	➡	经济学模型	➡	内生变量

(资料来源：巴罗，《宏观经济学：现代观点》，格致出版社，上海三联书店，上海人民出版社，2008年)

图 1.2　经济学模型的运行

假设图 1.2 中左边方块所表示的一组外生变量(通常是一些参数)是由模型外的因素给定的，将其看作经济学模型的投入，而一组内生变量则是由经济学模型决定的，将其视为经济学模型的产出。如果投入(外生变量)发生变化，则产出(内生变量)往往也会随之发生变化。

在宏观经济学中，我们对宏观经济的各种变量(例如，实际 GDP、失业和通货膨胀等)的影响因素很感兴趣。为了研究宏观经济学问题，经济学家往往分析典型消费者、企业，甚至政府的微观经济行为，并且，以此为基础，进行加总，构建宏观经济学模型。这种以微观经济学分析为基础的研究方法通常称为宏观经济学的微观经济学基础(microeconomic foundation)。

为了说明用模型分析经济学问题的方便，这里列举一个微观经济学中的著名模型——需求与供给均衡模型。假设一个经济学家要分析一个城市市区房子租赁市场的短期影响因素，那么他会在分析中集中应用三种经济学家经常使用的工具：需求曲线、供给曲线和市场出清(market clearing)条件(或称市场均衡(market equilibrium)条件，即市场上供需实现平衡的条件)。

首先，这个经济学家会假定待出租的房子是同质的，即出租的房子的区位(location)条件相同，质量和大小一样。租房者的理性行为决定了市区住房需求量 Q_d 将随着市区租房价格 P_c 上涨而下降，随着市区周围地区租房价格 P_r 上涨而增加。这种关系可以用下列方程来表示：

$$Q_d = D(P_c, P_r)$$

其中，$D(\cdot)$ 为需求曲线，它反映到 (Q_d, P_c) 平面坐标上就是图 1.3 中显示的一条向右下倾斜的需求曲线。

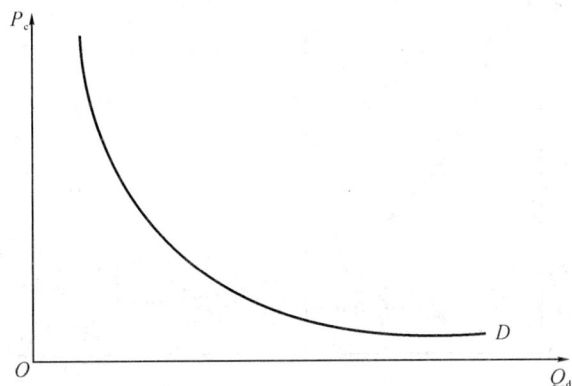

图 1.3　需求曲线

其次，这个经济学家会进一步假设短期内，市场上出租房子的供给量 Q_s 取决于目前该市区房东们可供出租房子的数量，而且，应对市场变化的反应时间很短，投资者没有足够时间去添置或减少他们可供出租房子的数量，且供给出租房子对房东自用效用为 0。这就意味着，可供出租房子的数量不能对租金的高低做出调整，因此，可供出租房子的数量就等于常数 Q_0。这种关系可以用下列方程来表示：

$$Q_s = Q_0$$

它反映到 $(Q_s，P_c)$ 平面坐标上就是图 1.4 中显示的一条垂直的供给曲线。

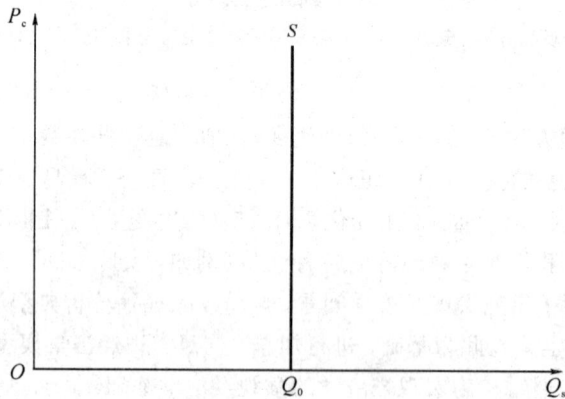

图 1.4　供给曲线（甲）

最后，这个经济学家还会继续假设市区和周围地区的租房者总量不变，房子租赁市场是完全竞争的，市区和周围地区出租房存在某种替代关系。租房者对房东要价的信息是充分的，房子出租价格会得到充分的调整，市区所有房子出租价格是相同的，以及待出租房子对房东的自用效用为 0，即房东一定会想尽一切办法把房子出租出去。最终需求量必然会等于供给量，市场实现出清，即

$$Q_d = Q_s = Q_e$$

其中，Q_e 是市场出清时的交易量。

以上三个方程组成了这个城市市区房子租赁市场模型。图 1.5 所示为市区房子租赁市场出清情况，图中 P_e 为均衡价格。

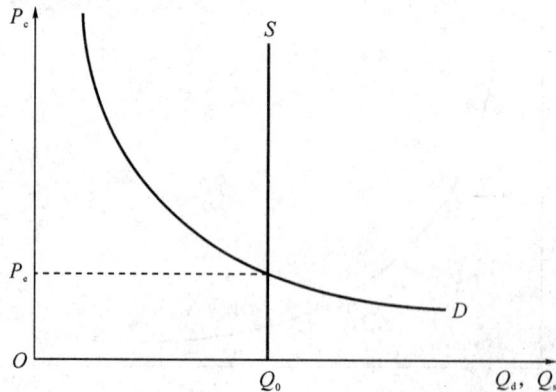

图 1.5　供给和需求模型

在上面这个市区房子租赁市场模型中有两个外生变量和两个内生变量。外生变量是市

区周围地区租房价格 P_r 和可供出租房子的数量 Q_0，它们是这个模型不想解释的变量，视为由外部因素给定的变量。内生变量是市区租房价格 P_c 和市区房子租赁市场出清时的交易量 Q_e，它们是这个模型需要解释的变量，是由模型决定的变量。

　　这个模型可以用来说明外生变量如何影响内生变量。比如，当市区周围地区租房价格 P_r 升高时，许多原来租用市区周围的租房者就会产生不再继续租住市区周围地区转而租住市内房子的想法，因此市区租房需求就会增加。如图 1.6(a)所示，市区房子的需求曲线会向右移，即从 D_1 移到 D_2，这将导致市区房子租赁市场的出清价格上升，交易量不变。而导致市区周围地区租房价格上升的原因很多，如：工矿业发展，民用出租房转为工用出租房；机场、铁路和公路扩建，拆迁了部分出租房；遭遇特大水灾，原有出租房已不再适合居住；等等。我们可以进一步用上面这个市区房子租赁市场出清模型说明这些事件对市区房子租赁市场的价格影响。

　　同样，如果政府对市区的旧房子进行拆迁改造，以及市区出现诸如地震、火灾、水灾和风灾等自然灾害，都会使市区可出租的房子数量下降，即待出租房子的供给下降，如图 1.6(b)所示，从 Q_0 下降到 Q_1，这将导致市区房子租赁市场的出清价格上升，且交易量下降。

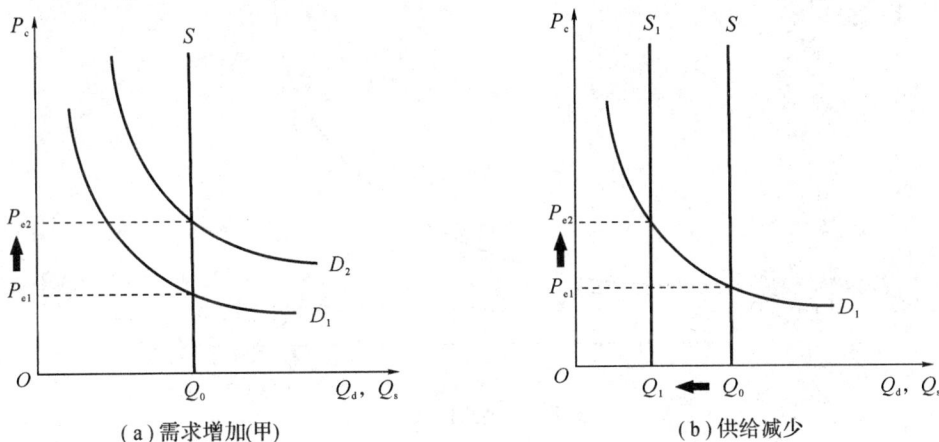

图 1.6　供需变化

　　许多影响市区房子租赁市场的因素与价格之间的关系通过这个简单模型都得到了合理性说明，不必再分门别类地一个一个去说明了，这就是经济学模型的威力。好的模型是让问题变得越来越简单，而不是越来越复杂。如果一个模型使问题变得越来越复杂，那么它必然会被淘汰。今天出现在教科书上的模型都是几经筛选保留下来的好的或比较好的模型。

　　与所有模型一样，上面这个市区房子租赁市场模型对实际情况作了许多简化的假设，比如，这个模型没有考虑房子的区位、质量和大小等因素，导致所有房子的租金相同。而实际中，每套房子的租金往往可能不同。

　　我们应该如何看待这个模型缺乏现实性的问题？我们应该放弃这个简单的房子租赁市场供给和需求模型吗？我们应该尝试建立一个考虑到不同区位房子租赁市场价格的更为复杂的模型吗？这些问题的答案取决于我们的目的。如果我们的目的是解释房子出租的价格如何影响房子出租数量，那么房子的多样性问题就变得不重要了。简单的房子租赁市场模型可以很好地解决这个问题。但是，如果我们的目的是解释为什么在不同区位和质量条件下房子的出租价格会不一样(比如,中国大城市的人经常谈及为什么学区房会特别贵的问题),那么这个简单模型就会无效。

在经济学中,经济学家可能会用迥然不同的经济学模型分析同一经济事件。这种分歧是经济学家对经济活动的认识差异所造成的。这些认识差异往往与经济学家个人的哲学理念、价值判断、社会认识和经济学方法论不同有关。分歧和争论并不一定意味着宏观经济学的理论混乱。我们可以用建立经济学模型的方法分清每一种理论不同的基本假设,帮助我们理解为什么对同一经济事件会有不同的经济理论解释。例如,在上面市区房子租赁市场的例子中,如果假设对市场变化的反应时间足够长,投资者有足够时间来添置或减少他们的房产,则意味着可供出租房子的数量可以对市场的价格变化做出反应,它是市区租房价格 P_c 的递增函数,即

$$Q_s = S(P_c)$$

其中,$S(\cdot)$ 为供给曲线,它反映到 (Q_s, P_c) 平面坐标上就是图 1.7 中显示的一条向右上倾斜的供给曲线。

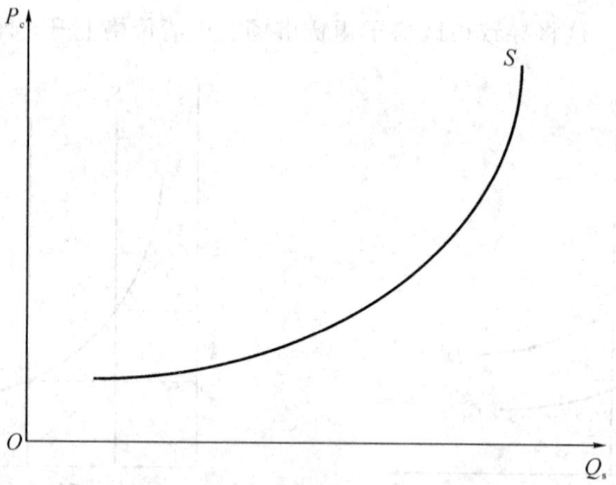

图 1.7　供给曲线(乙)

图 1.4 和图 1.7 两种供给曲线的形状不同完全是由预设的市场运行时间的"长短"不同造成的。模型并不会让理论避免错误,而是使理论上的错误更加容易被别人辨认,这就可以大大降低识别真理的成本。模型的错误来自于两个方面:一是发生在推理层面,这类错误往往作者本人和其他读者在研读论文和书籍时直接可以发现;二是发生在假设层面,这类错误不能通过阅读本身来克服,只有通过案例和经验数据的验证发现(利用经验数据来验证经济学观点有专门的课程——计量经济学)。

如果那位经济学家再假设市区周围地区租房价格上涨,市区租房需求曲线同样要向右移动,如图 1.8 所示,从 D_1 移动到 D_2。需求曲线移动将导致市区房子租赁市场的出清价格上升,从 P_1 上涨到 P_2。租房市场交易量也会提高,从 Q_1 提高到 Q_2。在微观经济学中,这个例子就反映了人们对市场"短期"和"长期"两种不同的理解。宏观经济学中这类例子要比微观经济学中更多,比如,后面章节中要学到的价格是黏性的或是弹性的,工资是黏性的或是弹性的。

当然,有时不同的经济学模型也会得到相同的推理结果,比如,后面章节中要学到的总供给曲线形状。

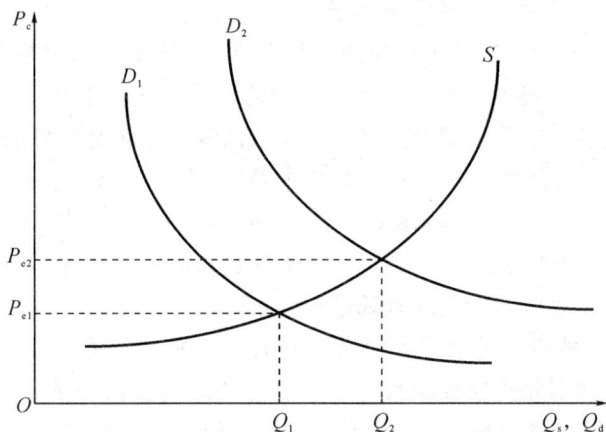

图 1.8 需求增加（乙）

宏观经济学涉及三大类描述经济运行的模型：特长期（very long run）模型、长期（long run）模型和短期（short run）模型。特长期模型是用来研究经济增长理论，或者说是用来研究一个国家或地区生产产品和服务能力的。短期模型是用来研究需求的突然变化（称为冲击）如何决定生产能力被利用程度的。长期模型则是用来研究经济受到需求冲击后，如何恢复回生产能力水平的。

1.4 本书的章节安排

本书共 15 章，除本章外，第 2 章将详细介绍后面各章可能涉及的主要宏观经济变量的数据度量及其含义，为后面章节打下基础。

第 3 章将介绍消费、投资的相关数据度量，以及所对应的宏观经济理论模型，并详细探讨消费、投资、储蓄三者之间的关系。

第 4 章将介绍经济增长理论，主要介绍新古典增长理论的核心模型框架，并简单论述内生经济增长理论的一些基础思想。

第 5 章将介绍经济波动的度量以及世界经济史上关于经济周期的重大事件及其相关理论，并初步介绍真实周期模型的思想。

第 6 章将介绍由政府部门的存在所引发的政府支出、税收等概念，包括相关数据含义等，然后引出封闭经济体系下的 IS 模型，进一步介绍乘数等概念。

第 7 章将介绍货币需求理论、银行体系与货币供给相关知识，从而推导出 LM 模型，并介绍相关货币政策含义。

第 8 章将介绍 IS－LM 模型，这也是宏观经济学最主要的理论模型，进一步阐明该模型产生的宏观经济政策组合含义，然后从 IS－LM 模型出发来推导总需求曲线，为后面的总需求-总供给模型打下基础。

第 9 章将介绍一些诸如汇率制度、购买力平价等国际贸易和国际金融方面的基本知识，并把 IS－LM 模型扩展到开放经济中去，重点考察小国开放经济的蒙代尔-弗莱明模型（Mundell－Fleming model）和大国开放经济的 IS－LM－BP 模型。

第 10 章将重点分析不同汇率制度下各种宏观经济政策的运行情况，并从蒙代尔-弗莱明模型出发推导出开放经济下的总需求曲线。

第11章将介绍长期和短期总供给曲线的基本概念，详细说明价格黏性、工资黏性、价格加成和信息不完全等市场不完全情况下的短期总供给曲线的推导，简明分析长期和短期总供给曲线的变动规律，以及总供给曲线与总需求曲线发生相对位移的后果。

第12章将介绍人口分类、失业率计算和失业类型，详细讨论摩擦性失业（frictional unemployment）、结构性失业（structural unemployment）、周期性失业（cyclical unemployment）和非自愿失业的生发机制，简述自然失业和失业滞后（hysteresis）理论，分析失业的社会成本，以及治理失业的微观经济政策。

第13章将介绍各种衡量通货膨胀的指标和通货膨胀的类型，简述通货膨胀税和通货膨胀的成本与收益，详细分析通货膨胀与失业之间的短期替代关系——菲利普斯曲线，以及菲利普斯曲线、奥肯定律（Okun's law）和总供给曲线之间的关系。

第14章将介绍预算赤字和政府债务的基本概念，分析政府债务形成和发展的原因，阐明不同经济学流派对政府债务的评价，以及有关李嘉图定理的争论。

第15章在前面各章详细讨论需求冲击论的基础上，重点介绍供给冲击论和协调失效等两种经济周期理论，简述各种经济学流派对宏观经济政策的争论。

习　题　1

一、选择题

1. 宏观经济学家研究以下所有问题，除了（　　）。

A. 影响通货膨胀的因素　　　　　　　B. 影响失业的因素

C. 联想公司产品的创新　　　　　　　D. 人均收入的提高

2. 在宏观经济学中，数学模型的作用是（　　）。

A. 可以保证结论的正确　　　　　　　B. 可以替代实证

C. 可以减少推理的错误　　　　　　　D. 可以吸引读者

3. （　　）经济学是将经济作为一个整体进行研究的，其研究重点是经济增长、通货膨胀和失业等问题。

A. 宏观　　　　　　B. 微观　　　　　　C. 发展　　　　　　D. 制度

4. 解释在一个完全竞争的行业中某个小企业产量的模型时，（　　）可能是外生变量。

A. 该企业产品产量　　　　　　　　　B. 该企业产品价格

C. 该企业雇工数量　　　　　　　　　D. 该企业投入资本

5. 持续市场出清的假设似乎最不适用于（　　）。

A. 股票市场　　　B. 大米市场　　　C. 劳动力市场　　　D. 国库券市场

6. 经济学模型向人们展示了（　　）。

A. 外生变量影响内生变量　　　　　　B. 内生变量影响外生变量

C. 外生变量与内生变量相互影响　　　D. 外生变量与内生变量互不影响

7. 宏观经济学模型的验证，主要依靠（　　）。

A. 实验数据　　　B. 经验数据　　　C. 逻辑证明　　　D. 群众选举

8. 通货膨胀与失业的相互作用关系主要在（　　）经济学中研究。

A. 宏观　　　　　　B. 微观　　　　　　C. 产业　　　　　　D. 旅游

9. 在市区房子租赁市场模型中，（　　）是外生变量。

A. 均衡数量　　　　　　　　　　　B. 价格

C. 租赁房子的数量　　　　　　　　D. 市区供租赁房子的数量

10. 大部分宏观经济学家认为在研究短期问题时，价格是（　　）的。

A. 弹性　　　　　　B. 黏性　　　　　　C. 不确定　　　　　　D. 以上都对

11. 宏观经济学家研究以下所有问题，除了（　　）。

A. 影响通货膨胀的因素　　　　　　B. 石油市场垄断问题

C. GDP 的增长　　　　　　　　　　D. GDP 的波动

12. 因为消费者信心激增，所以轿车销售数量创纪录，此时，决定轿车产量的主要因素是（　　）。

A. 供给　　　　　　B. 需求　　　　　　C. 天气　　　　　　D. 技术

13. 宏观经济学会研究（　　）。

A. 通货膨胀　　　　B. 环境保护　　　　C. 医疗卫生　　　　D. 国防建设

14. 宏观经济学中，（　　）属于特长期模型研究。

A. 通货膨胀　　　　B. 经济增长　　　　C. 经济波动　　　　D. 需求冲击

15. 以下不适用实验验证结论的是（　　）。

A. 物理　　　　　　B. 化学　　　　　　C. 生物　　　　　　D. 经济

二、简答题

1. 宏观经济学与微观经济学有哪些相同点和不同点？

2. 为什么宏观经济学很难进行实验？

3. 为什么经济学家会用不同经济学模型解释同一经济现象？

4. 什么是外生变量？什么是内生变量？它们之间有什么关系？

第2章 宏观经济的指标与衡量

在公元前4000年到公元前2250年的美索不达米亚的巅峰时期，通向巴比伦的大门的土砖上面刻有当年的谷物收获，以及需要的花费的图景，后者也是以谷物计价的，一年当中收获和花费的差额也以当年剩余的谷物产品来代表，这种剩余被用来维持统治者、公务员、军队以及其他非农产业家庭人员的生活。这可能就是人类历史上最早的国民收入统计。

宏观经济学的两大支柱是衡量和理论。对宏观经济进行衡量，既有助于宏观经济学家构建简单的模型，也有利于人们正确理解宏观经济运行状况。例如，每年开展收入和价格调查，可以使我们对收入和价格的变动有所了解，加深对收入与价格相互作用关系的理解，同样，这些调查资料也可以帮助经济学家们建立和验证相关模型与理论。反过来，经济学理论又能让我们更好地了解衡量宏观经济运行的方式。例如，根据经济学理论设计出来的各种消费者价格指数和收入指标能够更准确和便利地帮助我们观察宏观经济运行状况和正确地做出经济决策。

本章将要集中关注经济学家和政策制定者最常用的四个经济统计数字：一是国内生产总值（gross domestic product，GDP），告诉我们一个国家的总收入及在产品和服务上的总支出；二是价格指数（price index），告诉我们价格水平变化的趋势；三是失业率（unemployment rate），告诉我们社会劳动力资源的利用情况；四是金融市场上货币借贷的价格——利率。

2.1 国内生产总值

GDP常常被认为是宏观经济运行状况最好的衡量指标，是指在一定时期内一个国家（或地区）生产的所有最终商品（final goods）（包括产品和劳务）的市场价值总和。所谓最终商品，是指不需要再经过进一步加工就可以出售给顾客的商品。中华人民共和国国家统计局每季度公布一次GDP来体现这一时期中国国内所有经济活动的总价值。中国经济生产许多不同的商品，如手机、电脑、汽车、教育、理发和医疗等。GDP就是把这些商品价值结合为一个单一的衡量指标。

比如，在一个鲁滨逊和星期五的经济中，只生产椰子和鱼两种产品，采摘200个椰子，每个椰子的价格为2元，捕获100条鱼，每条鱼的价格为3元。这个经济的GDP就是：

$$GDP=椰子的价格\times椰子的数量+鱼的价格\times鱼的数量$$
$$=2\times200+3\times100$$
$$=700（元）$$

GDP一方面被看成是经济中所有人的总收入，另一方面被当作是经济中购买所有商品的总支出。对整个经济而言，收入必定等于支出。这个等式鉴于下面这样一个事实：由于每一次交易都有一个买者和一个卖者，买者支出的每一元必然成为卖者的每一元收入。比如，小张给小李理发，小李支付给小张 60 元理发费，小张挣得了 60 元收入，两者一定相等。无论我们是把所有收入加在一起，还是把所有支出加在一起，这次交易对 GDP 的贡献都是 60 元。

　　同样，各个生产单位创造商品的增加值（value-added，也译作"附加值"）之和与用于全部最终商品的支出的总和也应该一样。增加值是指创造的商品价值减去用于生产的中间商品（intermediate goods）价值。中间商品是指在出售给顾客之前还需要再加工的商品。比如，小王去茶馆喝一杯茶花了 50 元，这个花费可以通过加总从茶叶种植到茶馆泡好一杯香茶的每一个生产环节的增加值来获得。假定这些茶由茶农种植创造的增加值为 10 元，炒茶工人炒茶创造的增加值为 10 元，茶叶运输工人和批发商创造的增加值为 15 元，茶馆泡好一杯香茶创造的增加值为 15 元，则我们通过 10＋10＋15＋15 计算得到一杯香茶在茶馆出售的最终价格为 50 元。

　　综上可知，衡量 GDP 有三种方法：支出法（expenditure approach）、收入法（income approach）和生产法（product approach）。如果每一种方法都没有衡量误差，那么三者的统计结果应该完全相同。

最终商品与中间商品

　　在计算 GDP 时，我们应该避免将同一事物重复计算的错误。比如，做面包的面粉。当小陈在超市买了一个 8 元钱的面包时，面粉已经作为面包的一部分被计入 GDP。假设做这个面包所用面粉的价值为 2 元。如果将面粉 2 元和面包 8 元一同计入 GDP，就导致了重复计算错误。在这个例子里，为了避免重复计算，不能将中间商品（面粉）计入 GDP，而只将最终商品（面包）计入 GDP。如果那一天小陈想自己包饺子吃，去超市买了 3 元钱的面粉，那么这些面粉应该被视为最终商品而计入 GDP。

---

1. 支出法

　　支出法核算 GDP，就是从商品的使用出发，把一年内购买的各项最终商品的支出加总后计算出的市场价值。现实中，最终商品的用途主要包括居民消费（consumption，C）、私人投资（investment，I）、政府购买（government purchases，G）和净出口（net exports，NX）四大项。

　　居民消费由家庭购买的产品与服务构成。居民消费又分为三个子类别：非耐用品、耐用品和服务。非耐用品是指持续时间短的产品，如食物和服装。耐用品是指持续时间长的产品，如汽车和电器。服务包括个体和企业为消费者所做的工作，如教育和医疗。

　　私人投资由为未来使用而购买的产品构成。私人投资也分为三个子类别：企业固定投资、住房固定投资和存货投资。企业固定投资是指企业对新工厂和设备的购买。住房固定投资是指家庭和房东对新住房的购买。存货投资是指企业产品库存的增加（如果库存减少，则存货投资为负）。从国民经济统计的角度看，生产出来但没有卖出去的产品只能作为企业的存货投资处理，这样按生产角度统计和按支出角度统计的 GDP 在理论上才能保持一致。

　　政府购买是指各级政府购买的商品。这些商品包括政府工作人员的办公设备、高速公路和政府工作人员提供的服务等项目。它并不包括向个人的转移支付（transfers），例如社会保障和福利。因为转移支付是已有收入的再分配，并不用于交换商品，故不是 GDP 的一部分。同理，公债、利息等都不计入 GDP。

净出口是指出口扣除进口的差额。扣除进口是因为进口表示收入流到国外而没有用于购买本国商品的支出；出口计入是因为出口表示收入从外国流入，是用于购买本国商品的支出。因此，净出口应计入总支出。净出口的代数表达式为

$$NX = X - M$$

其中，X 表示出口，M 表示进口。

上述四项加起来就是支出法计算 GDP 的公式，即

$$GDP = C + I + G + NX$$

它表示 GDP 中的每一元钱都属于这四大类中的一类。这个等式是一个恒等式（identity），即根据 GDP 定义而生成的等式。这个等式通常被称为国民收入核算恒等式（national income accounts identity）。

政府购买 G 是由政府消费 C_g 和政府投资 I_g 两部分组成的，居民消费 C 与政府消费 C_g 之和就是社会全部最终消费支出 C_s，企业投资 I 与政府投资 I_g 之和就是社会所有资本形成 I_s。因此，上面的恒等式也可以写成

$$GDP = C_s + I_s + NX$$

表 2.1 就是根据支出法计算得出的 2010 年中国的国内生产总值表。

表 2.1 2010 年中国的国内生产总值（当年价）表　　　　　　　亿元

支出法国内生产总值	394 307.6
最终消费支出	186 905.3
资本形成	191 690.8
商品净出口	15 711.5

（资料来源：2011 年《中国统计年鉴》）

2. 收入法

为了用收入法计算 GDP，我们需要对各个经济主体参与生产而获得的全部收入进行加总。这些收入包括以下几项：

（1）工人报酬（compensation of employees）：工人挣得的工资和福利津贴。

（2）业主收入（proprietors' income）：非公司企业的所有者，如个体医生、个体律师、小店铺主、农民等人的收入。

（3）租金收入（rental income）：房东得到的收入减去折旧等。

（4）公司利润（corporate profits）：公司扣除工资、利息和房租等后的收入。

（5）折旧（depreciation）：固定资本损耗（consumption of fixed capital）的价值量。

（6）净利息（net interest）：国内企业支付的利息减去得到的利息，加上从外国赚到的利息。

（7）企业间接税（indirect business tax）：企业缴纳的工资税和销售税等减去冲抵的企业补贴。间接税是指税收负担不是由纳税人本人承担的税收，即这种税收的负担是可以转嫁出去的。

由于我们计算利润时已经剔除了折旧，因而在计算 GDP 时需要将此再加进来。因此，按收入法计算 GDP 的公式为

GDP＝工资＋利息＋利润＋租金＋折旧＋间接税和企业转移支付

3. 生产法

生产法也称增加值法（value - added approach），是将一个经济中所有企业和个人的产出进行加总。增加值是指一个企业的产值减去生产中使用的中间产品的价值。换句话说，增加值就是企业附加在中间投入品上以获得最终产品的价值。要运用生产法计算 GDP，首先要排除之前讨论过的"重复计算"问题。举例来说，如果通过加总新的面包、面粉、食糖和食用油等的总产值来计算 GDP，用来生产面包的面粉、食糖和食用油等的产值就会被重复计算两次，因此，用生产法计算 GDP 时，只计算每个生产环节中的增加值即可。一个面包师傅购买了面粉、食糖和食用油等原料，然后通过生产面包而增加的价值即增加值。如果生产一个面包的总价值为 8 元，其中，增加值为 4 元，面粉、食糖和食用油等原料的价值为 4 元，则用生产法计算时，这个面包计入 GDP 的价值量为 4＋4＝8 元。

4. 误差

从理论上说，支出法、收入法和生产法 3 种方法计算的 GDP 在数量上是相等的，但是，实际核算中常常存在误差，因而需要加上一个统计误差项来进行调整，使其达到一致。实际统计中，一般以支出法所计算出的国内生产总值为标准。

由图 2.1 可知，我国在实际统计中用生产法计算出来的 GDP 通常要比用支出法计算出来的 GDP 低 2 到 3 个百分点，最多时低 5 个百分点，这个误差其实并不小。同样，在支出法与收入法之间以及生产法与收入法之间也存在类似的误差。

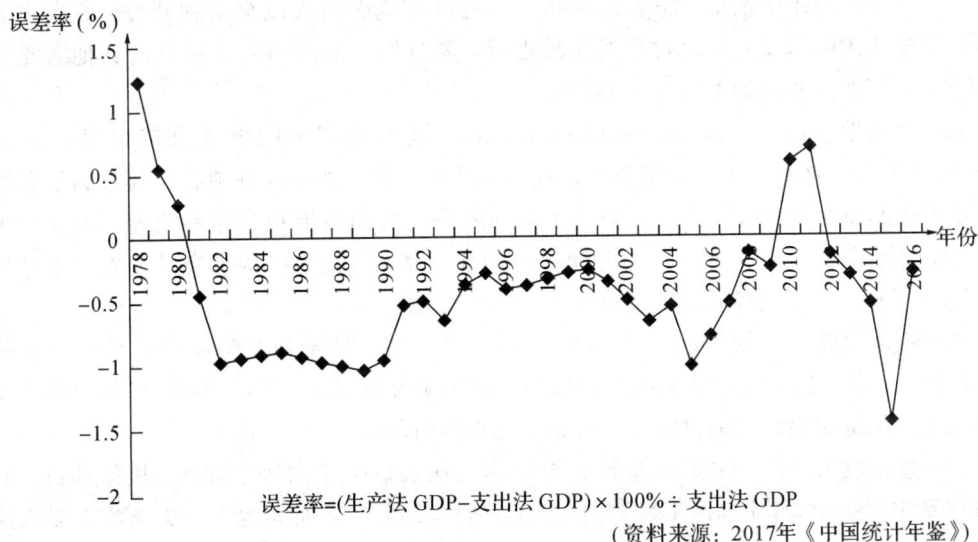

误差率=(生产法 GDP–支出法 GDP)×100%÷支出法 GDP

(资料来源：2017年《中国统计年鉴》)

图 2.1　支出法与生产法的 GDP 误差率

误差分析已成为核实和订正 GDP 的依据之一。即使某一年的 GDP 公布后，这一年的 GDP 数据也会随着核实工作的深入而不断地被更改。

投资与"二手货"交易

　　有些名词在经济学中的用法与习惯用法有很大差异。宏观经济学中的"投资"一词并不包括仅仅在不同个体之间资源重新配置的购买。比如，许多人习惯上把集邮看作是一种投资，小胡用 10 000 元从小林手里购买了一张 1980 年面价仅为 8 分的"猴票"，并期望将来以更高的价格转卖给其他人而从中获利，但是，在经济学中这种"炒邮票"行为不被视为投资，也不会作为 GDP 的一部分计入。因为 GDP 是衡量现期产品和服务价值的，而这张"猴票"是 1980 年的产品，而非现期产品。推而广之，购买任何"二手货"（如旧房、旧车、废品、普通股票等）的行为在宏观经济学中都不被视为投资。二手货的出售也不会作为 GDP 的一部分计算进去。

　　当然，如果在"二手货"交易中，交易者支付了交易税或交易费，交易税和交易费就要计入 GDP。这是因为这些交易税和交易费是在现期交易活动中政府部门和交易中介商提供服务的价值。

---

5. 用 GDP 反映社会福利的不足之处

　　通常 GDP 是一个衡量一个国家（或地区）经济中生产和交换商品全部价值的指标。事实上，人们却往往喜欢把人均 GDP 当成衡量一个国家（或地区）人民福利水平的指标。然而，作为衡量一个国家（或地区）人民的福利指标，GDP 会产生以下一些不足：

　　（1）没有考虑家庭工作和生产。尽管家务劳动对改善人们的境况和福利水平起到很大的作用，但是大部分家务劳动并不通过市场进行。例如，妈妈在家做饭供全家享用，让大家吃得可口、开心，然而并没有向家庭成员收取任何费用，因而这部分改善福利的活动没有计入 GDP。

　　（2）无法体现闲暇活动。海边远足和沙滩打球等能够给人以享受和开心，提高福利水平，但是这些闲暇活动并不通过市场交易进行，参与相关活动的人也没有向其他人支付过任何费用，因而这些活动无法计入 GDP。

　　（3）遗漏地下经济（underground economy）。地下经济中的大部分产出没有被计入 GDP 的原因在于这些经济活动是背着政府在暗中进行的。地下经济中有一部分属于非法交易，如军火和毒品等，由于从事这些非法交易者决不会向政府报告这些交易，因此相关交易的价值不会计入 GDP。另一部分地下经济虽属交易，但是有些从事交易的人出于逃税的目的而漏报相关交易的价值，因此这部分收入也无法计入 GDP。

　　（4）不能反映质量的改进。用 GDP 来衡量经济，有时候会忽略商品和服务质量的改进。比如，一台新型号的电脑实际上比旧型号的电脑配置更高、性能更好，可让使用者获得更高福利，但是如果它们的价格是一样的，就不会引起 GDP 的增长。

　　（5）忽视收入分配。GDP 总量没有考虑收入在人口中是如何分配的。极端地讲，假如经济体系中的一个人（比如国王）拥有整个经济的全部收入，而其他人一无所有，那么这个经济体系的平均福利水平就很低。

　　（6）没有反映环境质量。GDP 没有考虑环境污染、自然资源退化等因素引起的经济损失成本，这部分成本没有从 GDP 中扣除。比如，牧场过载，造成土地沙化，GDP 只计入畜牧业生产部分，没有扣除土地沙化的成本。

6. 名义 GDP 和实际 GDP

由于 GDP 是用货币单位来计算的，因此一个国家 GDP 的变化来自于两个方面：一是商品数量的变动；二是商品价格的变动。如果需要比较一个国家不同时期的社会福利情况，人们就希望从 GDP 变动中剔除价格变动的因素，否则 GDP 将失去衡量社会福利的意义。用现价计算的 GDP 是不能满足不同时期社会福利比较要求的。比如，在上面的例子中，假定第二年商品的产量仍然保持原有水平：椰子 200 个，鱼 100 条，但是价格却发生了很大变化：每个椰子 4 元，每条鱼 6 元。显然，这时的社会福利与前一年相比并没有变化，而 GDP 或人均 GDP 却增长了一倍。为此，我们需要对 GDP 作进一步的划分：名义 GDP（nominal GDP）和实际 GDP（real GDP）。

名义 GDP 是用生产商品的当期（current，通常为当年）价格计算的全部最终商品的市场价值。本章之前所提及的 GDP 实际上就是名义 GDP。

实际 GDP 是选定某一时期作为基期（base period），通常为基年（base year），然后以基期价格（通常称为"不变价"）核算出的当期所生产的全部最终商品的市场价值。在前面的例子中，将第一年定为基年，实际 GDP 仍旧为 700 元，此结果就与福利不变的事实相符了。

7. 与 GDP 相关的其他收入指标

在国民收入核算领域，除了 GDP 外，还包括其他一些收入衡量指标，如国民生产总值（gross national product，GNP）、国民净产值（net national product，NNP）、国民收入（national income，NI）、个人收入（personal income，PI）和个人可支配收入（disposable personal income，DPI）。

国民生产总值是指经济社会（一国或地区）成员在一定时期运用生产要素所生产的全部最终产品和服务的市场价值。与 GDP 核算的国家原则不同，GNP 的核算原则是国民原则。按照这一原则，凡是本国国民所创造的收入，不管生产要素是否在国内，都被计入本国的 GNP 中。特别地，一国企业在国外子公司的利润应计入本国的 GNP 中，而国外公司在该国子公司的利润则不应被计入该国的 GNP 中。比如，一个中国公民在美国开了一家公司，在美国赚取的利润收入是美国的 GDP 的一部分，而不是中国 GDP 的一部分，因为这部分收入是在美国赚取的；相反，这部分利润收入是中国 GNP 的一部分，而不是美国 GNP 的一部分，因为这部分收入是中国人赚取的。

根据以上说明，GNP 和 GDP 的关系可以表示为

GNP＝GDP＋来自国外的要素报酬－支付给国外的要素报酬

国民净产值表示经济活动的净结果，等于国民生产总值减掉折旧，即

NNP＝GNP－折旧

国民收入是指一国全部生产要素在一定时期内提供服务所获得的报酬的总和，即工资、利息、租金和利润的总和。国民收入是衡量经济中所有人一共赚了多少钱的指标。国民收入与国民净产值的关系为

NI＝NNP－间接税－企业转移支付＋政府对企业的补贴

其中，企业转移支付包括企业向社会的各种馈赠。

个人收入是指个人得到的收入。国民收入不是个人收入。一方面，国民收入中有四个主要项目不会成为个人收入：公司未分配利润、公司所得税、社会保险税和净利息（国内企

业支付的利息减去它们得到的利息,加上从外国人那里赚到的利息);另一方面,政府转移支付、股息和个人利息虽然不属于国民收入(生产要素报酬),却会成为个人收入。因此,从国民收入中减去公司未分配利润、公司所得税、社会保险税和净利息,加上政府对个人的转移支付、股息和个人利息,就得到个人收入:

$$PI = NI - 公司所得税 - 公司未分配利润 - 社会保险税 - 净利息 + 股息$$
$$+ 个人利息 + 政府对个人的转移支付$$

个人可支配收入就是个人收入扣除个人所得税和某些对政府的非税收支付(比如,违规停车罚单),属于家庭能够支配的收入,即

$$DPI = PI - 个人所得税和非税收支付$$

8. 实际 GDP 的链式加权

在计算实际 GDP 时,我们会选用某个基期来衡量。然而,随着时间的推移,基期价格会变得越来越过时。比如,近年来电脑价格大幅度下降,房价却迅速上升,当我们为电脑和住房的生产估算时,用 20 年或 30 年前的价格就会产生误导。

假如一个丫丫国的居民只消费苹果,国之东部种植红苹果,西部盛产青苹果,正常年份东、西部苹果产量基本一样。假设某一年(定为基期)正巧遇到东部红苹果大丰收,收获了 1 000 000 个红苹果,价格为每个 1 元,西部青苹果遭受重灾,只收获 1 个,价格为每个 10 000 元。几年后,情况正好相反,东部红苹果遭受重灾,只收获 1 个,价格上涨到每个 10 000 元,而西部青苹果大丰收,收获了 1 000 000 个,价格下降到每个 1 元。根据我们习惯的判断,这两年社会福利应该差不多。但是,按上面的传统实际 GDP 计算,这一年实际 GDP 为 10 000 000 001 元,比基年实际 GDP(1 010 000 元)增长了 989 999%。显然,上面这种衡量实际 GDP 和 GDP 增长率的方法有失偏颇之处。

为了解决这个问题,传统做法是每 5 年或 10 年选定一个新的基年,然后按此年的价格计算此后 5 年或 10 年的实际 GDP。我国常用固定基期有 1950 年、1952 年、1957 年、1965 年、1970 年、1978 年、1980 年和 1985 年等。不过,这种方法还是难以满足新产品不断涌现和相对价格剧烈变动带来的问题。20 世纪 90 年代中期后,国际上开始推广一种被称为链式加权的方法。在这种新的计算方法中,基年随时间不断变化,比如,2008 年和 2009 年的平均价格用来衡量从 2008 年到 2009 年的实际 GDP 增长率,2009 年和 2010 年的平均价格用来衡量从 2009 年到 2010 年的实际 GDP 增长率,……然后,把这些不同年份的实际 GDP 增长率"链"起来,计算任何一个时期的实际 GDP,即

$$RGDP_n = (1 + r_1)(1 + r_2) \cdots (1 + r_n) RGDP_0$$

其中,n 代表当期在基期后的年份,r_i 是基期后 i 年的实际 GDP 增长率,$RGDP_0$ 是基期的实际 GDP(与基期的名义 GDP 是相等的),$RGDP_n$ 是当期的实际 GDP。

这种新的实际 GDP 的链式加权衡量方式比传统衡量方式更好,因为它能够确保用来衡量实际 GDP 的价格永远不会过于陈旧。现在我们再用链式加权方法来衡量前面例子的 GDP 增长率。取这两年的(几何)平均,红苹果和青苹果的价格都为每个 100 元,实际 GDP 都为 10 000 010 元,GDP 的增长率为 0。由此可判断出,社会福利情况两年应该一样。这里并不是说新的实际 GDP 衡量方法可以消除误导性问题,只是反映新方法可以减少误导的发生可能性。不过,在实际情况中,对大多数年份来说,这两种衡量方式得到的 GDP 增长率的差距并不明显,因为现实中的数据没有如此极端。

存量和流量

　　经济学变量中有流量(flow)和存量(stock)之分。流量是单位时间的速率,而存量是客观对象在某时点上存在的数量。在宏观经济中,GDP、消费、投资、政府支出和净出口都是流量。例如,GDP 是用每个时期支出的人民币来衡量的。相反,中国某一年末的住房数量就是存量。国民储蓄是流量,而国民财富是存量。国民储蓄是一种每年都增加国民财富存量的流量。流进浴缸的水是一个典型的相似例子,每分钟从水龙头流出的水量是一个流量,而任何时点上浴缸里的水量就是一个存量。

　　存量和流量之间往往存在相关关系。在浴缸的例子中,浴缸中水的存量代表从水龙头流出水的积累,水龙头的流量代表浴缸水存量的变动。

2.2　价　格　指　数

　　在宏观经济学中所讲的价格通常是指一般物价水平,劳动的价格用一个专有名词——工资来表示。价格指数是衡量一段时期内一个经济一般价格水平(price level)变化情况的指标。我们用价格指数衡量通货膨胀率(inflation rate,通常用 π 表示),即一个时期内价格的变动率。这个时期通常为 1 年或 1 个月。不过,要注意价格指数一般并不等于通货膨胀率,通货膨胀率等于价格指数减去 100%。通货膨胀率的大小反映了一个时期通货膨胀的快慢。

　　目前有关价格指数的指标众多,比如,消费者价格指数(consumer price index,CPI)、GDP 平减指数(GDP deflator)、生产者价格指数(producer price index,PPI)、批发价格指数(wholesale price index)、零售价格指数(retail price index)、生活费用指数(cost of living index)、货币购买力指数(purchasing power of the money index)以及实际工资指数(real wage index)等。在日常生活中常见的价格指数主要有两个:消费者价格指数和 GDP 平减指数。

1. 消费者价格指数

　　CPI 作为一个单独反映消费者购买商品的价格指数,必然与广大老百姓生活息息相关,因此人们将其看成很重要的价格指数。日常人们一讲到通货膨胀,就会提及 CPI。中华人民共和国统计局每月都公布一次 CPI。CPI 的计算方法有些特殊,定义为普通消费者购买具有代表性的一组产品(即所谓的"一篮子产品"),当期(通常为当年)支出价值与基期支出价值之比。比如,一个典型消费者每年购买 100 个椰子和 50 条鱼,一篮子产品就为 100 个椰子和 50 条鱼,当期价格为每个椰子 3 元、每条鱼 4 元,基期价格为每个椰子 2 元、每条鱼 3 元,因此 CPI 为

$$\text{CPI} = \frac{\text{当期购买一篮子产品的支出价值}}{\text{基期购买一篮子产品的支出价值}} \times 100\% = \frac{100 \times 3 + 50 \times 4}{100 \times 2 + 50 \times 3} \times 100\%$$

$$\approx 142.86\%$$

2. GDP 平减指数

GDP 平减指数(GDP deflator,也称 GDP 平减)亦称隐性 GDP 价格平减指数(implicit

GDP price deflator),定义为名义 GDP 与实际 GDP 之比。比如,在前面的例子中,如果当期产量提高到椰子 250 个、鱼 150 条,则 GDP 平减指数为

$$\text{GDP 平减指数} = \frac{\text{名义 GDP}}{\text{实际 GDP}} \times 100\% = \frac{250 \times 3 + 150 \times 4}{250 \times 2 + 150 \times 3} \times 100\% \approx 142.11\%$$

3. 消费者价格指数与 GDP 平减指数比较

从 CPI 和 GDP 平减指数的定义中可以看出,两者所提供的有关价格总体水平变动方面的信息存在差异,具体表现在以下几个方面。

(1) 购买者组合不同。GDP 平减指数衡量生产出来的所有产品的价格,企业或政府购买的产品价格的上升将部分反映在 GDP 平减指数上,而 CPI 仅仅衡量消费者购买产品的价格,企业或政府购买的产品价格的上升不会反映在 CPI 上。

(2) 产品的来源地组合不同。GDP 平减指数只包括国内生产的产品。进口的消费品并不是 GDP 的一部分,不会反映在 GDP 平减指数上。相反,那些进口的消费品的价格变动会反映在 CPI 上。

(3) "篮子"的标准不同。CPI 给不同产品的价格分配固定的权重,而 GDP 平减指数分配变动的权重。换句话说,CPI 是用固定的一篮子产品来计算的,而 GDP 平减指数允许一篮子产品随 GDP 组成成分变动而变动。

这里仍用丫丫国的例子说明问题。假如正常年份东、西部苹果产量基本一样。红、青两种苹果对绝大部分(>99.99%)消费者来说是可以完全替代的(替代比例为 1:1)。两种苹果的价格均为每个 1 元。当然,丫丫国也有极少数"青果粉"和"红果粉"("青果粉"们只吃青苹果,坚决不吃红苹果;而"红果粉"们只吃红苹果,坚决不吃青苹果)。突然,有一年东部红苹果大丰收,产量为正常年份的 2 倍,而西部青苹果遭受灭顶之灾,颗粒无收,产量为 0。此时,丫丫国水果店货架上红苹果的价格仍为每个 1 元,而青苹果(上一年的剩货)的价格却飙升为每个 10 000 元。由于青苹果已不再是 GDP 的一部分,青苹果价格上涨不会反映在 GDP 平减指数上,因此 GDP 平减指数仍为 100%。相反,CPI 是按包括青苹果在内的固定一篮子产品(5 个红苹果和 5 个青苹果)计算的,青苹果价格飙升就会引起 CPI 的疯涨。按照前面提供的数据计算,$\text{CPI} = \frac{5 \times 1 + 5 \times 10000}{5 \times 1 + 5 \times 1} \times 100\% = 500050\%$。从这个例子中,我们可以看到由于没有考虑产品替代、使用价值提升等因素,CPI 往往倾向于夸大通货膨胀。在极端情况下,CPI 对通货膨胀衡量会严重偏离我们习惯上的判断。同理,GDP 平减指数也会产生类似的偏离(参看分析、计算题 3)。

从极端例子中可以看出,CPI 与 GDP 平减指数有时会有很大差异。不过,在实际情况中,GDP 平减指数和 CPI 的差距并不像上面极端例子那样显著,如图 2.2 所反映的 1979—2016 年间,中国 GDP 平减指数和 CPI 走势,两者基本上是一致的。因为指数与模型一样,是对现实的简化的刻画,是按照"正常"情况设计的,只要在绝大多数情况中能反映宏观经济运行状况即可。

由图 2.2 可以看出,中国改革开放初期 GDP 平减指数和 CPI 很不稳定,GDP 平减指数和 CPI 的变化幅度都极大。其主要原因有两个:一是基本建设规模铺得过大,如 1979年、1980 年的"洋跃进",而早期出现财政赤字又全部是由中央银行发行货币来填补的,从而引起较高的通货膨胀;二是将隐蔽性通货膨胀公开化,如 1986—1988 年的消费品价格放

GDP 平减指数和 CPI(%)

◆:GDP 平减指数;
■:CPI

年份

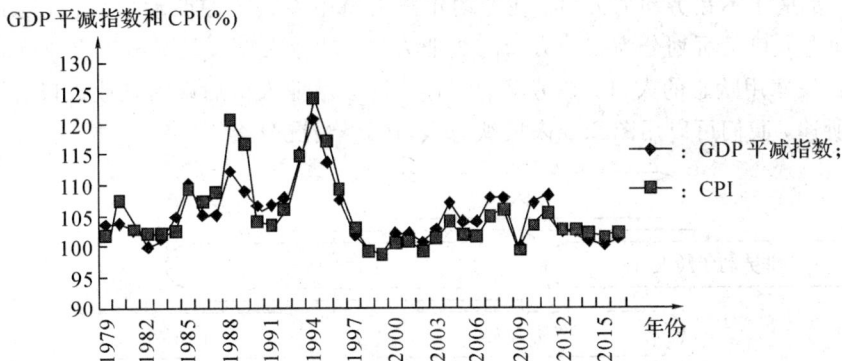

(资料来源:《新中国六十年统计资料汇编》,2017年《中国统计年鉴》)

图 2.2 中国 GDP 平减指数和 CPI(1979—2016 年)

开,导致 CPI 大大高于 GDP 平减指数。又如,1992—1994 年取消物资计划配给,也引起了较高的通货膨胀。其后,中国 GDP 平减指数和 CPI 还经常出现波动,但是已无大起大落的现象,且两者的偏差也趋小。

2.3 失 业 率

由于失业对当事人的心理折磨极为严重,因此失业也成了社会最为关心的经济问题。"失业"一词在许多学科里都在使用,但含义不尽相同。在宏观经济学中,失业有其特殊的界定,一般是指一个人愿意并有能力为获取报酬而工作,但尚未找到工作的情况。国际劳工组织关于失业的界定有三条通用的标准:第一是没有工作,既不被人雇用,也没有自我雇用;第二是当前准备工作,在相应的时期内愿意被雇用或自我雇用;第三是正在寻找工作,在近期内积极地寻找被人雇用或自我雇用的机会。所有愿意工作的人都处于受雇用或自我雇用状态,就被称为充分就业(full employment)。

用什么指标来衡量失业严重程度?用绝对失业数量来衡量肯定是不准确的,因为一个经济的规模越大,人口或劳动力总量越大,失业人数往往也可能越多,像美国、中国的失业人数都可以超过一个欧洲小国的总人口,但是只要比重不高,就会让人们感觉到失业情况并不严重。相反,一个欧洲小国,虽然失业人数总量并不是很大,但是失业人数比重很高,就会给人感觉有许多人无事可做,社会处于比较严重的失业状态。说到底,失业反映了劳动力市场的一种重要特征——不容易出清。能够衡量这种不能出清程度的相关指标应该是一种相对量指标,比如,失业率(unemployment rate)、劳动力参与率(labor-force participation rate)、就业-人口比率(employment-population ratio)和非农业就业-人口比率等。

计算失业率、劳动力参与率、就业-人口比率和非农业就业-人口比率等指标都会涉及一些我们平时不太常见的人口学名词。这里先来介绍有关的人口学术语概念。我国规定 16 周岁到 60 周岁的男性和 16 周岁到 55 周岁的女性为劳动年龄人口,其余则为非劳动年龄人口。在此基础上,劳动年龄人口又可划分为劳动力人口(labor force)和不在劳动力人口(not in labor force)两类。在校学生、待升学者、家务劳动者、军队人员、退休或因病退职人员及丧失劳动能力、服刑犯人等不能工作的人员、在家庭农场或家庭企业每周工作不足 15 小时的人员等，都属于不在劳动力人口。在劳动年龄人口中除去不在劳动力人口后就为劳动力人口。劳动力人口又可划分为就业人口与失业人口。就业人口就是受雇于企业或政府部门，或者处于自我雇用状态的人口。在劳动力人口中除去就业人口后即为失业人口。

综上所述，我们可以用图2.3来反映总人口工作情况分类。

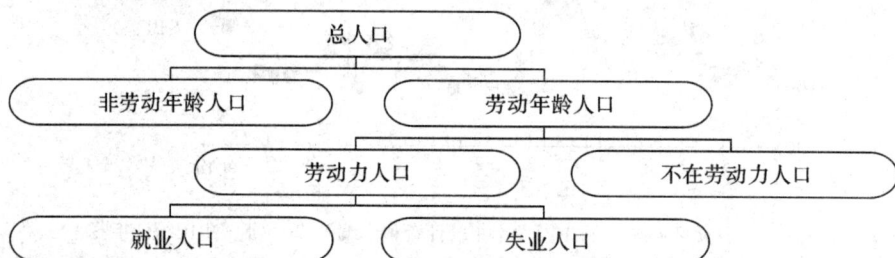

图2.3　总人口划分示意图

当然，在现实中要确定某个人具体属于哪种人口类型有时是相当困难的，操作中可能会出现错误。比如，小程同学大学毕业后，准备考研究生，没有打算去找工作。理论上讲，他不属于劳动力人口，也不属于失业者。但是，他将档案留在自己手上，统计部门仍将他划入劳动力人口，算作失业者。即使同一个人长时间不工作，也很难确定他是失业还是不失业。比如，小汤是一个影视演员，属于自由职业者，连续两个月没有工作，其中，第一个月是他自己给自己放假，那么这个月他就算不在劳动力人口，不必计算到失业行列当中去。而第二个月他打算接戏，但是没有找到合适的角色，这时他就是失业人口，要计算到失业率当中去。不过，类似这样的情况都是小概率随机事件，比例很小，并且可能相互抵消，所以从统计学角度看，可以忽略不计。

现在让我们来定义前面提到的三个衡量失业的指标：

失业率是指劳动力人口中失业人口的比率，即

$$失业率 = \frac{失业人口}{劳动力人口}$$

劳动力参与率是指劳动年龄人口中劳动力人口的比率，即

$$劳动力参与率 = \frac{劳动力人口}{劳动年龄人口}$$

就业-人口比率是指劳动年龄人口中就业人口的比率，即

$$就业-人口比率 = \frac{就业人口}{劳动年龄人口}$$

目前中国只有劳动保障部门所公布的城镇人口登记失业率。登记失业率统计的是到公共就业服务机构进行失业登记、享受失业保险待遇并求职的失业人员数量。由于中国就业服务体系和社会保障体系还不完善，到劳动保障部门就业服务机构登记求职的失业人员数量不够全面，再加上就业和失业登记办法还不健全和规范，因此存在着实际失业率高于登记失业率的现象。目前家庭抽样调查失业的方法是国际上最常见和通用的做法。这种方法取得的失业率可以进行国际比较。但是，中国还没有开展劳动力抽样调查，所以没有抽样调查失业率。因此，中国目前缺少衡量失业情况的指标。

劳动力人口在任何国家都是一个比较难度量的指标，而失业率和劳动力参与率都依赖于它，只有就业-人口比率不依赖劳动力人口。所以，尽管就业-人口比率不是最直接反映

失业状况的指标，却是实际中比较容易得到的指标。不过，这个比较容易获得的指标在像中国这样的发展中国家使用时，还要稍作修正，比如，可以选用非农产业就业-人口比率替代。非农产业就业-人口比率是指经济活动人口中非农产业就业人口的比率，即

$$非农产业就业\text{-}人口比率 = \frac{非农产业就业人口}{经济活动人口}$$

按中国统计局的定义，经济活动人口是指在 16 周岁及以上，有劳动能力，参加或要求参加社会经济活动的人口。非农产业就业-人口比率是研究我国劳动力就业情况的重要指标。不过，在以后章节中，讨论一般失业问题时，我们仍选失业率作指标。

中国劳动市场就业情况的度量指标

改革开放前，中国农村人口众多，人均耕地面积少，工业起步晚，城市化水平低，经济发展道路曲折，加上户籍和用工制度僵硬，严重地阻碍了城乡之间劳动力的正常流动，使得农村劳动力的供给大大超过需求，这些超额农村劳动力使农业生产的边际收益为 0，或远低于非农产业。因此，当时在中国农业就业的劳动力不能看作是完全就业。这些劳动力在农业中一年的实际劳动时间远远低于(假如他们在非农产业中的)意愿劳动时间。经济学家常常将发展中国家的农村视为劳动力的蓄水池。也就是说，中国农村存在大量隐性失业(disguised unemployment)。因此，不能将当时一个在农村就业的劳动力视为一个完全的就业者。这样用一般的就业-人口比例来说明中国的失业情况就会有失偏颇。改革开放后，大量农村剩余劳动力(surplus rural labor)进城向非农产业转移，极大地提高了城市劳动市场，特别是低端劳动市场的竞争，导致部分国有企业倒闭或半停业，以及部分原城市劳动力下岗和待业。所以，城镇登记失业率只能反映部分生活比较困难的城市劳动力失业情况，而不能真实地反映劳动市场状况。相比较而言，非农产业就业-人口比率是一个更全面反映劳动力就业情况的指标。

下面用非农产业就业-人口比率作指标，考察中国改革开放以来劳动市场的发展概况。从图 2.4 中可以看到，自 1978 年改革开放以来，中国的非农产业就业-人口比率从

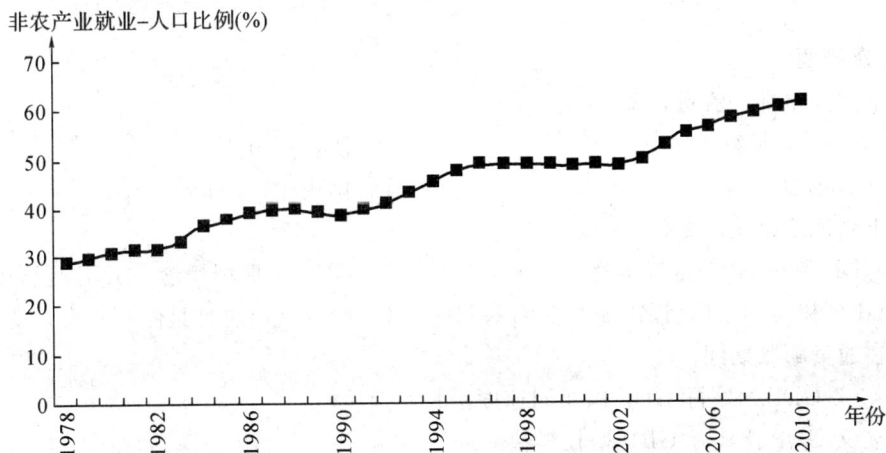

(资料来源:《新中国六十年统计资料汇编》，2002—2016年《中国统计年鉴》)

图 2.4　非农产业就业-人口比率

29.09%提高到2010年的61.46%，可以说，现在比新中国历史上任何时期的非农产业就业-人口比率都要高。从这个意义上讲，中国经济现在正创造着比以往任何时期更多的非农业的就业机会，反映了中国经济持续高速增长对劳动力就业水平提高的积极推动作用。

2.4 利　率

金融市场上，各种企业与个人之间的借贷款事务都会涉及利息和利率问题。简单地说，利息(interest)就是一定时期内人们借出货币所得到的收入。利率(interest rate)则是一定时期内人们借出1单位货币所得到的收入。由于期限不一，借款利息也会有所差异。定期存款的利率要高于活期存款的利率；五年期存款的利率要高于三年期存款的利率。同样，由于贷款的用途和金额不同，利息也会不一样。

在讨论利率时，尤其在通货膨胀严重的时期，我们需要区分名义利率(nominal interest rate)和实际利率(real interest rate)。名义利率就是未扣除通货膨胀影响的储蓄收益和借贷成本，是持有货币的机会成本。而实际利率则是扣除通货膨胀影响后的储蓄收益和借贷成本。除了所谓的保值储蓄外，我国银行推出储蓄的利率都是指名义利率。经济学家将名义利率、实际利率和通货膨胀率总结为以下方程式：

$$i = r + \pi$$

其中，i是名义利率，r是实际利率，π是通货膨胀率。为了纪念此方程式的主要贡献者美国经济学家欧文·费雪，人们将其称之为费雪方程式。

例如，1元钱存入银行(假定此时的物价为1)，1年后的名义价值为$1+i$，物价为$1+\pi$，当初1元钱的实际购买力就为$(1+i)/(1+\pi)$，根据定义，有

$$\frac{1+i}{1+\pi} = 1+r \Leftrightarrow 1+i = 1+r+\pi+r\pi$$

当$r \ll 1$时，$i = r + \pi$。

习　题　2

一、选择题

1. 下列变量都是流量，除了(　　)。

A. 个人可支配收入　　　　　　　B. 消费支出

C. 个人财富　　　　　　　　　　D. 国内生产总值

2. 下列说法错误的是(　　)。

A. GDP和GNP都是流量概念　　　B. GDP是地域概念，GNP是国民概念

C. GDP和GNP都是以市场交换为基础的　D. GDP和GNP是同一概念，没有区别

3. 在通货膨胀期间，(　　)。

A. 名义GDP与实际GDP以相同速度增长

B. 名义GDP比实际GDP增长得快

C. 名义GDP比实际GDP增长得慢

D. 不能确定名义GDP与实际GDP增长率之间的关系

4. "面粉是中间产品"这一命题（　　　）。

A. 正确　　　　　　　　　　　　　B. 错误

C. 不能确定　　　　　　　　　　　D. 以上都对

5. 下列计入 GDP 的是（　　　）。

A. 购买一辆用过的旧自行车　　　　B. 购买普通股票

C. 汽车制造厂买进 10 吨钢板　　　 D. 银行向某企业收取贷款利息

6. 假设某人用 1 500 000 元购买了一栋新房子并入住。在计算国民收入的时候，消费支出（　　　）。

A. 增加了 1 500 000 元

B. 增加了 150 000 元除以本人预期将在这栋房子里居住的年数

C. 增加了这栋房子的估算租金，它等于如果将这栋房子出租可以获得的市场租金

D. 不变

7. 经济学上的投资是指（　　　）。

A. 企业购买了一台新机床　　　　　B. 建造一座住宅

C. 企业购买了一台计算机　　　　　D. 以上都是

8. 国民收入支出法核算中，住房属于（　　　）。

A. 消费支出　　　　　　　　　　　B. 投资支出

C. 政府购买支出　　　　　　　　　D. 以上都不对

9. 如果一个中国公民小张被一家在美国经营的中国公司雇用，那么他的收入是（　　　）。

A. 美国 GDP 的一部分，中国 GNP 的一部分

B. 美国 GDP 的一部分，中国 GDP 的一部分

C. 美国 GNP 的一部分，中国 GNP 的一部分

D. 美国 GNP 的一部分，中国 GDP 的一部分

10. GDP 平减指数的定义是（　　　）。

A. 名义 GDP＋实际 GDP　　　　　　B. 名义 GDP－实际 GDP

C. 名义 GDP×实际 GDP　　　　　　D. 名义 GDP÷实际 GDP

11. 如果在两年期间，GDP 平减指数增长了 3%，名义 GDP 增长了 5%，那么实际 GDP 将（　　　）。

A. 大约上升 2%　　　　　　　　　B. 大约下降 2%

C. 大约上升 8%　　　　　　　　　D. 大约下降 8%

12. 如果要保持退休工人的生活水平不变，退休金的增长率应该（　　　）。

A. 等于 CPI　　　　　　　　　　　B. 大于 CPI

C. 小于 CPI　　　　　　　　　　　D. 等于 GDP 平减指数

13. CPI 变化的百分比往往夸大了通货膨胀，因为（　　　）。

A. 人们会用其他东西代替相对价格上升的商品

B. 不断推出的新商品使消费者即使在价格没有下降的情况下，福利也能有所增加

C. 产品质量的提高往往被政府部门低估

D. 以上所有原因

14. 下面各种现象都会降低失业率，除了（　　）。

A. 失业人口数减少

B. 就业人口数增加

C. 劳动力减少，而失业人口数没有任何变化

D. 放弃找工作的人数增加

15. 一个国家战争结束，大量裁军最可能带来的社会问题是（　　）。

A. 通货膨胀加剧 　　　　　　　　B. 失业率突增

C. 环境污染加重 　　　　　　　　D. 增长变缓

二、分析、计算题

1. 一个农民种植了一公斤小麦，以 2 元钱的价格把它卖给磨坊主。磨坊主把小麦磨成面粉，然后以 6 元的价格卖给面包师。面包师用面粉制作面包，并以 12 元的价格卖给消费者。消费者吃了面包。每个人的增加值是多少？GDP 是多少？

2. 小张开了一家水果店，小王在该店打工，后来小张娶小王为妻，水果店的情况照旧，小王还是在店里干活，只不过是以老板娘的身份干活了。这场婚姻对 GDP 有什么影响？

3. 一个 QQ 国只消费面包和水两种产品，其中面包是本国自己生产的，而水是进口的。第一年全国消费了 10 000 个面包，10 000 公斤水，价格为每个面包 8 元，每公斤水 8 元；第二年全国仍然消费了 10 000 个面包，10 000 公斤水，但是价格发生了变化，每个面包还是 8 元，而每公斤水却涨到 16 元。求 CPI 和 GDP 平减指数（假定 CPI 篮子是 1 个面包和 1 公斤水）。

第3章 消费与投资

在第 2 章讨论过的国民收入恒等式 $Y = C + I + G + NX$ 中，消费 C 和投资 I 是收入 Y 的主要构成部分。在一个经济运行中，家庭的消费决策和企业的投资决策都是影响经济长期增长和短期波动的重要因素。自从宏观经济学成为一个独立的研究领域以来，很多经济学家发展形成了许多有关消费和投资行为的理论，并且通过这些理论来构建整个宏观经济运行的模型。本章将重点考察各种消费和投资理论，并用它们来说明影响消费和投资的主要因素。

3.1 消费函数

在现实生活中，决定消费支出的因素很多，如收入水平、价格水平、收入分配、利率水平、消费者偏好、消费者年龄构成、风俗习惯以及经济前景预期等。从宏观经济层面看，导致个体消费差异性的因素一般不予考虑，对消费有决定性影响的是社会的收入。一般说来，人们收入越高，消费支出也会越多。因此，消费与收入两者之间存在正相关关系。所谓消费函数（consumption function），就是用来表示消费与收入之间一一对应的正相关关系的函数，即

$$C = f(Y), \frac{\mathrm{d}C}{\mathrm{d}Y} > 0$$

其中：C 代表消费；Y 代表收入。

消费与收入之间的关系可以用平均消费倾向与边际消费倾向来进一步详细刻画。

平均消费倾向（average propensity of consumption，APC）是指消费支出在收入中所占的比例，即

$$APC = \frac{C}{Y}$$

边际消费倾向（marginal propensity of consumption，MPC）是指收入每增加一个单位所引起的消费的增量。以 ΔC 表示消费的增量，ΔY 表示收入的增量，则边际消费倾向公式为

$$MPC = \frac{\Delta C}{\Delta Y}$$

边际消费倾向也可以用微分形式表示，即消费对收入的一阶导数：

$$MPC = \frac{\mathrm{d}C}{\mathrm{d}Y}$$

下面先来考察一个最简单的封闭经济——只有家庭和企业的经济。在这个经济中，消费和储蓄之间存在互补关系，消费函数和储蓄函数中只要有一个确立，另一个也随之确立。所以，可以类似得到储蓄函数和储蓄倾向的定义：

$$S = Y - C = Y - f(Y)$$

平均储蓄倾向（average propensity of saving，APS）是指储蓄占收入的比例，即

$$APS = \frac{S}{Y} = \frac{Y-C}{Y} = 1 - \frac{C}{Y} = 1 - APC \quad 或 \quad APC + APS = 1$$

边际储蓄倾向（marginal propensity of saving，MPS）是指收入每增加一个单位所引起的储蓄的增量。以 dS 表示储蓄的增量，dY 表示收入的增量，则边际储蓄倾向公式为

$$MPS = \frac{d(Y-C)}{dY} = 1 - \frac{dC}{dY} = 1 - MPC \quad 或 \quad MPC + MPS = 1$$

只要对收入的含义稍作修改，将收入限定为居民收入，就可以将上述这些有关消费与储蓄之间的恒等式推广到拥有家庭、企业、政府和国外部门的一般经济中去。

3.2 消 费 理 论

在《通论》中，凯恩斯创造性地用消费函数替代效用函数作为研究消费者行为的利器。其后，很多宏观经济学家都利用消费函数来构建各自的消费者行为理论，提出多种解释消费与收入历史数据资料的方法。本节介绍四个比较著名的经济学家观点来说明消费与收入关系的多样性。

1. 凯恩斯的消费函数

在凯恩斯写《通论》的时候，他既没有大量可供分析的统计数据，也不曾拥有能够进行大量统计数据计量分析的电脑。凯恩斯对消费函数的研究完全是建立在他自己的内省和偶然观察的基础上的。

首先，凯恩斯认为边际消费倾向小于 1 而大于 0，这意味着，收入增加 1 元钱后，一个人会增加他的消费支出，但是，消费支出增加的额度要小于 1 元，剩余的部分就是储蓄增加的数量。

其次，凯恩斯认为消费与收入的比例（即平均消费倾向）会随着收入的增加而下降。他相信，储蓄是一种奢侈品，因此，他预期富人收入中用于储蓄的比例要高于穷人。

第三，凯恩斯认为消费取决于收入，而与利率无关。

根据凯恩斯这三大猜想，凯恩斯消费函数最简单的表述就为

$$C = \alpha + \beta Y$$

其中：α 代表自发消费（autonomous consumption），$\alpha > 0$，它表示不论收入水平如何都必然进行的消费，类似于基本生活开支；β 代表边际消费倾向，$0 < \beta < 1$；βY 代表引致消费（induced consumption），是指随收入的变动而变动的那部分消费。

注意，$MPC = \beta$，满足 $0 < MPC < 1$；$APC = \alpha/Y + \beta$，满足随 Y 递减。这些结果符合凯恩斯猜测。这里特别要指出，根据凯恩斯在《通论》中的说明，对收入适当计量应是个人税后收入，即可支配收入。

在凯恩斯提出消费函数后不久，经济学家便开始收集和分析数据以检验他的猜想。研究者对一些家庭进行了调查，收集了有关消费与收入的数据。他们发现，高收入家庭的消费更多，这就证实了边际消费倾向大于 0；高收入家庭的储蓄也更多，这也就证实了边际消费倾向小于 1；更高收入的家庭将其收入中更大的比例储蓄起来，这证实了平均消费倾向随着收入的增加而下降。因此，这些数据证实了凯恩斯关于边际消费倾向与平均消费倾向

随收入变化的猜想。

　　另外，许多研究者还考察了在两次世界大战之间消费与收入的数据，发现这些数据也都支持凯恩斯有关消费函数的猜想。在收入不同寻常地低的年份，例如在大萧条期间，消费和储蓄都较低，且消费与收入之比很高，这表明边际消费倾向在 0～1 之间，平均消费倾向随收入递减。同样，消费和收入数据之间的正的线性相关性极好，这也就证实了凯恩斯的第三个猜想。

　　然而，到了 20 世纪 40 年代末，库兹涅茨等人利用美国 1869—1939 年的资料，对消费作了进一步的计量实证研究，其计量分析结果与凯恩斯绝对收入假说的结论并不完全相符。特别是在较长时期内（比如用 10 年的平均值来表示），1869 年以来，（每 10 年的）平均消费倾向比较稳定，基本上是一个常数，大约等于 0.9。这个现象就称为"库兹涅茨之谜（Kuznets mystery）"。图 3.1 就是用来说明这个谜的。

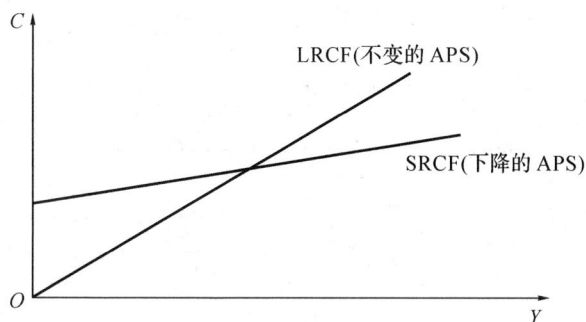

图 3.1　库兹涅茨之谜

　　上述证据表明，存在两种消费函数。对家庭数据和短期时间序列而言，凯恩斯消费函数看起来在起作用，存在下降的平均消费倾向。但是，对长期时间序列而言，消费函数看来有不变的平均消费倾向。在图 3.1 中，我们可以将消费与收入之间的这两种关系分别称为短期消费函数（short run consumption function，SRCF）和长期消费函数（long run consumption function，LRCF）。经济学家需要解释这两种消费函数如何相互一致。

2. 费雪的跨期选择理论

　　凯恩斯的消费函数只是把消费和收入联系在一起。然而，这种关系也是不完全充分的。当人们决定消费多少和储蓄多少时，他们既要考虑现在，又要考虑未来。这样反映储蓄的基本含义——未来的消费。人们今天享受的越多，明天能享受的就会越少。在做出这种取舍时，家庭必须预期到他们在未来得到的收入，才能确定他们希望得到的消费。

　　经济学家费雪就建立了一个人们这样思考消费与储蓄的模型。经济学家用这样的模型来分析理性的、具前瞻性的消费者如何做出跨期选择。也就是说，涉及不同时期消费与储蓄的选择。费雪模型说明了消费者在收入约束前提下，他们如何根据收入约束和自身偏好决定消费和储蓄的选择。

　　在费雪模型中，个人并不只是为了当前消费，而是还要考虑未来的消费，因此，一个人的效用最大化是跨期最优的选择。模型假定个人的一生包括当前和未来两个时期，不考虑价格水平变化，可以令价格为 1。设当前的消费为 C_1，未来的消费为 C_2，收入 Y 只在当前获得，未来将因为退休等原因没有收入，$S=Y-C_1$ 作为当前的储蓄可以获得 r 的利率，则

未来的消费为

$$C_2 = S(1+r) = (Y - C_1) \times (1-r)$$

移项整理后，有

$$C_1 + \frac{C_2}{1+r} = Y$$

我们假定效用函数为柯布-道格拉斯型：

$$U = \ln C_1 + b\ln C_2$$

其中，b 值反映了个人对当前消费与未来消费之间的时间偏好。通常，$0 < b < 1$，说明人们更偏重于当前的消费。

个人两期消费总效用最大化，即

$$\max U = \ln C_1 + b\ln C_2$$

$$\text{s. t.} \quad C_1 + \frac{C_2}{1+r} = Y$$

将 $C_1 + \dfrac{C_2}{1+r} = Y$ 代入 $\max U = \ln C_1 + b\ln C_2$ 中，有

$$\max U = \ln C_1 + b\ln(1+r)(Y - C_1)$$

由规划一阶优化条件可得

$$\frac{1}{C_1} - \frac{b}{Y - C_1} = 0$$

解上述方程，可得

$$C_1 = \frac{Y}{1+b}, \quad S = \frac{bY}{1+b}, \quad \beta = \frac{C_1}{Y} = \frac{1}{1+b}, \quad s = \frac{S}{Y} = \frac{b}{1+b}$$

式中，β 和 s 分别表示平均消费倾向（也是边际消费倾向）和平均储蓄倾向（也是边际储蓄倾向）。

可见，个人每期的消费都与收入成正比，同时平均消费倾向 β 小于 1。若通常由文化等因素决定的 b 值固定，则 β 也为常数。b 值越大，β 越低，消费越偏向于未来。b 值越小，β 越高，消费越偏向于当前。这可以构成解释中国和美国平均消费倾向差异的一个因素，即由文化、信贷条件等决定的 b 值差异。

上述结果还表明，边际消费倾向与利率无关。这是因为利率变化对当前消费的影响存在"收入效应"和"替代效应"两种不同作用。利率提高时，替代效应意味着牺牲当前的消费可以换取更多的未来消费，应该减少当前消费；而收入效应则意味着总收入增加，应该增加当前消费，在这里两者正好相互抵消。

后来，经济学家还在费雪的跨期选择理论基础上发展出两种著名消费理论：生命周期和持久收入假说。

3. 莫迪利安尼的生命周期假说

针对库兹涅茨之谜，莫迪利安尼与他的合作者安多和布伦伯格提出了一种假说：理性的消费者会根据一生的收入流来优化一生的消费流。这种对消费行为的解释就是生命周期假说（life cycle hypothesis，LCH）。

依据边际效用递减规律，消费者最好选择"平滑消费"的策略：消费者将其一生的所有收入全部用于消费，且每年的消费将会一样多。为了便于讨论，我们不考虑储蓄的利率因

素，于是有

$$C = \frac{W + (1-k)R \times Y}{T}$$

其中：C 为消费者每年的消费；W 为消费者的初始财产，如一次性从长辈那里继承的一笔遗产；Y 为消费者工作每年的劳动收入；R 为消费者能劳动的总年份；T 为消费者一生活着的总年份；k 为自己全部收入中作为赠送给子孙遗产的比例，小于 1。

如果取 $a = 1/T$，$\beta = (1-k)R/T$，则有

$$C = aW + \beta Y$$

其中：a 为财产的边际消费倾向；β 为收入的边际消费倾向。如果方程两边同时除以 Y，则有

$$\frac{C}{Y} = a\left(\frac{W}{Y}\right) + \beta$$

莫迪利安尼等人对库兹涅茨之谜的解释是：对个人和短期情况来说，初始财富是稳定的，验证结果符合凯恩斯猜想。而长期情况就不同了。根据上面假设，随着收入的增长，遗产也会按比例增多，因而每代人的初始财富会同比例提高。这意味着，W/Y 是一个常数，即 $W/Y = k'$ 或 $W = k'Y$，因此平均消费倾向 C/Y 也是一个常数 $ak' + \beta$。

生命周期假说还做出了许多其他预测。最重要的是，它预测储蓄在人的一生中会发生变动。如果一个人成年之初没有财富，也赠送遗产给子孙，他想在一生中平滑消费（如图 3.2 中水平的消费线），他将在工作年份获得收入（假定收入稳定，如图 3.2 中水平的收入线），并进行储蓄和积累财富，然后在退休后的年份进行负储蓄和消耗他的财富。在临终那一刻，他正好将所有收入全部耗尽。这就意味着，一个老龄化社会的储蓄将会减少。

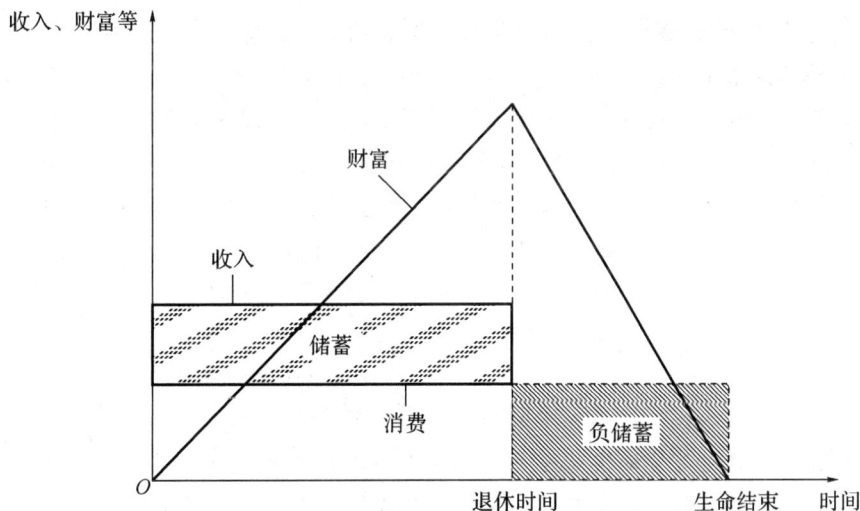

图 3.2　生命周期中的消费、收入和财富

4. 弗里德曼的持久收入假说

曾经当过库兹涅茨助手的弗里德曼用持久收入假说（permanent income hypothesis, PIH, 也译作"永久收入假说"）来解释库兹涅茨之谜。他认为，消费者的消费支出不是由他的现期收入决定的，而是由他的持久收入决定的。也就是说，理性的消费者为了实现效用

最大化,不是根据现期的收入,而是根据长期中能保持的收入水平即持久收入水平来做出消费决策的。这一理论将人们的收入分为持久收入(permanent income)Y_P 和暂时收入(transitory income)Y_T。持久收入是消费者可以预期到的那部分收入;暂时收入是消费者没有预期到的那部分收入。换个说法,持久收入是长期平均收入;而暂时收入是对长期平均值的随机偏离。弗里德曼还认为消费是持久收入稳定的线性函数,用公式表示为

$$C = \beta Y_P$$

其中:C 为当期消费支出;β 为边际消费倾向。

因此,从短期来看,平均消费倾向 $C/Y = \beta Y_P/(Y_P + Y_T)$,是 Y(或 Y_T)的递减函数,符合凯恩斯猜想。而从长期来看,平均消费倾向 $\bar{C}/\bar{Y} = \beta Y_P/(\bar{Y}_P + \bar{Y}_T)$,其中,$\bar{C}$ 和 $\bar{Y}$ 分别为消费和收入的多年平均值。根据前面关于 Y_P 和 Y_T 的定义,有 $\bar{Y}_P = Y_P$,$\bar{Y}_T = 0$,故 $\bar{C}/\bar{Y} = \beta$,为一个常数。这样符合库兹涅茨之谜的解释。

综上所述,我们可以得到这样的结论:在讨论长期经济增长时,选用长期消费函数 $C = \beta Y$;在考察短期经济周期时,选用短期消费函数 $C = \alpha + \beta Y$。不过,特别要注意,在不同模型中,衡量收入的指标是不同的。

起初,生命周期假说比较强调消费者稳定消费流与其人生各个阶段不同收入流之间的关系和储蓄的平滑消费功能。而持久收入假说则强调消费者稳定消费流与随机波动的收入流之间的关系和储蓄的代际遗赠功能。如今,这两种理论已经基本融合在一起,合称生命周期-持久收入假说,简称 LC - PIH。

5. 影响收入的因素

人们通常会用平均消费倾向或者边际消费倾向来衡量一个国家或一个地区、一个民族,甚至一个人的消费(或储蓄)偏好。在分析统计资料时,人们会发现有些消费差异现象可以用传统经济学理论来解释。比如,一些社会福利保障制度完善的国家,人们更喜欢消费。因为在一个养老、伤病和失业保险水平较高的国家中,人们可以大大降低对未来钱不够用的预期,减少预防性储蓄。这个国家的平均消费倾向自然就会比较高。然而,也有一些消费差异现象很难用传统经济学理论来解释。比如,世界上社会福利保障最为完善的北欧和德国的平均消费倾向低于美国、英国、法国和俄罗斯等国,东亚的平均消费倾向低于非洲。这些问题很难从传统经济学理论中得到令人满意的答案。经济学家们只能从其他学科的视角来审视这类问题。

语言特性与经济行为

许多经济学家对消费的文化差异现象作了相当深入的研究,其中,耶鲁大学经济学家陈基思(音译)认为,消费文化差异的部分原因可能在于语言,特别在于不同语言处理时间的方式上。各种语言在区别未来和当下事件的程度上有所不同。比如,英语的未来时间参照(future time reference,FTR)比较强,人们说"明天将要下雨"。在弱FTR语言中,比如德语,人们只说"明天下雨"。与此类似,汉语也是弱时间结构的。说强FTR语言的人要稍微多用一些言辞来阐明他们在谈论未来。陈基思认为,这个细微的差别实际上改变了说不同语言的人考虑时间的方式,进而影响人们在当下的行为方

式。心理研究结果显示，语言差别的确影响对外部现象的看法。在衡量时间方面，陈基思假定，说弱 FTR 语言的人认为未来没有那么遥远，因此较少实施在未来产生负面后果的行为。弱 FTR 语言包括德语、汉语、日语和斯堪的纳维亚语，而英语、希腊语、俄语和西班牙语是强 FTR 语言。

陈基思在一篇论文中比较了在教育、收入和宗教方面类似的几个欧洲家庭，发现说弱 FTR 语言的人一般会为退休后的生活存更多的钱，较少吸烟，肥胖的可能性也较低。他说："我们认为在储蓄上与众不同的国家在它们表达未来的方式上也与众不同。"因此，不仅仅是因为中国人和北欧人更善于规划未来，他们已经生活在未来之中，或者至少在语言表达上已经处在未来之中。

3.3　投资函数与投资理论

消费支出是现在给家庭提供了效用，而投资支出则是为了在日后给家庭提供更高的生活水平。因而，投资是 GDP 中联系当前与未来的一个纽带。

由于投资是 GDP 中波动最大的组成部分，因此投资支出无论在长期经济增长中还是在短期经济周期中，都起着关键作用。在衰退时期，收入下降主要是由于投资减少引起的。经济学家研究投资就是为了更好地理解经济增长和经济周期。

投资也叫资本形成，是指在一定社会的实际资本存量的增加。从这个意义上讲，投资应该包括物质资本投资和人力资本（human capital）投资。不过，习惯上我们讲的投资主要指物质资本投资，而将许多人力资本投资归算到消费支出中，如供孩子读书、技能培训等费用。物质资本投资包括厂房、设备和存货的增加，新住宅的建设等，通常是企业行为。人力资本投资包括劳动力的教育、培训和身体保健，以及生产技术知识的扩展和积累。物质资本投资又分为政府投资和私人投资。对经济周期影响较大的是私人投资。下面重点介绍私人投资。私人投资可以分为以下几个部分：企业固定投资（business fixed investment），包括企业购买的用于生产的设备和建筑物；住房投资（residential investment），包括人们为居住而购买的和房东为出租而购买的新房；存货投资（inventory investment），包括企业储存的产品，原料、耗材、尚未完工的产品，以及尚未出售的产品。

1. 企业固定投资

总投资构成中最大部分是企业固定投资。据统计，美国企业固定投资大约占到全部私人投资的 3/4。企业固定投资是指这些投资品是企业买来用于未来生产的资本品。企业固定投资包括企业购置，或租借的家具、机器、电脑、汽车和厂房等资本品。很多经济学家建立了有关企业固定投资的理论，下面列举经常提及的几种。

1）凯恩斯的投资理论

凯恩斯认为，一个企业是否要进行投资，取决于这些投资的预期利润率与利率之间的比较。前者大于后者时，投资是值得的，若企业投资的资金来源是银行贷款，相当于企业贷款的收益会大于贷款的成本，应该贷款来投资；前者小于后者时，投资是不值得的，若企业投资的资金是自有资金，投资的收益还不如把钱存银行吃利息，自然也不必自己去投资。

因此，在决定投资的诸因素中，资本的预期利润率即资本边际效率（marginal efficiency of capital，MEC）是主要因素。

根据凯恩斯的定义，把一项资本资产在它的有效期内的各年收益，按某一贴现率折为现值后，正好等于这项资本资产的供给价格，则这一贴现率就是这项资产的资本边际效率。如果假定新增一项资本资产的使用寿命为 n 年，每年各收回 R_1，R_2，R_3，$\cdots$，R_n 的预期收益，J 代表该项目资本品在 n 年年末时的报废价值，r 为贴现率或资本边际效率，则这项资产的总预期收益折为现值或这项资本资产的供给价格 R 应为

$$R = \frac{R_1}{1+r} + \frac{R_2}{(1+r)^2} + \frac{R_3}{(1+r)^3} + \cdots + \frac{R_n}{(1+r)^n} + \frac{J}{(1+r)^n}$$

如果 R，R_1，R_2，R_3，$\cdots$，R_n 和 J 已知，就能算出资本边际效率 r。凯恩斯认为，资本边际效率是投资规模的递减函数，因为随着投资的增加，对资本的需求扩大，资本资产的供给价格上升，而未来产品数量增多会使产品价格降低，预期收益下降。而资本边际效率递减，反过来又使投资者减少投资，这就使得资本社会对资本品的需求不足，从而使有效需求不足，导致经济危机和失业。

下面分析投资与利率的关系。设想一个经济有 10 个企业，分别为企业 1，企业 2，$\cdots$，企业 10。他们分别有 1 个投资项目，投资金额均为 1 亿元，但是，资本边际效率有差异，分别为 2%，3%，$\cdots$，11%。那么，当利率为 1.5% 时，10 个企业都有意愿投资，投资量为 10 亿元。当利率上升至 2.5% 时，企业 1 退出投资，投资量下降到 9 亿元。$\cdots\cdots$，当利率上升至 11.5% 时，所有企业退出投资，投资量为 0 元。由此可见，投资与利率呈负相关关系。投资与利率之间的这种负相关关系称为投资函数，可写为

$$I = I(r), \frac{\mathrm{d}I}{\mathrm{d}r} < 0$$

它线性化简化表示为

$$I = I_0 - dr$$

式中：I_0 为自发投资（autonomous investment），表示利率 r 为零时能有的投资量；d 为投资需求的利率敏感系数（interest rate sensitivity coefficient of the investment demand），表示利率每上升或下降一个百分点，投资会减少或增加的数量。投资函数可以用图 3.3 中的投资需求曲线（即一条向右下倾斜的曲线）表示。

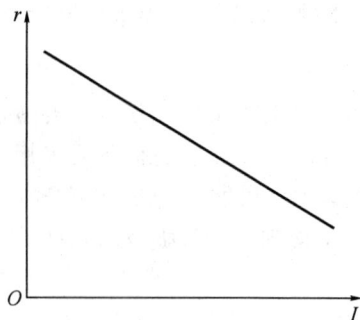

图 3.3　投资需求函数

2）新古典的投资函数

新古典经济学是根据利润最大化的规范方式来分析投资与其他变量的关系的。假定一

个经济只使用资本 K 和劳动 L 两种生产要素，生产函数为柯布-道格拉斯型 $Y = AK^{\alpha}L^{1-\alpha}$。其中：资本 K 由资本存量 K_0 和新增资本 ΔK 构成，等于投资 I；劳动达到充分就业水平 L_0；A 为一个衡量技术水平的参数；α 为衡量资本在产出中份额的参数，介于 $0 \sim 1$ 之间。

追求最大化的规划为

$$\max_{I \geqslant 0} \Pi = A(K_0 + I)^{\alpha}L_0^{1-\alpha} - rI - wL_0 - p_K K_0 - \delta(K_0 + I)$$

式中：r 是实际利率；w 是实际工资；p_K 是实际资本租赁价格；δ 是资本折旧率。

规划的一阶导数为

$$\frac{\partial \Pi}{\partial I} = \alpha A (K_0 + I)^{\alpha-1} L_0^{1-\alpha} - r - \delta$$

投资 I 的最优解为

$$I = \begin{cases} 0, & K_0 > \left(\dfrac{\alpha A}{r+\delta}\right)^{\frac{1}{1-\alpha}} L_0 \\ \left(\dfrac{\alpha A}{r+\delta}\right)^{\frac{1}{1-\alpha}} L_0 - K_0, & K_0 \leqslant \left(\dfrac{\alpha A}{r+\delta}\right)^{\frac{1}{1-\alpha}} L_0 \end{cases}$$

方程表示投资依然与利率和折旧率成反比。

3）托宾 q 理论

许多经济学家看到了投资波动与股票市场波动之间的联系。股票（stock）是指在公司所有权中的份额，股票市场（stock market）就是这些股份交易的市场。当企业有许多盈利的投资机会时，股东未来收入就会增长，因此股票价格就会上升；反之，股票价格就会下降。股票价格反映了投资者对企业未来的一种评价。诺贝尔奖获得者、经济学家托宾提出，企业根据以下比率做出投资决策，这一比率现在被称为托宾 q 值（Tobin's q）。

$$q = \frac{\text{已安装资本的市场价值}}{\text{已安装资本的重置价值}}$$

已安装资本的市场价值是由股票市场决定的股票价格决定的。已安装资本的重置价值是由现在购买这些资本的价格决定的。托宾认为净投资的变化取决于托宾 q 值大于 1 还是小于 1。如果托宾 q 值大于 1，股票市场对已安装资本的估价就大于其重置资本。在这种情况下，经理们可以通过购买更多的资本来提高其企业股票的市场价值。相反，如果托宾 q 值小于 1，股票市场对资本的估价就小于其重置成本。在这种情况下，当资本折旧时，经理们不会再添置资本。

尽管表面上看投资的托宾 q 理论似乎与前面建立的新古典模型完全不同，但是这两种理论是密切相关的。为了看出它们之间的关系，应注意托宾 q 值取决于从已安装资本获得的现期与未来的预期利润。如果资本的边际产量大于资本成本，那么企业就从已安装资本中赚取利润，这些利润使企业更愿意拥有资本，这就提高了这些企业股票的市场价值，意味着高的托宾 q 值。类似地，如果资本的边际产量小于资本成本，那么企业就从已安装资本上招致损失，这意味着低的市场价值和低的托宾 q 值。

托宾 q 值作为对投资激励的一种衡量指标的优点在于，它既反映了资本的现期获利性，也反映了预期的未来获利性。更高的预期利润提高了现在的股票价值，提高了托宾 q 值，因而鼓励现在的投资。这样，托宾 q 值投资理论强调了投资决策不仅取决于现在的经济政策，还取决于预期未来的政策。

2. 住房投资

这里用一个简单的住房投资模型来说明影响住房投资的因素。住房投资的模型包括两个部分：一是现有住房存量市场；二是新住房投资流量市场。

图 3.4(a)表示住房供需情况对住房市场均衡价格的影响。假定在短期内住房的供给是固定的，则住房供给曲线为一条垂直线 S_K。而在需求方面，假定随着住房价格的提高，人们会选择更小的居住面积，则住房需求曲线 D_K 为一条向右下方倾斜的曲线。住房价格调整可以实现供需均衡。图 3.4(b)表示住房价格对投资新住房供给的影响。住房价格越高，建房的激励越大，所建的住房就越多。因此，投资新住房的供给曲线 S_I 向右上方倾斜。相对于住房价格 P_{H1} 的新住房投资量为 I_{H1}。

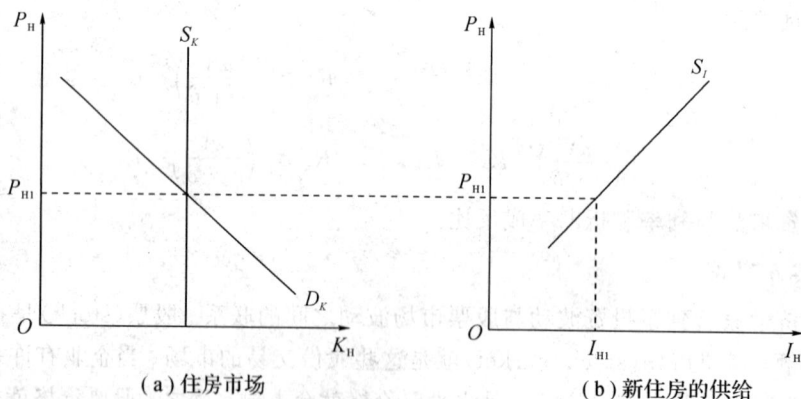

(a)住房市场　　　　　(b)新住房的供给

图 3.4　住房投资的决定因素

除了住房价格外，还有诸多其他影响住房需求的因素。其中，利率是最常见的一个因素。因为购房者肯定会在购房利息与租房租金之间做权衡。随着利率的下降，向银行贷款购房后所需支付的利息也会下降，选择购房者就会增多，购房需求量就会上升；反之，购房需求量就会下降。即住房需求量是利率的递减函数，利率下降会使住房需求曲线向右移动。

图 3.5(a)表示当利率下降后，住房需求曲线向右移动，从 D_{K1} 移到 D_{K2}，住房价格上升，从 P_{H1} 提高到 P_{H2}。图 3.5(b)表示住房价格上涨，进而扩大了投资新住房的激励，使投

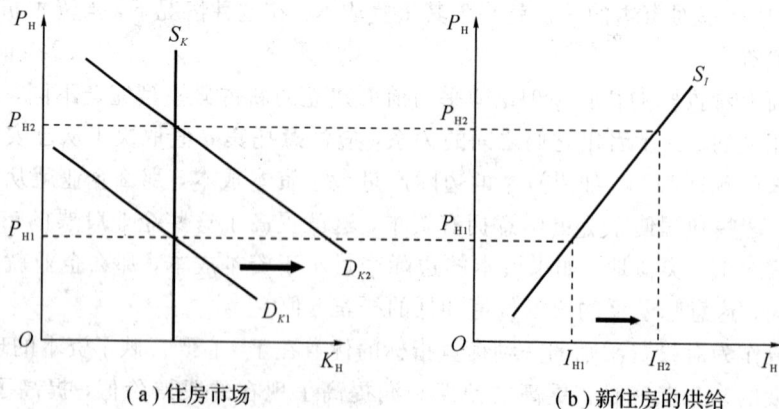

(a)住房市场　　　　　(b)新住房的供给

图 3.5　住房需求增加

资新住房的数量从 I_{H1} 增加到 I_{H2}。因而，住房投资也是利率的递减函数，即

$$I_{\mathrm{H}} = I_{\mathrm{H}}(r), \frac{\mathrm{d}I_{\mathrm{H}}}{\mathrm{d}r} < 0$$

住房需求的另一个重要决定因素是信贷的可得性。当贷款很容易获得时，更多家庭自置住房，购买比难以获得贷款情况下更大的户型，因而增加了住房需求。当信贷条件收紧时，更少的人自置住房或更换大的住房，住房需求下降。

3. 存货投资

存货投资比重不高，但是研究存货投资有着重大意义。存货投资是支出中最小的一个组成部分（在美国，存货投资只占 GDP 的 1% 左右），但它显著的波动性使它成为研究经济波动的中心。在衰退时期，当产品售出后企业不再补充自己的存货，存货投资变负，存货下降。在一次典型的衰退中，支出减少的一半以上来自存货投资的减少。

持有存货有许多目的。下面粗略地讨论企业持有存货的原因。

1) 提高生产要素的使用效率

存货的一种用途是平滑不同时期的生产水平。考虑一个经历着销售有较大幅度波动的企业。企业可能发现，按稳定的比率生产产品比调整生产以匹配销售的波动更为便宜。当销售量低时，企业生产的产量多于销售量，把额外的产品作为存货。当销售量高时，企业生产的产量少于销售量，从存货中拿出产品来销售。这种持有存货的动机称为生产平滑化（production smoothing）动机。

2) 减少生产故障的时间损失

存货还可以使企业更有效率地运行。例如，如果零售商店手头有产品可以向顾客展示，他们可以更有效率地销售商品。制造业企业持有零配件存货可以减少当机器发生故障时装配线停止运行的时间。从这个意义上讲，生产规模越大，企业持有的存货量应该越多。在某种程度上，我们可以把存货也看作一种生产要素。

3) 防止产品脱销的不良影响

存货还可以避免产品在销售意外地高涨时脱销。企业常常不得不在知道顾客需求水平之前做出生产决策。例如，一个出版商必须在知道一本新书受欢迎程度之前决定该书的印刷册数。如果需求大于生产，而且没有存货，该产品将会脱销一段时间，企业将损失销售额和利润。存货可以防止这种情况的发生。这种持有存货的动机被称为避免脱销（stock-out avoidance）。

4) 生产大型产品的特殊过程

存货由生产过程本身决定。许多产品在生产中有许多道工序，因此生产需要时间。当一种产品仅仅是部分完成时，其部件被计入企业存货。这种存货称为在制品（work in process）。

综上可知，一个合理的存货投资规模取决于企业对存货投资的收益和存货投资的成本之间的比较，如果存货投资的收益大于其成本，厂商就会扩大其存货投资；相反，如果存货投资的收益小于其成本，企业就会缩小其存货投资规模。不同行业的最佳存货投资规模也将会有所不同。

从与利率的关系上看，存货成本主要是由此导致的资产利息损失。利率越高，存货的机会成本越高，企业会减少存货投资；利率越低，企业越愿意进行存货投资。因此，存货投资与利率成反比关系。

习 题 3

一、选择题

1. 消费者储蓄增加而消费支出减少，则(   )。

A. 储蓄和 GDP 都将下降
B. 储蓄保持不变，GDP 下降
C. 储蓄下降，GDP 不变
D. 储蓄上升，GDP 下降

2. 边际消费倾向的值越大，则(   )。

A. 平均消费倾向越大
B. 边际储蓄倾向越大
C. 平均消费倾向越小
D. 边际储蓄倾向越小

3. 根据消费函数，引起消费增加的因素是(   )。

A. 收入增加　　　B. 储蓄增加　　　C. 利率降低　　　D. 价格水平下降

4. 边际消费倾向是指(   )。

A. 在任何收入水平上，总消费对总收入的比率
B. 在任何收入水平上，由于收入变化而引起的消费支出的变化
C. 在任何收入水平上，当收入发生微小变化时，由此而导致的消费变化对收入变化的比率
D. 以上答案都不正确

5. 下列交易在国民收入账户中被视为投资的是(   )。

A. 你买了中石化公司的旧股票
B. 你购买了汽油去旅游
C. 中石化公司建立一个新油田
D. 你吃了一个苹果

6. 下列交易在国民收入账户中被视为投资的是(   )。

A. 店员王好买了 10 000 元的普通股票
B. 木匠杨过给自己建造了一个小木屋
C. 教师徐荣用 1000 元购买了一台二手电脑
D. 司机陈平买了一座新盖好的房子

7. 以下关于国民储蓄的表述，错误的是(   )。

A. 国民储蓄是银行的存款总量
B. 国民储蓄是私人储蓄和公共储蓄的总和
C. 国民储蓄反映了消费者和政府的需求得到满足后所剩下的产出
D. 在均衡利率处，国民储蓄等于投资

8. 根据新古典投资模型，(   )。

A. 实际利率升高时投资降低
B. 实际利率降低时投资减少
C. 资本边际产量的增加使投资函数向左移动
D. B 与 C 都正确

9. 公司所得税不利于投资，是因为(   )。

A. 规定利润为资本的租赁价格减去资本成本

B. 对利润征收 60％ 的税率过高

C. 计算折旧与利润时没有适当考虑到通货膨胀

D. 以上全部

10. 以下关于投资理论的表述，错误的是（   ）。

A. 托宾 q 值等于已安装资本的市场价值与重置资本成本的比率

B. 如果托宾 q 值大于 1，企业将允许它们的资本损耗而不进行重置

C. 认为股票价格在投资决策中起到重要作用

D. 认为投资依赖于已安装资本的当前与未来预期的利润

11. 根据凯恩斯消费理论，消费的主要决定因素是（   ）。

A. 利率   B. 消费者的财富

C. 消费者的借贷能力   D. 消费者的收入

12. 按照费雪的消费模型，以下关于时际预算约束的表述，错误的是（   ）。

A. 如果现期消费增加，未来消费的可用资源就会减少

B. 第一阶段的消费必须少于或等于第二阶段的消费

C. 在第一阶段，储蓄等于第一阶段的收入减去消费

D. 进行消费选择时，消费者既考虑现期收入也考虑未来预期收入

13. 生命周期消费函数考虑了以下各项，除了（   ）没有考虑。

A. 财富总量   B. 政府预算赤字

C. 预期工作年数   D. 预期退休年数

14. 根据永久收入假说，一个收入每年都在波动的艺术家将（   ）。

A. 收入低的年份有较高的平均消费倾向

B. 收入高的年份有较高的平均消费倾向

C. 每年的平均消费倾向不变

D. 从不将其收入用于储蓄

15. 根据永久收入假说，如果政府临时减税，下列各项可能会发生的是（   ）。

A. 消费者将会增加他们的储蓄，增加的储蓄量等于减税的总量

B. 消费者将增加相当于减税总量的消费

C. 减税将对总需求产生巨大影响

D. B 和 C 都正确

二、简答题

1. 证明边际消费倾向和平均消费倾向都大于 0 而小于 1。

2. 利用生命周期理论说明储蓄和退休人员比例的关系。

3. 根据永久收入假说说明人们的消费不会随经济周期而变化。

4. 用永久收入假说解释库兹涅茨之谜。

5. 根据新古典投资理论说明哪些因素影响企业固定投资。

第4章 经济增长

在人类历史上，工业革命是影响世界人民生活条件的重大事件之一。工业革命极大地改变了人类社会的面貌——GDP总量和人均GDP出现了持续的提高，这些提高被我们称之为经济增长。工业革命的主要后果是人类物质生活水平取得了前所未有的改善。然而，诱发工业革命和经济增长的原因一直让经济学家们争论不休，至今也无一个明确的答案。本章主要讨论经济增长问题。

4.1 经济增长的事实

当我们聆听父母亲讲述他们童年和青年故事的时候，就会发现我们国家的物质生活水平发生了巨大的改善。这种改善来自于我们每个人产出的提高，或者说来自于经济增长。下面通过一系列有关经济增长的重要事实介绍，开始对经济增长问题的考察。

1. 生活水平的巨大差异

首先，对世界上人口最多的16个国家的物质生活水平——人均GDP进行比较。我们用图4.1来显示这一事实。在图4.1中，横坐标代表2016年这16个国家的人均GDP占美

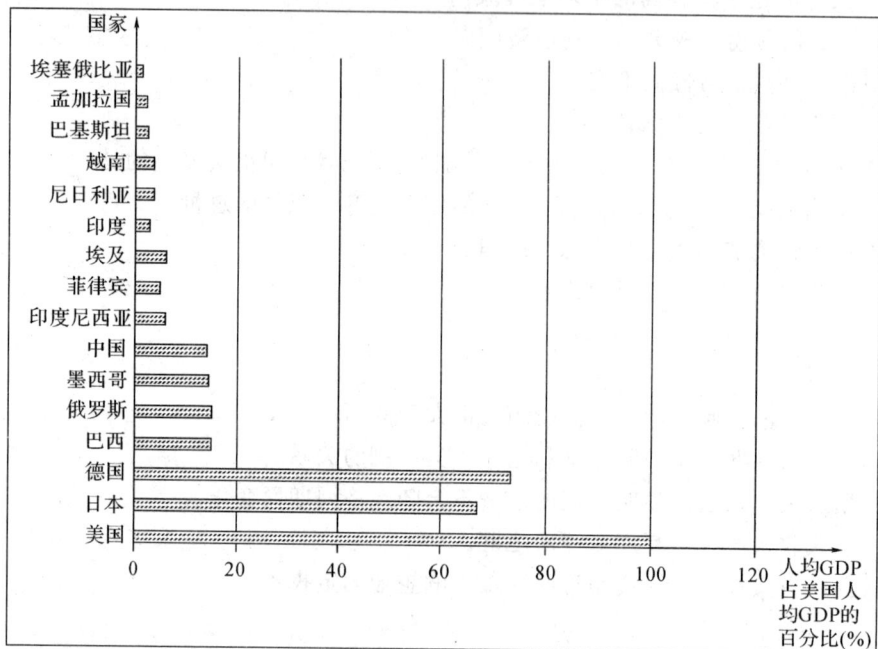

(资料来源：世界银行)

图4.1　2016年世界上人口最多的16个国家的人均GDP占美国人均GDP的百分比

国人均 GDP 的百分比，纵坐标代表相应的国家。

这一比较使我们知道哪些国家富裕，哪些国家贫穷。图中显示，在当今世界上人口最多的 16 个国家中，2016 年埃塞俄比亚人均 GDP 为美国人均 GDP 的 1.4%。这种惊人的贫富差距显然是世界经济不平衡发展的结果。

尽管前面我们已经讲过，人均 GDP 并不是一个衡量人类福利水平的完美指标，但是人均 GDP 高的国家能够负担得起更好的医疗保健，更好的教育制度，也可以提供给公民更多其他社会福利。因此，人均 GDP 的国际间差异也大致反映了福利的国际间差异。

2. 经济增长与贫富变化

为了揭示经济增长给社会生活带来的巨大变化，我们再来看看 1991 年这 16 个国家的情况。我们用图 4.2 来显示这一比较。在图 4.2 中，横坐标代表 1991 年这 16 个国家的人均 GDP 占美国人均 GDP 的百分比，纵坐标代表相应的国家。

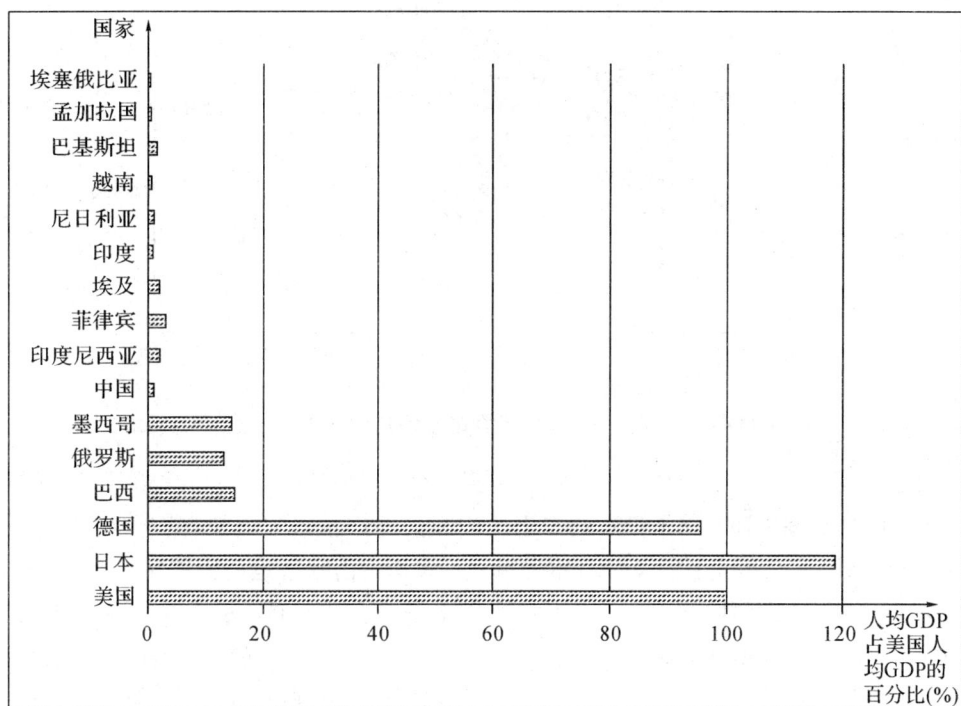

（资料来源：世界银行）

图 4.2 1991 年 16 个国家的人均 GDP 占美国人均 GDP 的百分比

对比图 4.1 和图 4.2，我们可以发现只有德国和日本等国的人均 GDP 占美国人均 GDP 的百分比变小了，说明这些国家在这 25 年的经济增长慢于美国，而巴基斯坦、越南、尼日利亚、印度、埃及、菲律宾、印度尼西亚、中国等多数国家的人均 GDP 占美国人均 GDP 的百分比变大了，说明这些国家的经济增长快于美国。通过比较，我们还可以发现，当今世界 3 个最富裕的大国——美国、日本和德国在 25 年前就已经是世界上最富裕的大国了。相反，在这 25 年里，比较贫穷的国家之间的排名发生了很大的变化。像中国从第 11 名上升到了第 7 名，足以让世人惊叹。这种结果完全归功于近 20 多年来中国的经济持续高速增长。相反，像孟加拉国在这 25 年里，经济基本处于一种停滞不前的状态，经济总量的增长基本上被人口的增长所抵消，排名从第 14 名下降到了第 15 名。

3. 投资率与人均产出

人均产出水平的提高依赖于人们拥有的劳动工具的数量和质量，而这些都与投资水平之间存在着紧密的联系。图 4.3 是大约 100 个国家或地区投资率和人均产出的散点图（该图包括了世界上大部分经济体，但不包括主要产油国和在这一时期的大部分时间实行社会主义的国家，因为它们的经历要用它们的特殊环境来解释）。图 4.3 中每个点代表一个国家或地区，横轴表示投资率（用投资占产出的百分比表示），纵轴表示人均产出（用对数尺度表示）。

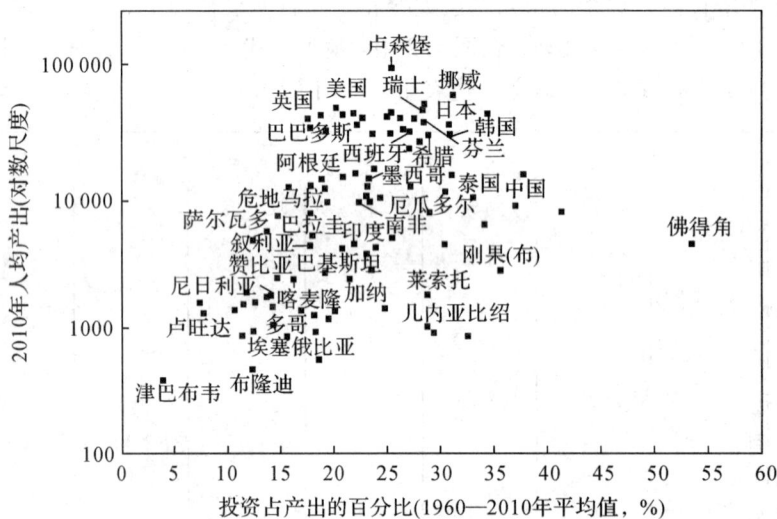

（资料来源：曼昆，《宏观经济学(第九版)》，中国人民大学出版社，2016年）

图 4.3 投资率与人均产出的国际数据

图 4.3 中的数据表明，用于投资的产出比例和人均产出水平之间存在正相关关系。也就是说，通常投资率较高的国家，如日本和挪威，人均产出水平也会比较高；相反，投资率较低的国家，如布隆迪和埃塞俄比亚，人均产出水平也会比较低。引发投资率差异的原因是众多的：文化的、社会的和制度的等等。一般来说，在经常发生战争、革命和政变的国家里，民众财产得不到足够的保护，储蓄和投资率往往较低。在政治制度不完善（用官员腐败程度的估算来衡量）的国家里，投资的交易成本很高，储蓄和投资也往往比较低。在儒教、新教文化圈中，储蓄和投资率往往较高。然而，到底哪种因素是最重要的，经济学家们至今还没有达成共识。

4. 人口增长率与人均产出

图 4.4 是大约 100 个国家或地区人口增长率与人均产出的散点图（该图包括了世界上大部分经济体，但不包括主要产油国和在这一时期的大部分时间实行社会主义的国家，原因同上）。图 4.4 中每个点代表一个国家或地区，横轴表示人口增长率（用每年的百分比表示），纵轴表示人均产出（用对数尺度表示）。

按我们常识分析，人口增长率高的国家将有低的资本存量，从而使这些国家生产状态日趋恶化，这是因为在劳动数量迅速增长的时期，社会很难维持高水平的资本存量和投资率。为了验证这个猜测，我们来考察图 4.4。

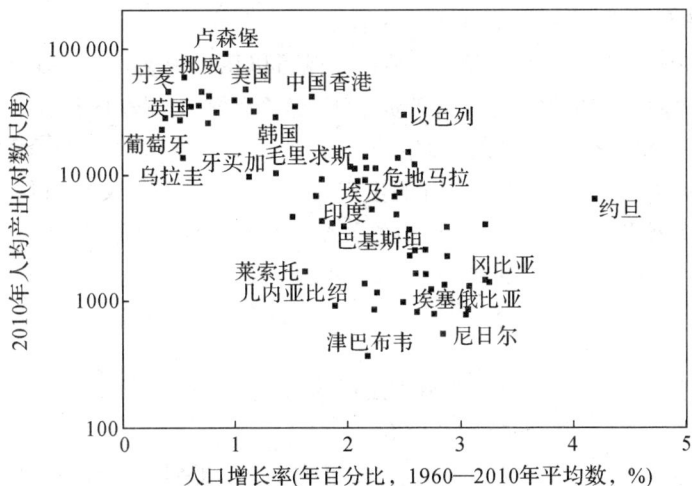

(资料来源：曼昆，《宏观经济学(第九版)》，中国人民大学出版社，2016年)

图 4.4　人口增长率与人均产出的国际数据

图 4.4 表明，人口增长率较高的国家或地区往往人均产出水平较低，如埃塞俄比亚和尼日尔。人口增长率较低的国家或地区往往人均产出水平较高，如卢森堡。这个结论一直没有被政策制定者忽视。那些力图帮助世界上最贫穷国家脱贫的个人和组织，例如世界银行派到发展中国家去的顾问，常常建议通过增加关于生育控制方法的教育和扩大妇女工作机会等手段来降低人口的出生率。为了达到同样的目的，中国实行法定的独生子女政策。也许这正是近 30 多年来，中国经济持续高速增长的重要原因之一。

4.2　经济增长模型

为了解释 4.1 节中经济增长的事实，经济学家提出了许多经济增长的理论模型。从宏观经济学的历史看，经济增长理论发展较快的时期有两个：第一个时期是 20 世纪 50 年代中期至 60 年代，诞生了新古典增长理论(neoclassical growth theory)；第二个时期是 20 世纪 80 年代中期至 90 年代初期，发展了内生增长理论(endogenous growth theory)，也称新经济增长理论(new economic growth theory)。下面分别考察新古典增长理论和内生增长理论。

1. 新古典增长理论

经济增长的研究始于 18 世纪，斯密、李嘉图、马尔萨斯、马歇尔、阿林·杨格、克莱默和熊彼特等著名经济学家都探索过如何使经济增长较快的问题。然而，这些研究尚未形成规范方法和系统理论。现代经济增长理论源于 20 世纪三四十年代哈罗德和多玛的开创性研究工作。50 年代中期索洛和斯旺等人扩展和完善了哈罗德和多玛模型，60 年代卡斯和库普曼斯等人利用 20 年代拉姆齐发明的研究工具(1930 年拉姆齐死于黄疸症，年仅 26 岁，乃为哲学、数学和经济学界之大不幸)进一步完善索洛和斯旺等人的模型，形成新古典增长理论。下面系统地介绍新古典增长理论的基本模型——索洛增长模型(Solow growth model)。

1）生产函数

出于方便起见，索洛增长模型作了以下一些假设：

首先，假设一个经济只生产一种产品。这种产品既可以用于消费，也可以用于投资。产品的产量就是这个经济的总产出 Y，它取决于资本 K（这个经济中所有的机器、工厂、机场和公路等）、劳动 L（这个经济中所有人（假定全是劳动力））、技术水平或全要素生产率（total factor productivity，TFP）A（这个经济的生产技术、社会制度、文化习俗和意识形态等），且产出与资本、劳动和技术水平等成正相关关系，即生产函数为

$$Y=F(K, L, A)$$

且 $\frac{\partial F}{\partial K}>0$，$\frac{\partial F}{\partial L}>0$。

其次，同样出于简单需要，这里将生产函数进一步简化为一种特殊形式：

$$Y=AF(K, L)$$

第三，根据"新古典性质"，假定 $F(K, L)$ 规模报酬不变，即对于任何 $\lambda>0$，都有

$$AF(\lambda K, \lambda L)=\lambda AF(K, L)$$

第四，根据"新古典性质"，假定 $F(K, L)$ 对于资本 K 和劳动 L 两种生产要素都是边际报酬递减的，即

$$\frac{\partial^2 F}{\partial K^2}<0, \quad \frac{\partial^2 F}{\partial L^2}<0$$

2）基本方程

根据生产函数 $Y=AF(K, L)=ALF(K/L, 1)$，在方程两边同除以 L 后，有

$$\frac{Y}{L}=AF\left(\frac{K}{L}, 1\right)$$

取 $y=Y/L$ 为人均产量，$k=K/L$ 为资本存量，则人均生产函数为

$$y=AF(k, 1)=Af(k)$$

其中，$f(k)=F(k, 1)$。

资本积累受到两种因素的影响，即投资（新资本的形成）和折旧（旧资本的损旧）。假定在封闭经济下，投资为 I 等于储蓄 S（其实，从长期来看，开放经济也是如此，因为很少有国家能长期保持对外贸易盈余或赤字）。这里再假定折旧是资本存量的一个固定比率 δ（$0<\delta<1$），即折旧等于 δK，人口增长率为常数 n，则有

$$\dot{K}=I-\delta K=S-\delta K$$

其中，$\dot{K}$ 是导数 dK/dt 的简写形式。

根据第3章的讨论，这里取长期储蓄函数，即 $S=sY$，其中 s 为储蓄率，则有

$$\dot{K}=sY-\delta K$$

由于 $k=K/L$，两边取对数后再求导，可得

$$\frac{\dot{k}}{k}=\frac{\dot{K}}{K}-\frac{\dot{L}}{L}=\frac{sY-\delta K}{K}-n=\frac{sy}{k}-\delta-n$$

移项整理后，得

$$\dot{k}=sy-(n+\delta)k=sAf(k)-(n+\delta)k$$

上式就是索洛增长模型的基本方程,也称资本存量积累方程。这个方程在一般情况下没有解析解,只有在一些特殊情况下才有解析解(详细讨论请参见附录)。

上述资本存量积累方程表示,资本存量变化等于人均储蓄 sy 减去 $(n+\delta)k$ 项。$(n+\delta)k$ 可以理解为"临界的"投资,它是保持资本存量 k 不降低必需的投资。为了防止资本存量 k 下降,需要用一部分投资来抵消折旧,这部分投资就是 δk。同样还需要一些投资补偿劳动数量以 n 的速率增长带来的资本存量稀释,这部分投资就是 nk。因此,资本存量至少以 $(n+\delta)k$ 的速度增长,才能维持 k 不下降。这里将总计为 $(n+\delta)k$ 的储蓄(或投资)称为资本广化(capital widening)。当人均储蓄(投资)大于临界投资所必要的数量时,资本存量 k 会上升,即 $\dot{k}>0$;反之,$\dot{k}<0$。资本存量变化的部分 $\dot{k}$ 称为资本深化(capital deepening)。根据以上解释,索洛增长模型的基本方程也可以表述为

资本深化=人均储蓄(投资)-资本广化

3)稳定状态

资本积累方程说明了资本存量随时间流逝的变化趋势。按照这个方程,如果 $sAf(k)>(n+\delta)k$,则 $\dot{k}>0$,资本存量 k 增加;反之,如果 $sAf(k)<(n+\delta)k$,则 $\dot{k}<0$,资本存量 k 减少;如果 $sAf(k)=(n+\delta)k$,则 $\dot{k}=0$,资本存量 k 不变(见图 4.5)。

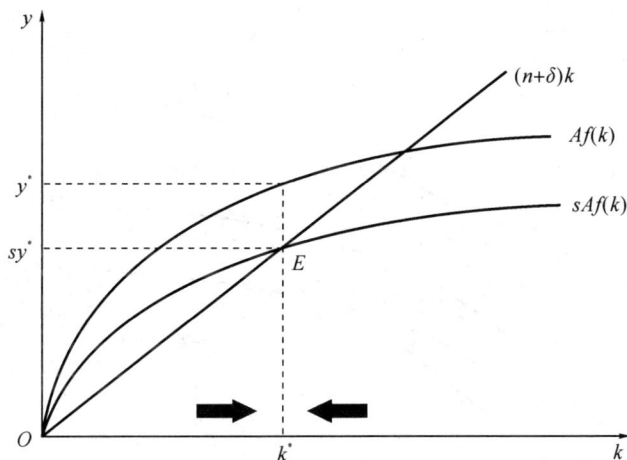

图 4.5 索洛增长模型基本方程的稳定状态

图 4.5 中,储蓄(投资)曲线 $sAf(k)$ 和资本广化直线 $(n+\delta)k$ 的交点 E 就是基本方程的稳定状态(steady state)。稳定状态意味着资本存量和人均产出等变量(如图 4.5 中的 k^* 和 y^*)不再变化。否则,如果 $k>k^*$,$sAf(k)<(n+\delta)k$,则 $\dot{k}<0$,k 会不断下降,最终趋向于 k^*;如果 $k<k^*$,$sAf(k)>(n+\delta)k$,则 $\dot{k}>0$,k 会不断上升,最终也趋向于 k^*。这就意味着,基本方程的稳定状态 $k=k^*$ 是稳定的。

当经济处于稳定状态时,有

$$\frac{\dot{K}^*}{K^*}-\frac{\dot{L}^*}{L^*}=\frac{\dot{k}^*}{k^*}=0 \quad \text{和} \quad \frac{\dot{Y}^*}{Y^*}-\frac{\dot{L}^*}{L^*}=\frac{\dot{y}^*}{y^*}=0$$

移项可得 $\dfrac{\dot{Y}^*}{Y^*}=\dfrac{\dot{K}^*}{K^*}=\dfrac{\dot{L}^*}{L^*}$,即

$$产出增长率＝资本增长率＝劳动（或人口）增长率$$

4）对产出差异的解释

到这里，我们已经可以利用基本方程的稳定状态来解释"为什么一些国家富裕，而另一些国家贫穷"的问题。

为了简明起见，我们取柯布-道格拉斯型生产函数 $Y=AK^{\alpha}L^{1-\alpha}$，人均生产函数则为 $y=Ak^{\alpha}$，其中，$0<\alpha<1$。基本方程的稳定状态方程为

$$sAk^{\alpha} = (n+\delta)k$$

解得

$$k^* = \left(\frac{sA}{n+\delta}\right)^{\frac{1}{1-\alpha}}$$

相应地，有

$$y^* = A^{\frac{1}{1-\alpha}}\left(\frac{s}{n+\delta}\right)^{\frac{\alpha}{1-\alpha}}$$

上式表明，资本存量和产出都与储蓄率（或投资率）成正相关关系。在其他条件相同的情况下，储蓄率比较高的国家，资本存量和产出也会比较高，人们的生活会比较富裕；反之，人们的生活会比较贫穷。如果一个国家的储蓄率提高了，那么这个国家的资本存量和产出会增加（见图 4.6）。

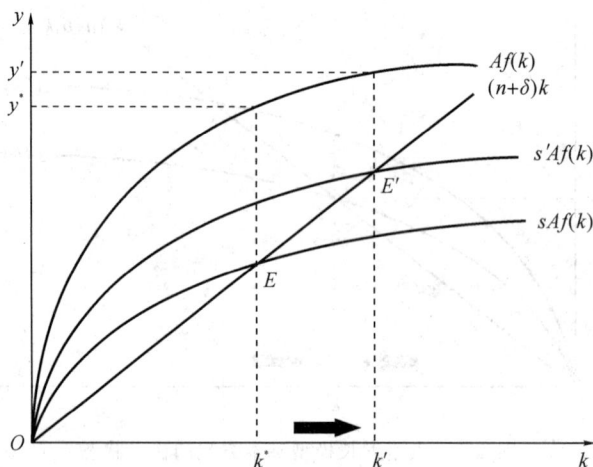

图 4.6　储蓄率增加的影响

图 4.6 中，在原来稳态 E 处，投资量正好与资本折旧和资本广化抵消，当储蓄率从 s 上升到 s' 时，投资立即变高，但资本折旧和资本广化仍然未变。因此，投资超过资本折旧和资本广化，资本存量将会不断增加，直到经济实现新的稳态 E'。在新的稳态中，资本存量 k' 和产出水平 y' 均高于原来稳态水平。需要指出的是，从短期来看，储蓄率提高可以产生正的资本存量变化率和产出变化率，产出增长率会高于人口增长率；从长期来看，当经济趋向新的稳定状态时，资本存量变化率和产出变化率趋向于 0，产出增长率又会回到人口增长率的水平。

上式还表明，资本存量和产出与人口增长率成负相关关系。在其他条件不变的情况下，人口增长越快的国家，资本存量和产出越低，人们的生活也就越贫穷；反之，人们的生活越富

裕。如果一个国家的人口增长率提高了,那么这个国家的资本存量和产出会下降(见图 4.7)。

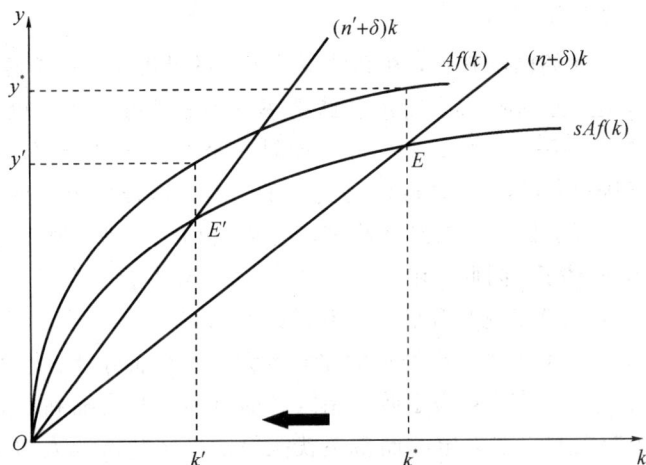

图 4.7　人口增长率的影响

图 4.7 中,在原来稳态 E 处,投资量正好与资本折旧和资本广化抵消,当人口增长率从 n 提高到 n' 时,投资量和资本折旧不变,而资本广化提高。因此,投资低于资本折旧和资本广化,资本存量将持续减少,直到经济实现新的稳态 E'。在新的稳态中,资本存量 k' 和产出水平 y' 均低于原来稳态水平。

上式还表明,资本存量和产出与技术水平成正相关关系。技术水平比较高的国家,资本存量和产出也会比较高,人们的生活比较富裕;反之,人们的生活会比较贫穷。如果一个国家的技术水平提高了,那么这个国家的资本存量和产出会增加(见图 4.8)。

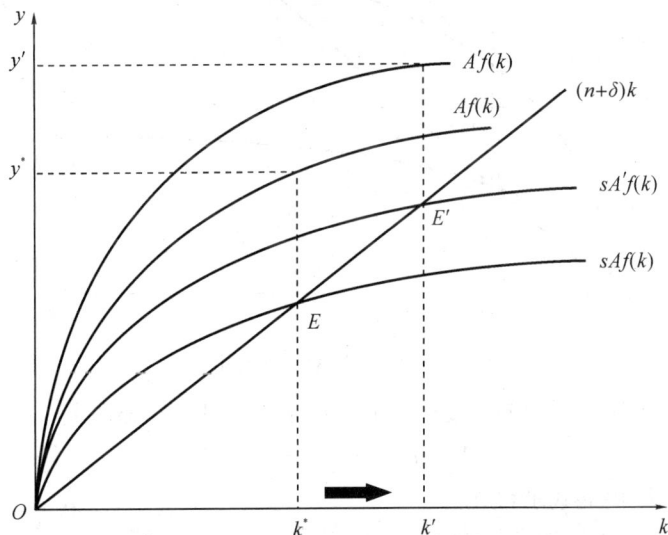

图 4.8　技术水平的影响

图 4.8 中,在原来稳态 E 处,投资量正好与资本折旧和资本广化抵消,当技术水平从 A 提高到 A' 时,投资立即变高,但资本折旧和资本广化仍然未变。因此,投资超过资本折旧和资本广化,资本存量将会不断增加,直到经济实现新的稳态 E'。在技术水平提高初期,

产出增长率会高于人口增长率,最终产出增长率又会回到人口增长率水平。

5)资本积累的黄金律

通过前面的学习,我们已经知道,在其他条件不变的情况下,一个经济的储蓄率越高,资本存量和产出也会越大。有些人会得出高储蓄率总是一件好事的结论。但是,高产出是我们经济活动的最终目的吗?我们设想一下,如果一个经济将其全部产出用于投资(储蓄率等于100%),合理吗?显然,这种做法是荒唐的。因为这样做就意味着我们没有消费,我们不能生存下去。相反,如果一个经济将其所有产出用于消费,那么这个经济中所有的人不久就会回归原始丛林了。因此,在0%~100%之间至少会存在一个最合适的储蓄率。如何确定这个最合适的储蓄率就是我们下面要讨论的问题。

我们假设政策制定者可以将一个经济的储蓄率设定在任何水平。他可以通过设定储蓄率实现他希望出现的稳定状态。再假定政策制定者的目标是社会福利最大化——人均消费最大化。那么,这个政策制定者设定的储蓄率就能保证稳定状态的人均消费最大化。此时的资本存量 k 值被称为资本的黄金律水平(Golden Rule level of capital),记为 k_{gold}^*。有关资本积累的黄金律的研究始于费尔普斯1961年的工作,所以资本积累的黄金律也被称为费尔普斯黄金律(Phelps' Golden Rule)。为了考察资本积累的黄金律,我们先来分析稳定状态的个人消费 c^*。根据封闭经济两部门国民产出核算恒等式,有

$$c^* = y^* - i^* = Af(k^*) - s^* f(k^*) = Af(k^*) - (n+\delta)k^*$$

根据上式,我们结合图4.9,分析如何求解黄金律水平 k_{gold}^*。

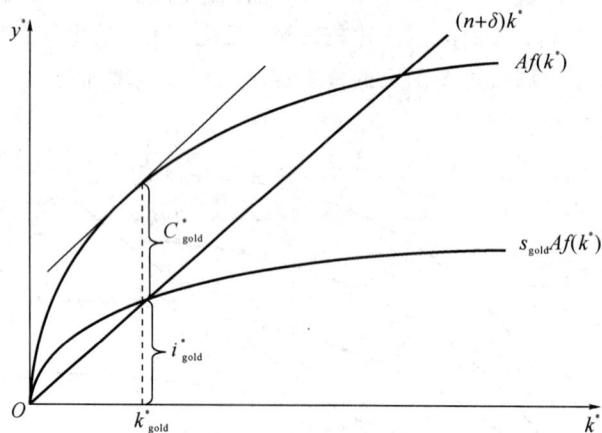

图 4.9　储蓄率与黄金律

在图4.9中,要使 $c^* = Af(k^*) - (n+\delta)k^*$ 最大化的一阶条件是

$$Af'(k^*) - (n+\delta) = 0$$

即 $Af'(k^*) = n+\delta$,由此式求得 k_{gold}^*。

再由 $sAf(k_{gold}^*) = (n+\delta)k_{gold}^*$ 求得 s_{gold}。

下面用柯布-道格拉斯型生产函数的例子来说明黄金律的具体求解过程。

$y = Ak^\alpha$,满足黄金律条件,则有

$$\alpha A (k^*)^{\alpha-1} = n+\delta$$

解得

$$k_{\text{gold}}^* = \left(\frac{\alpha A}{n+\delta}\right)^{\frac{1}{1-\alpha}}$$

相应地，储蓄率可以从下面的方程中求得：

$$sA\left(\frac{\alpha A}{n+\delta}\right)^{\frac{\alpha}{1-\alpha}} = (n+\delta)\left(\frac{\alpha A}{n+\delta}\right)^{\frac{1}{1-\alpha}}$$

解得

$$s_{\text{gold}} = \alpha$$

6）向黄金律稳定状态的过渡

现在让我们使政策制定的问题更加现实。假设政策制定者能够简单地选择经济的稳定状态，并让经济立即跳到这种状态。在这种情况下，政策制定者会选择有最高消费的稳定状态，即黄金律稳定状态。但是，现在假定经济已处在一种稳定状态，但不是黄金律稳定状态。当经济从现在的稳定状态向黄金律稳定状态过渡时，消费、投资和资本会发生什么变化？过渡的影响会阻碍政策制定者设法去达到黄金律吗？

现在的稳定状态起始有两种情况：资本高于黄金律稳定状态，或者资本低于黄金律稳定状态。结果是这两种情况向政策制定者提出了非常不同的问题。

（1）从资本过高开始。

假定经济一开始所处的稳定状态的资本高于黄金律稳定状态。在这种情况下，为了减少资本存量，政策制定者追求降低储蓄率的政策。假定这些政策成功了，在某个时点（设为 t_0），储蓄率下降到最终将趋向黄金律稳定状态的水平。

图 4.10 显示了当储蓄率下降时，产出 y、消费 c 和投资 i 所发生的变化。储蓄率下降立即造成消费增加和投资减少。由于投资和资本广化在初始稳定状态是相等的，因此投资现在就会小于资本广化，这意味着经济不再处于稳定状态。资本存量逐渐减少，从而导致产出、消费和投资的减少。这些变量一直下降，直到经济达到黄金律稳定状态为止。所以，尽管产出和投资都更低了，消费仍然会高于储蓄率变动之前。

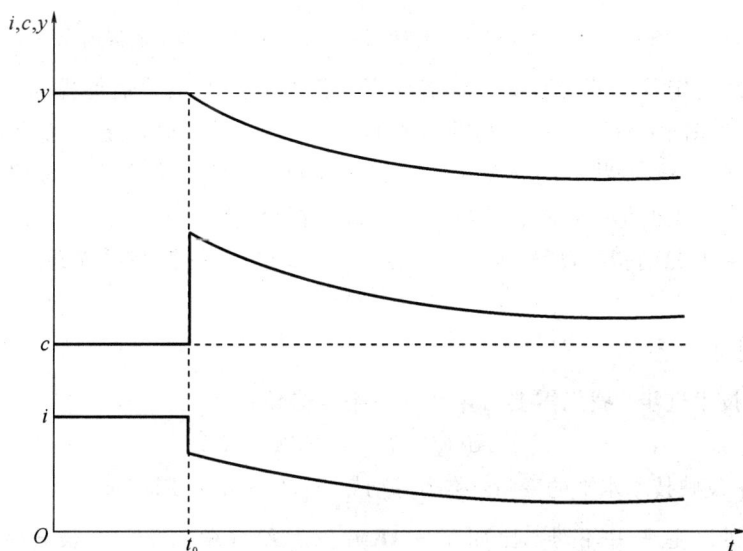

图 4.10　从资本大于黄金律稳定状态出发时储蓄率的下降

与原来的稳定状态相比，消费不仅在黄金律稳定状态时更高，而且在沿着通向黄金律稳定状态的整个路径中都更高。当资本存量超过资本积累的黄金律时，降低储蓄率显然是一种好政策，因为这种政策始终增加了社会的消费。

（2）从资本过低开始。

假定经济从资本小于黄金律稳定状态开始时，为了达到黄金律水平，政策制定者必须提高储蓄率。图 4.11 显示了所发生的情况。在时间 t_0 处，储蓄率的提高立即导致了消费减少和投资增加。随着时间的推移，更高的投资引起资本存量的增加。随着资本的积累，产出、消费和投资逐渐增加，最终达到黄金律稳定状态。储蓄的增加最终导致消费水平高于初始水平。

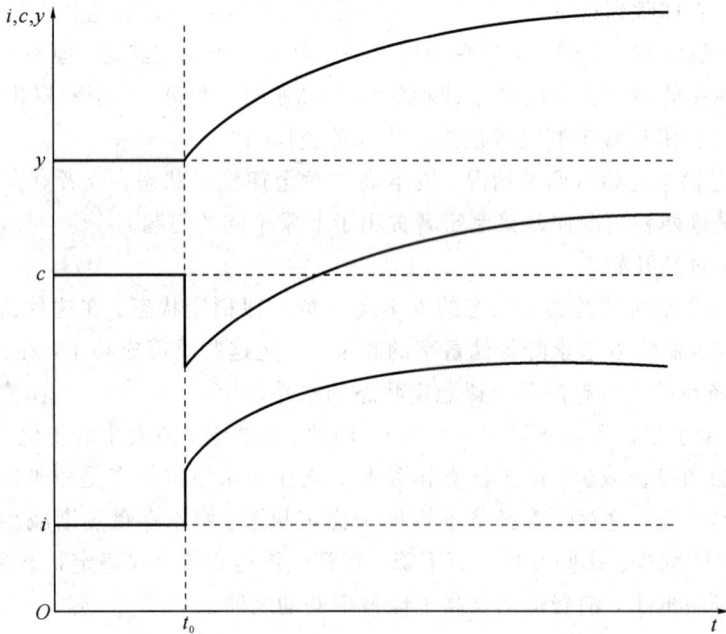

图 4.11　从资本小于黄金律稳定状态开始时储蓄率的提高

实现黄金律稳定状态的储蓄率一定能提高经济福利吗？虽然最终提高了经济福利（因为黄金律稳定状态的消费水平高于初始水平），但是达到黄金律稳定状态要求在开始时期减少消费，这与经济初始状态高于黄金律的情况相反。当经济从高于黄金律开始时，达到黄金律使得所有时点的消费都更高。当经济从低于黄金律开始时，达到黄金律要求最初减少消费以增加未来的消费。政策制定者不得不考虑政策执行初期可能遭遇社会的不满和抵触。

7）技术进步

为了纳入技术进步，我们需要对生产函数稍作修整：
$$Y = AF(K, L) = F(K, EL)$$
其中，E 是一个反映技术水平的变量，称为劳动效率（efficiency of labor）。其实，这种转换在具体生产函数中处理起来并不难。比如 $Y = AK^{\alpha}L^{1-\alpha} = K^{\alpha}(A^{\frac{1}{1-\alpha}}L)^{1-\alpha}$，取 $E = A^{\frac{1}{1-\alpha}}$ 就有 $Y = K^{\alpha}(EL)^{1-\alpha}$。

劳动效率反映了社会拥有的生产技术：随着生产技术的改善，劳动效率将会提高，一个劳动力每小时工作生产了更多的产品和服务。例如，在广阔平原的农业生产中，用小型无人飞机喷洒农药、拍摄农作物长势和观察病虫害等可以提高劳动效率 50 倍左右。用大型无人飞机做同样的事情可以提高劳动效率 200 倍左右。

EL 可视为工人的有效数量。上面的新生产函数表示产出 Y 取决于资本 K 和有效工人 EL，意味着劳动效率 E 提高等价于劳动力 L 增加。

当需要考虑技术进步因素对经济增长影响时，我们必须对前面的处理方法作一定修正，用 $\tilde{k} = \dfrac{K}{EL}$ 代表有效资本存量，用 $\tilde{y} = \dfrac{Y}{EL}$ 代表有效人均产出。由此，可以得到有效人均生产函数：

$$\tilde{y} = f(\tilde{k})$$

其中，$f(\tilde{k})$ 是 $\tilde{k}$ 的边际递减函数。

同样，我们也能得到相应的索洛增长模型的基本方程：

$$\dot{\tilde{k}} = sf(\tilde{k}) - (n + g + \delta)\tilde{k}$$

其中，$g = \dfrac{\dot{E}}{E}$，称为技术进步率。

稳定状态需要满足：

$$sf(\tilde{k}) = (n + g + \delta)\tilde{k}$$

图 4.12 显示了有技术进步影响的稳定状态。在图 4.12 中，横坐标是有效资本存量 $\tilde{k}$，纵坐标是有效人均产出 $\tilde{y}$，$\tilde{k}^*$ 和 $\tilde{y}^*$ 分别是稳定状态下有效资本存量和有效人均产出。

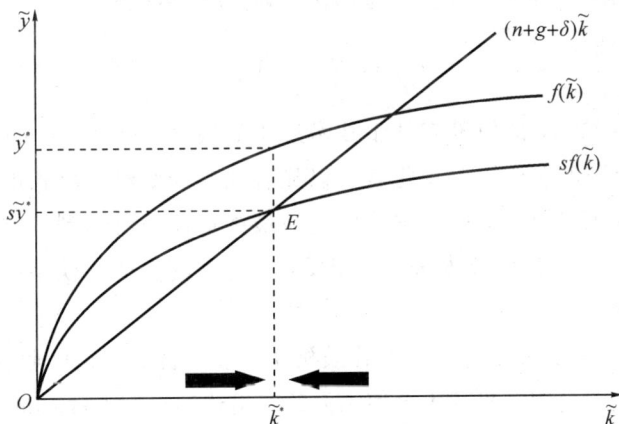

图 4.12　技术进步与稳定状态

黄金律可以由下列方程决定：

$$f'(\tilde{k}) = n + g + \delta$$

2. 内生增长理论

经济增长理论经过 20 世纪五六十年代的新古典经济增长喧嚣后，到了 70 年代逐渐平静下来。在 70 至 80 年代中期，经济增长理论几乎没有令人醒目的成果。这种理论上的宁静当然不是说明经济增长问题变得不重要了，而是说明经济增长研究缺乏耀眼的火花。到了 80 年代中期，以罗默、卢卡斯为代表的一批经济学家，在对新古典增长模型重新思考的基础上，探讨了长期增长的可能前景，使得经济增长理论研究在停滞了 10 多年之后又重新引起了人们的兴趣。这种兴趣的结果是，以“内生经济增长”为主要特征的“新增长理论”的诞生。新一代经济增长模型的最重要特征当然不在于其华丽的数学模型，而在于它们以其他经济学研究领域中最新的理论进展或共识为基础，重新解释原来被假定为“外生的”技术进步因素与经济增长之间的内在联系，从而使技术进步因素被不断“内生化”。内生增长理论的最大雄心在于，理解如何将知识创新为基础的决策过程与经济增长之间作为一个内生的过程。严格地说，内生增长理论不是一种具有内在统一逻辑的理论，而是许多种试图解释新古典增长理论中技术进步因素如何被“内生化”的理论。下面介绍两种模型：*AK* 模型和两部门模型。

1）*AK* 模型

为了说明内生增长理论的内在思想，先从一个特别简单的生产函数开始：

$$Y = AK$$

其中：Y 是产出；K 是资本存量；A 是一个衡量每一单位资本产出的常数。注意，这个生产函数是资本收益非边际递减的。不存在资本边际收益递减是这个内生增长模型与新古典增长模型之间的最大不同之处。

现在利用这个生产函数讨论资本积累的方程。假定 s 为储蓄率，仍然有

$$\dot{K} = sY - \delta K$$

把这个方程与生产函数 $Y=AK$ 合在一起，稍作调整后，可得

$$\frac{\dot{Y}}{Y} = \frac{\dot{K}}{K} = sA - \delta$$

这个方程表明只要 $sA>\delta$，即使没有外生技术进步的假设，一个经济的产出也会永远增长下去。因此，生产函数的一个简单变化就可以显著地改变对经济增长的预测。在索洛增长模型中，储蓄导致暂时的增长，但资本收益递减最终迫使经济达到稳定状态，在这一稳定状态下的增长只能取决于外生技术进步。相反，在这个内生增长模型中，储蓄和投资可以导致持续的经济增长。

如果将资本 K 理解为传统意义上的物质资本，它就会受到边际收益递减规律的影响。比如，给每个工人配 5 台织布机并不会使工人的产出达到只有 1 台织布机时的 5 倍。*AK* 模型却认为，资本 K 是广义的，既包括了物质资本(如厂房和机器)，也包括了人力资本(如各类知识)。对于知识积累，显然是边际收益递增的。比如，仅仅知道机械知识或电子知识，人们是无法制造出人造卫星的，只有全面掌握了机械和电子知识，才有可能制造出人造卫星。人类能够利用的技术是与人类掌握知识的组合成正相关关系的。组合数是随知识存量边际递增的。从这个意义上讲，每个人或企业掌握的生产技术都是具有外溢性的。所以，知识对产出的影响也是边际递增的。综合边际收益递减的物质资本和边际收益递增的人力资本，选择边际收益不变的假设是基本合理的。

2) 两部门模型

两部门模型假定经济只有两个部门，分别称为制造业企业和研究性大学。企业生产产品与服务，这些产品与服务用于消费和物质资本投资。大学生产被称为"知识"的生产要素。然后，这两个部门免费利用知识。企业的生产函数、大学的生产函数以及资本积累方程描述了该经济：

$$Y = F[K, (1-u)EL] \qquad (\text{企业的生产函数})$$
$$\dot{E} = g(u)E \qquad\qquad\quad (\text{大学的生产函数})$$
$$\dot{K} = sY - \delta K \qquad\qquad (\text{资本积累方程})$$

其中：u 是在大学的劳动力比例，相应地，$(1-u)$ 是在企业的劳动力比例；E 是知识存量；函数 $g(u)$ 表明知识增长取决于在大学的劳动力比例的递增函数。这里假设企业的生产函数是规模收益不变的。如果资本存量 K 和有效工人的数量 $(1-u)EL$ 增加 1 倍，则产品与服务的产出 Y 也增加 1 倍。同样，如果使物质资本 K 和知识 E 都增加 1 倍，根据以上关系式和假定可知，这时，经济中两个部门的产出也将增加 1 倍。

同样，这个模型也可以在不假设生产函数中有外生变动的情况下引起经济的长期增长。因为在两部门模型中，只要大学的知识创造不停止，经济增长就是长期的。

4.3　经济增长核算

前面我们已经考察了诸多影响经济增长的因素，下面介绍如何应用现有经济统计数据分析这些因素对经济增长的具体影响权重或贡献率。这种分析通常被称为经济增长核算。

1. 增长率

增长率（rate of increase）是一种考察某变量增长情况的指标，用该变量在单位时间内的变化量与基期该变量的总量之比或变量的变化率与变量之比来表示：

$$r_{xt} = \frac{\Delta x_t}{x_{t-1}} = \frac{x_t - x_{t-1}}{x_{t-1}} \qquad \text{或} \qquad r_{xt} = \frac{\dot{x}}{x}$$

其中：x_t 表示 t 期（或末期）的变量 X 的值；x_{t-1} 表示 $t-1$ 期（或基期）的变量 X 的值；Δx_t 表示变量 X 从 $t-1$ 期到 t 期的变化量；r_{xt} 表示变量 X 在 t 期的增长率。

在考察经济增长时，会涉及总产出、人均产出、资本、资本存量、人口，甚至技术水平（或劳动水平）对经济增长的影响。

2. 增长核算方程

这里以新古典增长模型的生产函数为例，介绍增长核算方程。设经济的生产函数为

$$Y = AF(K, L)$$

方程两边取对数后求导，有

$$\frac{\dot{Y}}{Y} = \frac{\dot{A}}{A} + \frac{\partial F}{\partial K}\frac{\dot{K}}{F} + \frac{\partial F}{\partial L}\frac{\dot{L}}{F} = \frac{\dot{A}}{A} + \left(\frac{\partial Y}{\partial K}\frac{K}{Y}\right)\frac{\dot{K}}{K} + \left(\frac{\partial Y}{\partial L}\frac{L}{Y}\right)\frac{\dot{L}}{L}$$

其中：$\dfrac{\partial Y}{\partial K}\dfrac{K}{Y}$ 就是资本收益占总产出的份额，简称资本份额，记为 a；$\dfrac{\partial Y}{\partial L}\dfrac{L}{Y}$ 就是劳动收益占总产出的份额，简称劳动份额，记为 b。上述方程变为

$$\frac{\dot{Y}}{Y} = \frac{\dot{A}}{A} + a\frac{\dot{K}}{K} + b\frac{\dot{L}}{L}$$

通常情况下，a 和 b 都是 K 和 L 的函数。不过，我们通常取 $F(K，L)=K^{\alpha}L^{1-\alpha}$，于是有 $a=\alpha$，$b=1-\alpha$，即资本份额和劳动份额都为常数，上式可写为

$$\frac{\dot{Y}}{Y} = \frac{\dot{A}}{A} + \alpha\frac{\dot{K}}{K} + (1-\alpha)\frac{\dot{L}}{L}$$

$\frac{\dot{A}}{A}$ 与前面提到的 $\frac{\dot{E}}{E}$ 含义相同，也是用来反映技术进步速度的，所以也被称为技术进步率。一般来说，技术进步率无法直接观察到，需要通过下式间接求得：

$$\frac{\dot{A}}{A} = \frac{\dot{Y}}{Y} - \alpha\frac{\dot{K}}{K} - (1-\alpha)\frac{\dot{L}}{L}$$

所以 $\frac{\dot{A}}{A}$ 也被称为索洛余量（Solow residual），为技术进步对经济增长的影响；$\alpha\frac{\dot{K}}{K}$ 为资本对经济增长的影响；$(1-\alpha)\frac{\dot{L}}{L}$ 为劳动对经济增长的影响。在实际核算过程中，通常用差分替代微分，即用 ΔA、ΔK 和 ΔL 替代 $\dot{A}$、$\dot{K}$ 和 $\dot{L}$：

$$\frac{\Delta A}{A} = \frac{\Delta Y}{Y} - \alpha\frac{\Delta K}{K} - (1-\alpha)\frac{\Delta L}{L}$$

3. 增长的经验估算

在了解了如何衡量经济增长的源泉之后，现在我们来看一个具体例子。表 4.1 使用美国的数据来衡量 1948—2013 年间，资本、劳动和技术进步对经济增长的贡献。

表 4.1　美国经济增长的核算　　　　　　　　　　　　　　　　　　%

年份	增长的源泉			
	产出 $\Delta Y/Y$	资本 $\alpha\Delta K/K$	劳动$(1-\alpha)\Delta L/L$	技术 $\Delta A/A$
1948—2013 年	3.5	1.3	1.0	1.2
1948—1972 年	4.1	1.3	0.9	1.8
1972—1995 年	3.3	1.4	1.4	0.5
1995—2013 年	2.9	1.1	0.6	1.1

（资料来源：U. S. Department of Labor，数据为非农产业部门，转引自曼昆，《宏观经济学（第九版）》，中国人民大学出版社，2016 年）

表 4.1 显示，在这一时期，美国非农产业部门的产出平均每年增长 3.5%。在这 3.5% 中，1.3% 是由于资本存量的增加，1.0% 是由于劳动投入的增加，还有 1.2% 是由于技术进步生产的提高。这些数据表明，资本增加、劳动增加和生产率的提高对美国经济增长所做出的贡献几乎相等。

表 4.1 还表明，在 1972—1995 年间，技术进步率的增长大大减缓了。为此，许多经济学家试图解释这一不利的变动。有学者从数据衡量方面做出解释，认为实际上生产率并没有放慢，只是因为统计数据本身有缺陷（比如前后数据方法不一致）。还有一些学者认为

1973 年和 1979 年两次石油价格的大幅上升是导致生产率下降的主要原因。然而，对于生产率的下降，至今都没有人能够给出一个系统、全面的解释。

4.4　促进经济增长的政策

到现在为止，我们已经用新古典增长模型和内生增长模型揭示了经济增长的不同源泉。现在我们需要根据这些增长理论来指导选择适意增长的经济政策。

1. 选择合适的储蓄率

在新古典增长模型中，储蓄率对经济增长的速度是至关重要的。然而，一个国家的储蓄率往往是由它的文化习俗决定的，未必会等于黄金律水平。普遍认为，一些欧美国家（如美国、希腊等）的储蓄率低于黄金律水平；相反，一些东亚国家（如中国、日本等）的储蓄率高于黄金律水平。那么，政府是否可以通过经济政策诱导民众改变自己的储蓄（或消费）习惯呢？这个问题目前并没有确切的答案。不过，有些经济学家还是开出了一些处方：对于储蓄不足的国家，首先，需要降低资本产出税（如企业所得税、房地产税等）的税率，增加免税储蓄项目（如免税退休基金账户）；其次，增加某些种类的消费税的税率；第三，削减公共消费性支出，降低预算赤字，提高实际储蓄水平。相反，对于储蓄过度的国家，首先，要提高资本产出税收的税率；其次，健全社会保障体系（如养老保险、伤病保险），降低社会的预防性储蓄水平。

2. 促进技术进步

新古典增长模型表明，人均产出的持续增长来自技术进步。虽然该模型没有在具体细节上对技术进步展开研究，但不妨碍人们设计出诸多公共政策来鼓励技术进步。首先，对企业研究与开发支出实行税收优惠。例如，美国对企业在任何一年的研究与开发支出，其数额超过前 3 年支出平均额的部分，可实行优惠税率 20%（一般税率为 34%）。其次，建立风险投资机制。风险投资主要投向处于创业期未上市的新兴中小企业，尤其是高新技术企业，风险投资是必须的。风险投资在美国最成功。在美国，风险资本约 80% 的资金投资于创业期的高技术企业。第三，大力发展政府导向性采购。例如，美国的半导体、集成电路、计算机辅助设计和计算机工业，其早期的发展主要得益于国防和宇航的政府采购。第四，强化知识产权保护和标准。专利制度的主要目标就是为投资于新技术开发的最终成果提供保护，从而也为企业资助此类研究和开发活动提供直接刺激，也有助于以外国直接投资、合作研究和专利许可等形式发生的技术转移活动。第五，完善中介服务体系，加快技术转移速度。比如，成立各种技术转移研究机构，增加技术转移投资和加强信息交流。

3. 建立适当的制度

在前面的讨论中，我们已经知道，新古典增长模型中所涉及的技术水平是广义的，包含了制度创新的因素。早在 18 世纪，斯密在他的《国富论》中就强调了保护产权对经济发展的重要性。其后，许多经济学家对此展开了深入的研究。研究结果表明，合适的产权制度对控制寻租和腐败，刺激社会储蓄、生产性投资和人力资本投资，提高劳动效率和鼓励创新活动等有重大影响。这些影响从根本上决定了一个国家的储蓄率（或生产性投资比率）和技术进步率。中国改革前后的经济绩效就是制度影响经济增长的最好案例。

附录 资本存量积累方程的解

微分方程 $\dfrac{dk}{dt}=sAf(k)-(n+\delta)k$（假设初始条件为 $k(0)=k_0$）的解为

$$\int_{k_0}^{k}\frac{dk}{sAf(k)-(n+\delta)k}=\int_0^t dt=t$$

当然并不是对任何 $f(k)$ 都有解析解，但对于某些特殊情况还是存在解析解的。下面来考察 $f(k)=k^a$ 的情况。

$$\int_{k_0}^{k}\frac{dk}{sAk^a-(n+\delta)k}=\frac{1}{1-\alpha}\int_{k_0}^{k}\frac{dk^{1-\alpha}}{sA-(n+\delta)k^{1-\alpha}}=\frac{1}{(1-\alpha)(n+\delta)}\ln\frac{sA-(n+\delta)k_0^{1-\alpha}}{sA-(n+\delta)k^{1-\alpha}}$$

由 $\dfrac{1}{(1-\alpha)(n+\delta)}\ln\dfrac{sA-(n+\delta)k_0^{1-\alpha}}{sA-(n+\delta)k^{1-\alpha}}=t$ 化简得到

$$k=\left[\frac{sA}{n+\delta}-\left(\frac{sA}{n+\delta}-k_0^{1-\alpha}\right)e^{-(1-\alpha)(n+\delta)t}\right]^{\frac{1}{1-\alpha}}$$

现在让我们来检验此解的稳定情况是否与"对产出差异的解释"部分中的讨论结果一致：

$$\lim_{t\to\infty}k(t)=\left[\frac{sA}{n+\delta}-\left(\frac{sA}{n+\delta}-k_0^{1-\alpha}\right)e^{-(1-\alpha)(n+\delta)t}\right]^{\frac{1}{1-\alpha}}=\left(\frac{sA}{n+\delta}\right)^{\frac{1}{1-\alpha}}=k^*$$

习 题 4

一、选择题

1. 以下关于资本的边际产量 MP_K 的陈述，错误的是（　　）。

A. $MP_K=f'(k)$　　　　　　　　B. MP_K 是 k 的递减函数

C. MP_K 是 k 的递增函数　　　　D. MP_K 与生产函数 $y=f(k)$ 的斜率相等

2. 资本存量的变化等于（　　）。

A. 投资加上折旧　　　　　　　　B. 投资减去折旧

C. 投资乘以折旧　　　　　　　　D. 投资除以折旧

3. 如果没有人口增长和科技进步，资本存量的稳态水平将会上升，只要（　　）。

A. 投资量下降　　　　　　　　　B. 折旧率上升

C. 储蓄率上升　　　　　　　　　D. 以上全部

4. 如果 $y=k^{0.5}$，$s=0.4$，折旧率 $\delta=0.2$，则资本存量稳态水平等于（　　）。

A. 4　　　　　　B. 8　　　　　　C. 2　　　　　　D. 16

5. 设一个处于稳态的国家实施了提高储蓄率的政策，达到新的稳定态后（　　）。

A. 产出将比之前增长得更快　　　B. 产出将比之前的高

C. 资本存量和之前的相同　　　　D. 以上全部正确

6. 当资本存量达到黄金律水平的稳态时，（　　）达到最高。

A. 消费水平　　　　　　　　　　B. 产出

C. 消费的增长率　　　　　　　　D. 产出的增长率

7. 在索洛增长模型中，人口增长率为 n，资本存量变动等于（　　）。

A. $sf(k)+(\delta+n)k$　　　　　　B. $sf(k)+(\delta-n)k$

C. $sf(k)-(\delta+n)k$　　　　　　　　D. $sf(k)-(\delta-n)k$

8. 索洛增长模型预测人口增长率高的国家(　　)。

A. 产出的稳态水平较低　　　　　　　B. 产出增长率的稳态水平较低

C. 消费较高　　　　　　　　　　　　D. 储蓄较高

9. 在索洛增长模型中,技术进步率是(　　)。

A. 外生的　　　　　B. 内生的　　　　　C. 8%　　　　　D. 0.2

10. 内生增长理论意味着(　　)。

A. 储蓄和投资增加可以带来持续的增长

B. 如果知识被视为一种资本,资本可能不会收益递减

C. 技术变革率是内生的

D. 以上全部

11. 根据新古典增长模型,若资本增长 1%,劳动投入不变,则经济增长(　　)1%。

A. 大于　　　　　　B. 等于　　　　　　C. 小于　　　　　D. 不确定

12. 根据新古典增长模型,若考虑技术进步,则资本增长率和劳动增长率(　　)。

A. 提高　　　　　　B. 减少　　　　　　C. 不变　　　　　D. 不确定

13. 根据新古典增长模型,在技术进步的情况下,人均产出增长的条件是资本存量占有(　　)。

A. 增长　　　　　　B. 负增长　　　　　C. 不变　　　　　D. 不确定

14. 根据新古典增长模型,若资本产出占总收入的比例提高,则劳动产出弹性(　　)。

A. 提高　　　　　　B. 下降　　　　　　C. 不变　　　　　D. 不确定

15. 下列选项中,(　　)可以从理论上证明政府鼓励某些领域投资的技术政策是正确的。

A. 投资率的降低

B. 技术外部性在资本积累方面的定位和衡量

C. 实际利率的下降

D. 以上全部

二、计算题

1. 在新古典增长模型中,总量生产函数为 $Y=K^{\frac{1}{3}}L^{\frac{2}{3}}$,没有技术进步,求:

(1) 稳态时的资本存量和产出;

(2) 与黄金律相对应的储蓄率。

2. 在新古典增长模型中,人均生产函数为 $y=f(k)=2k-0.5k^2$,储蓄率为 0.3,设人口增长率为 3%,没有技术进步,求:

(1) 使经济均衡增长的 k 值;

(2) 黄金律所要求的资本存量。

3. 设一个经济的生产函数为 $Y=K^{0.5}L^{0.5}$,如果储蓄率为 28%,人口增长率为 1%,技术进步率为 2%,折旧率为 4%,那么该经济的稳态人均产出为多少?如果储蓄率下降到 10%,而人口增长率上升到 4%,这时该经济的稳态人均产出为多少?

三、简答题

1. 经济增长的源泉是什么?

2. 在新古典增长模型中,人口增长对经济有哪些影响?

第5章 经济周期初论

经济波动或经济周期是各类经济的普遍现象。自资本主义现代化生产方式得到发展以后，经济波动开始呈现放大的现象，剧烈的经济波动不但严重影响了人们的日常生活，也加剧了国际政治的紧张关系。因此，经济周期已成为引人关注的社会事件。近代历史中几次全球范围的经济波动不仅催生了宏观经济学的诞生，也引发了有关政府经济职能的讨论。本章主要介绍经济周期的现象、重大历史事件和对经济周期的预测。

5.1 GDP 的波动与潜在产出

图 5.1 反映了 1978—2016 年间中国实际 GDP（按 1978 年不变价格计算）的变迁过程。在经济学上，长期表示所有生产要素都得到恰当的调整。因此，图 5.1 中 GDP 变化的长期趋势线就是经济增长曲线，代表了资本、劳动和技术等生产要素有效供给状态下的生产能力。我们将这种生产能力称为潜在 GDP（potential GDP），或潜在产出（potential output），或自然产出水平（nature level of output）。这里的"自然"一词只是反映一种产品和劳动市场的均衡状态——既充分就业，又无通货膨胀。从图 5.1 中可以看出实际 GDP 的波动和增长是同时发生的，实际 GDP 围绕着趋势线上下波动，构成了一系列所谓经济周期。经济周期就是实际 GDP 对潜在 GDP 的偏离运动，表现为实际 GDP 曲线时而在趋势线上端，时而在

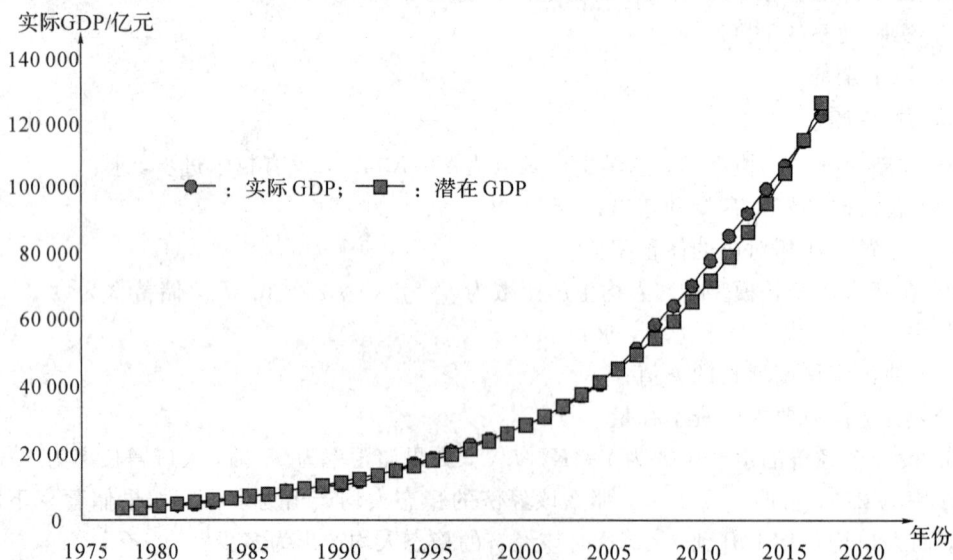

（资料来源：《新中国六十年统计资料汇编》，2000—2017年《中国统计年鉴》）

图 5.1 中国 1978—2016 年间实际 GDP 和潜在 GDP

趋势线下端。这些现象意味着经济增长时快时慢和经济活动的扩张与收缩的交替，给人一种仿佛周而复始的周期感觉。所以，习惯上将实际 GDP 的短期波动称为经济周期。当然，经济周期与物理学、地理学和天文学中的周期概念相比有本质上的不同，它的频率、振幅、波峰和波谷会表现得十分不规则和难以预测。因此，我们将这类波动视为是随机的，而不能将其看作具有固定时间周期的波动，如基钦周期（3 年）、朱格拉周期（10 年）、库兹涅茨周期（20 年）和康德拉耶夫周期（50 年）等。从目前各种已有的宏观经济统计数据实证来看，没有任何事实能够支持经济波动会呈现固定时间周期的运动规律。

在波动中，GDP 增长有快有慢。我们习惯上将 GDP 增长得慢或负增长的时候称为衰退，而将 GDP 增长得快的时候称为景气。不过，衰退和景气两词在不同宏观经济学教科书和词典中说法不一，定义混乱，大致可分为两大类。按古典经济学说法，衰退是指实际 GDP 下降（即负增长）的持续时期；景气是指在接近波峰前的一段时期。但现代经济中，很少出现实际 GDP 下降的现象。现代经济学关于衰退和景气有两种说法。第一种说法是将衰退视为实际 GDP 低于潜在产出的时期，相当于经济受到一个负向冲击影响的时期；景气视为实际 GDP 高于潜在产出的时期，相当于经济受到一个正向冲击影响的时期。这种说法常见于教科书中。第二种说法是将衰退看作实际 GDP 增长慢于潜在 GDP 增长，即实际 GDP 增长率小于 GDP 长期平均增长率的时期；景气看作实际 GDP 增长快于潜在 GDP 增长，即实际 GDP 增长率大于 GDP 长期平均增长率的时期。这种说法常见于新闻报道中。严重的衰退称为萧条（depression）和危机（crisis）。在讨论经济周期的时候，我们习惯上将一个景气与衰退的组合称为一个周期。一个经济周期中，正向偏离最大处称为波峰（peak），负向偏离最大处称为波谷（trough）。波峰与波谷的平均值称为振幅（amplitude）。单位时间（通常为一年）内出现平均周期的个数就是频率（frequency）。

需要指出，关于现代经济学两种衰退和景气定义所产生的波峰和波谷是不一致的，第一种定义的波峰和波谷要滞后于第二种定义。1978—2016 年间，中国 GDP 增长率波动情况如图 5.2 所示。从图 5.2 中可以看出，GDP 的增长率在其多年平均值上下徘徊。在

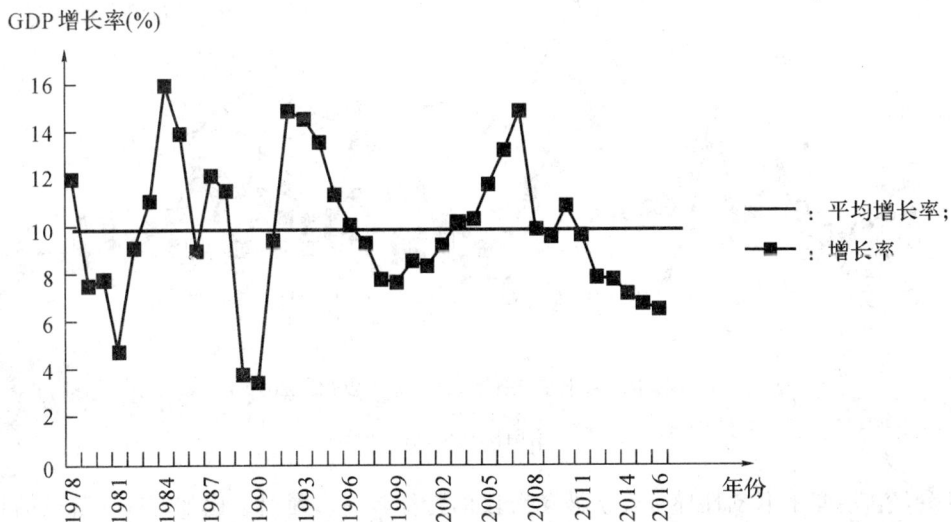

（资料来源：《新中国六十年统计资料汇编》，2000—2017年《中国统计年鉴》）

图 5.2　中国 1978—2016 年间 GDP 增长率波动情况

1978—2016 年间，中国的实际 GDP 年平均增长率为 9.66%。但是，这一数字并不意味着可以掩盖中国经济非平衡增长的事实：实际 GDP 增长率在一些年份超过 9.66%，而在另一些年份则低于 9.66%，大体上围绕着 9.66% 上下波动。

在 1978—2010 年间，中国经济经历了 4 个波峰——1978 年(11.7%)、1984 年(15.2%)、1992 年(14.2%)和 2007 年(13%)，4 个波谷——1981 年(5.2%)、1990 年(3.8%)、1999 年(7.6%)和 2009 年(9.2%)，即 4 个经济周期。

5.2 经济周期的特征

当 GDP 的增长发生变化时，其他一系列经济变量(如收入、消费、投资、货币、就业和通货膨胀等)也会发生相应的变动。我们会发现这些变量之间存在着很强的相关性，如图 5.3 所示，这种现象称为联动(comovement)。这些联动关系可以概括为是顺周期的(procyclical)和逆周期的(countercyclical)两种。顺周期是指该变量的变动与实际 GDP 成正相关关系。如消费、投资、货币供给、实际工资、通货膨胀和名义利率等的变化率，当 GDP 高涨时，它们随之高涨；当 GDP 下降时，它们随之下降。逆周期是指该变量的变动与实际 GDP 成负相关关系。如失业率等，当 GDP 高涨时，它们随之下降；当 GDP 下降时，它们随之高涨。当然，也有些经济变量是非周期的(acyclical)，即变量的变动与实际 GDP 无关，如实际利率。

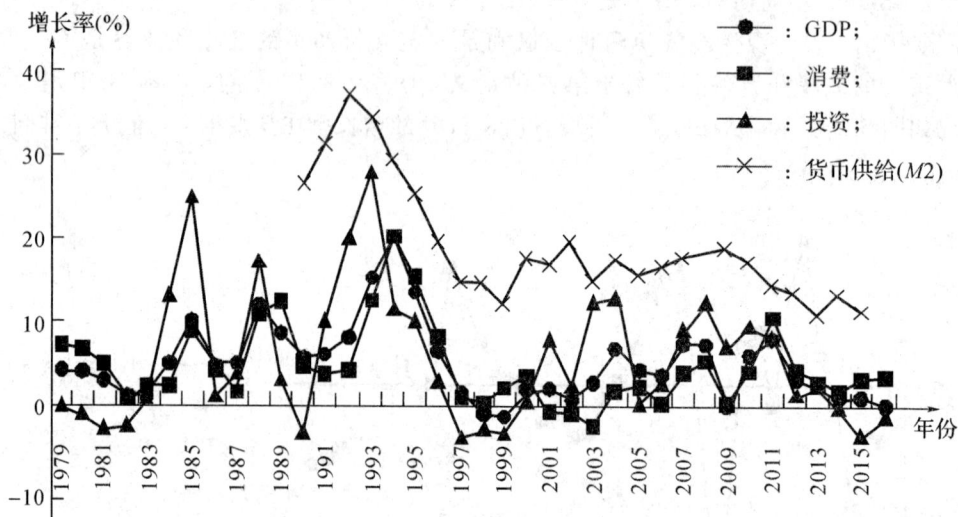

(资料来源:《新中国六十年统计资料汇编》，2000—2017年《中国统计年鉴》)

图 5.3 中国经济周期的特征

这种经济变量的联动性导致经济波动阶段的特征具有多维性。比如，景气阶段的特征是产品和劳动需求扩张、消费和投资提高、信用和物价膨胀、利润和股价上升、就业增加等都超过长期平均水平，公众对未来持乐观态度。相反，衰退阶段的特征是产品和劳动需求扩张、消费和投资提高、信用和物价膨胀、利润和股价上升、就业增加等都低于长期平均水平,甚至严重时候会出现产品和劳动需求萎缩、消费和投资降低、信用和物价紧缩、利润和股价下降、就业减少的现象,公众对未来持悲观态度。

奥肯定律

美国著名的经济学家奥肯 1962 年从统计资料中发现了周期波动中的经济增长率和失业率之间存在一种负相关关系,即低失业率会使增长率提高,高失业率会使增长率降低。具体地说,当失业率上升 1% 时,实际 GDP 增长率大约会下降 2%～3%(奥肯最早提出的是 4%,此值是经其他经济学家修正而成,这里取其平均值 2.5%),此时可以用一个经验公式来表示:

$$\Delta Y / Y^* = -2.5 \Delta u$$

其中:ΔY 为实际 GDP 的"缺口",视为实际 GDP(Y)与潜在生产力 Y^* 之差,即 $\Delta Y = Y - Y^*$;Δu 为实际失业率 u 与自然失业率 u^* 的"缺口",即 $\Delta u = u - u^*$。这里已经去掉了"没用"的常数项(具体相关情况详见图 5.4)。

当然,各个经济的产业结构和技术结构不同,每增加 1% 失业率所引起的实际GDP 增长率下降的幅度也会有所不同,一般形式可以写成

$$\frac{Y - Y^*}{Y^*} = -b(u - u^*)$$

或

$$\Delta u = -\beta(g - g_n)$$

其中:Y 是实际产出;Y^* 是潜在产出;u 为实际失业率;u^* 为自然失业率;b 为大于 0 的参数;β 是 b 的倒数,习惯上称为奥肯定律系数;g 为实际增长率;g_n 为自然增长率。

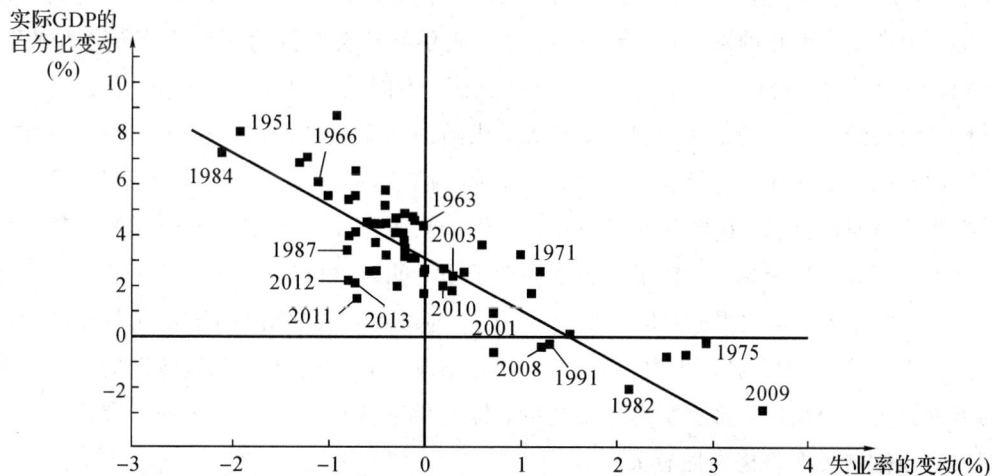

(资料来源:曼昆,《宏观经济学(第九版)》,中国人民大学出版社,2016年)

图 5.4 美国实际 GDP 变动与失业率变动相关回归图(1951—2013 年)

注意，奥肯定律系数在不同国家不同时期是不相同的。表 5.1 列出了 4 个国家的不同时期的奥肯定律系数 β 的估计值。

表 5.1　不同国家不同时期的奥肯定律系数 β 值

国家	1950—1980 年	1981—2003 年
美国	0.39	0.39
英国	0.15	0.54
德国	0.20	0.32
日本	0.02	0.12

（资料来源：布兰查德，《宏观经济学（第 4 版）》，清华大学出版社，2010 年）

5.3　宏观经济学的时间范围

各个经济主体对经济态势的判断需要时间，采取相应对策更需要时间。比如，在一个雨天，一家超市的雨伞销量突然猛增。这时，该超市的老板一般不会仓促加价。因为他要判断这种销量的增加是偶然性的还是趋势性的，要经过一段时间观察和历史比较，直到确信这种销量的增加是趋势性时，才会加价。所以，经济变量对市场的反应是滞后的。而且，在不同的滞后时段，经济变量反应的程度也是有差异的。以第 1 章的租赁房市场为例，如果时间很短，则供给仅仅限于现有出租房的数量，供给曲线垂直；如果时间稍长，则供给大致受到房子生产成本变化的影响；如果时间更长，则供给还会受到房子的生产要素价格变动的影响。相应的均衡价格自然也会有所不同。然而，不同地区的租赁房市场，上述这种时间差异性又无法给出统一的绝对时间表。比如，供给曲线垂直的现象，在 A 市场只能维持 1 年左右的时间，而在 B 市场却能维持 4、5 年时间。因此，与物理、化学等自然学科不同，经济学喜欢使用时间概念。在微观经济学中，按生产要素调整状况来划分长期和短期。相对时间是以一种完成来衡量的。在租赁房市场例子里，就是以供给曲线是否垂直作为"很短"的标准。宏观经济学也使用相对时间概念。不过，与微观经济学稍有不同，宏观经济学以价格调整作为划分"长期"与"短期"的标准。一些经济学家认为价格长期是弹性的，即对供需变动能够做出充分反应，而短期则是黏性的，即对供需变动不能做出充分反应。经济出现短期波动往往与短期价格黏性有关。

5.4　AD - AS 模型初论

下面从总供给和总需求两个方面来分析"冲击"对经济波动的影响。所谓总供给函数，就是指整个经济的产品和服务的供给量与价格之间的一一对应关系。反映两者关系的曲线就是总供给曲线。从这个意义上讲，总需求就是计划支出。所谓总需求函数，则是指整个经济的产品和服务的需求量与价格之间的一一对应关系。反映两者关系的曲线就是总需求曲线。经济学中的"冲击"则是指经济关系突然受到外生变动而变化的情况，比如总供给或总需求函数中参数的随机变动。

1. 总供给

根据定义，产品和服务的价格在长期是弹性的；而在短期是黏性的。所以，我们下面将分长期和短期两种情况来讨论总供给曲线。

从长期来看，一个经济的产出取决于投入的生产要素，如劳动和资本等的数量，以及它们的技术关系（即生产函数）。假设在一个时期内投入是恒定的，资本存量和劳动投入一定，那么产出也是不变的，即

$$Y = F(K^*, \quad L^*) = Y^*$$

产出不取决于价格，所以，总供给曲线是一条垂直的直线（见图 5.5）。图 5.5 中，长期总供给曲线（LAS）是一条垂直的直线。由于长期与古典经济学预设的假定一致，因此长期总供给曲线也称为古典总供给曲线。

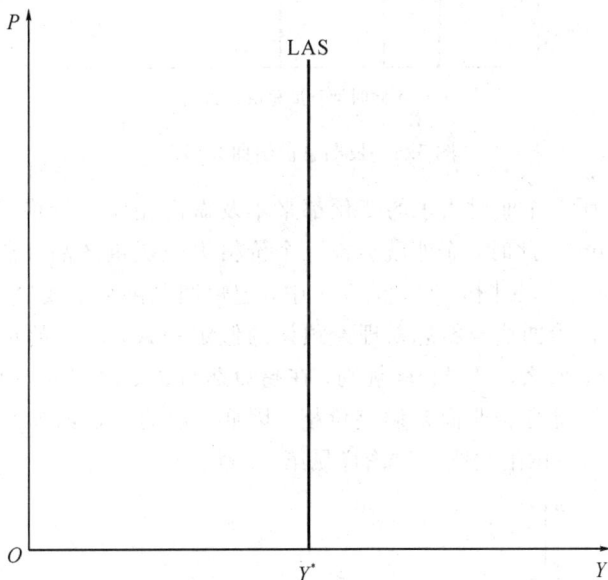

图 5.5　长期总供给曲线

在超长期（very long run）时间尺度上，当经济处于增长的时候，潜在产出也在不断扩张，这意味着随着时间的推移，长期总供给曲线也会持续地向右"漂移（drift）"（见图 5.6）。由于经济增长路径只是经济变迁的一种"平均"情况，因此长期总供给曲线有时也会偏离经济增长的轨迹。

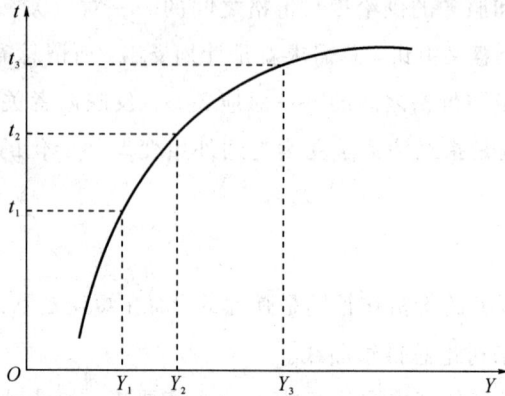

（a）潜在产出提高趋势

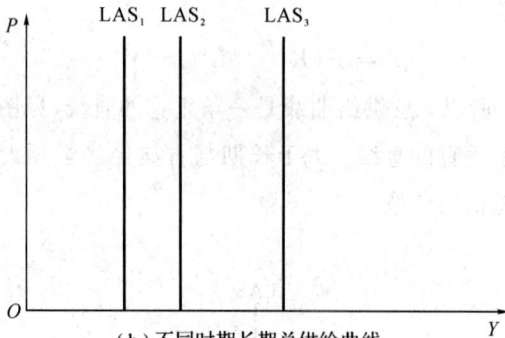

（b）不同时期长期总供给曲线

图 5.6　长期总供给曲线移动

　　如果时间很短，所有企业对需求的变化都来不及做出相应的价格变动，这个时间称为超短期（very short run）。此时，企业就会按一个价格无限提供产品和服务，对应的总供给曲线就是一条水平的直线（见图 5.7）。图 5.7 中，超短期总供给曲线（VSAS）是一条水平的直线。由于超短期总供给曲线与凯恩斯理论预设的假定一致，因此超短期总供给曲线也称为凯恩斯总供给曲线。那么，根据经验规则，在超短期与长期之间的短期，肯定是一部分企业调整了价格，而另一部分企业尚未调整价格，因此，短期总供给曲线（SAS）向右上倾斜（见图 5.8）。有关短期总供给曲线的讨论详见第 11 章。

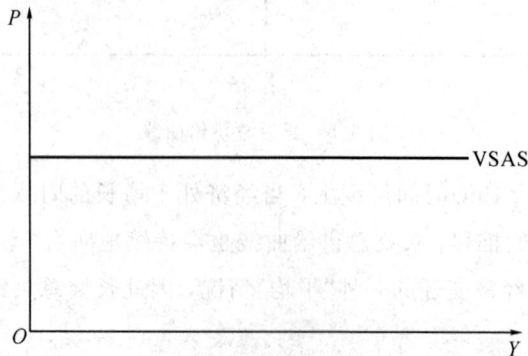

图 5.7　超短期总供给曲线

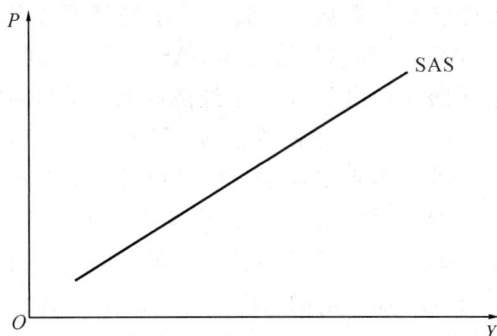

图 5.8　短期总供给曲线

2. 总需求

当价格下降时,消费者和投资者持有货币的购买力增加,提高了对产品和服务的需求。这种由价格降低导致持币者购买力增强,引发的需求提升效应称为财富效应(wealth effect),亦称庇古效应(Pigou effect)。所以,总需求曲线向右下倾斜(见图 5.9)。当然,引起总需求曲线向右下倾斜的原因不仅仅只有财富效应,还有利率效应和汇率效应(这些内容分别在第 8 章和第 10 章里介绍)。

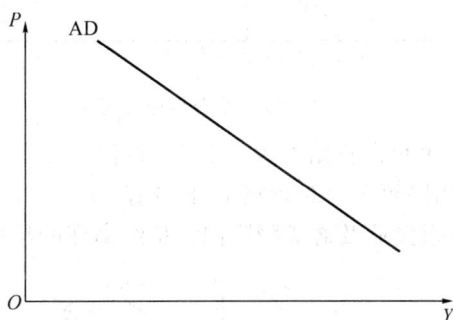

图 5.9　总需求曲线

3. 均衡与经济周期

现代经济学认为,实际产出 Y_0 是由短期总供给和总需求的短期均衡产出决定的;而潜在产出 Y^* 是由长期总供给和总需求的均衡产出决定的(见图 5.10)。如果一个很长时期没有受到冲击,实际产出就会趋向潜在产出。

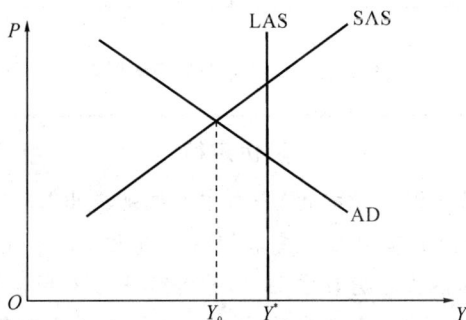

图 5.10　均衡与产出

经济周期是由供给和需求冲击造成的。假定一个经济原先处于长期均衡状态。在图5.11中，长期总供给曲线 LAS、短期总供给曲线 SAS 和总需求曲线 AD 交于均衡点 E（长期和短期均衡重合），对应于潜在产出 Y^*，如果经济遇到一个负向需求冲击，比如，大量银行倒闭，造成货币供给大幅度下降，需求曲线左移，移至 AD′，新的短期均衡点为 E'，对应的实际产出降到 Y'。由于企业出售产品减少，它们雇用的工人数量下降，社会失业增加，经济将会出现衰退。反之，如果经济遇到一个正向需求冲击，经济将会出现繁荣。20 世纪二三十年代，最早发生在美国，后席卷资本主义国家的大萧条被凯恩斯认为是一场有效（或总）需求不足引发的大经济波动。而此前的主流经济学恰恰忽视了这种问题，盲目追循所谓的萨伊定律。政府对经济放任自流，从而造成经济大危机。

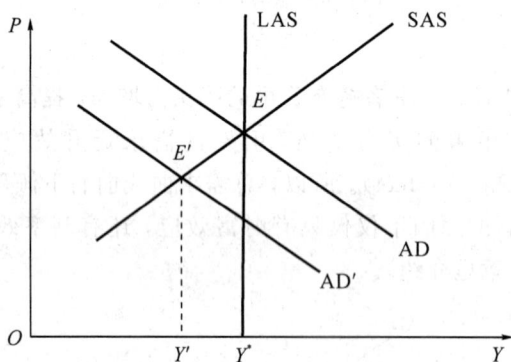

图 5.11　需求冲击与经济周期

同样，如果经济遇到一个负向供给冲击，比如，石油价格暴涨，短期总供给向左移动，移到 SAS′，对应的实际产出降至 Y''，且价格上升（见图 5.12），经济便会出现一种特殊的衰退——滞涨。所谓滞涨，是指失业及通货膨胀同时持续高涨的经济现象。

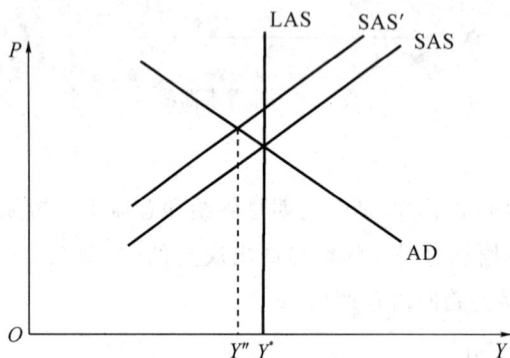

图 5.12　供给冲击与经济周期

萨伊定律

1803 年，萨伊在《政治经济学概论》一书中系统地提出"不可能产生总体生产过剩"理论，即"产品生产本身能创造自己的需求"定律。不过，这一定律早在斯密，甚至斯密的老师哈奇森（被认为苏格兰道德哲学之父）的著作中已有所表述和暗示。1808 年，小穆勒进一步将此定律表述为"一个国家的购买力完全可以用其产出来衡量"，言下之意就是总供给等于总需求。然而，由于凯恩斯在 1936 年的《就业、利息和货币通论》将此定律概括为"供给自己创造自己的需求"这一名言，演绎出"不存在着充分就业的障碍"的结论，并将此定律归功于萨伊。故此定律被后人称为萨伊定律。萨伊定律还可以有"用商品购买商品"和"总体过多生产的不可能性"等其他表述。除了马尔萨斯和西斯蒙第等少数人，绝大多数古典经济学家将此定律视为市场法则。

5.5 先行指标

为了减缓经济周期对经济活动的影响，许多经济学家不得不接受预测经济周期的任务，尽管这种任务犹如地质学家如何准确预报地震一样困难。预测经济周期工作一般从理论分析和指标测算两方面着手。理论分析部分将在以后章节中学习，这里侧重探讨指标测算部分。

经济学家们特别希望从一些影响实际 GDP 走势的宏观经济变量中预测经济周期。而经济变量联动的一个重要组成部分就是存在先行和滞后关系。那些能够影响实际 GDP 未来走势的宏观经济变量称为先行变量（leading variable），相关的指标就是先行指标（leading indicators）。相反，倘若实际 GDP 有助于预测某一特定宏观经济变量的未来走向，该变量就被称为滞后变量（lagging variable）。不少经济学家企图利用先行指标预测经济波动趋势，只是在哪些指标更能准确确定经济波动的问题上，经济学家们并没有完全取得一致。下面介绍美国经济咨商局的先行指标。

（1）制造业生产工人的平均每周工作时间。由于企业在雇用新工人或解雇工人之前常常调整现有工人的工作小时数，平均每周工作小时数是就业变动的领先指标。较长的工作周表示企业要求其雇员工作较长的时间，因为它们正经历着产品需求旺盛的情形，它表示企业在未来可能要多雇工人和增加生产。较短的工作周显示较弱的需求，表示企业更可能解雇工人和削减生产。

（2）平均每周初次申请失业保障的人数。向失业保障系统提出新申请的人数是最快能够得到的劳动市场状况的指标之一。不过，在景气指数中，一般使用该指标的倒数，表明经济景气时，周期性失业人数下降。

（3）经过通货膨胀调整后，对消费品和原材料的新订单。这是对企业正在经历的需求的一个非常直接的衡量指标。由于订单的增加消耗了企业的存货，因此这一统计量通常预示着生产和就业随后的增加。

（4）非国防资本品的新订单。这个指标是针对投资品，而不是消费品的。

（5）货商交货指数。这一变量有时候被称为供货商业绩，它衡量从供货商处收到较慢交货的公司的数量。供货商业绩是一个先行指标，这是因为当公司产品需求增加时交货就会减慢。因此，较慢的交货预示未来经济活动的增加。

（6）股票价格指数。股票市场反映了对未来经济状况的预期，这是由于股市投资者在预期公司盈利时会抬高价格。股价上升预示着投资者预期经济会快速增长，这预示整体经济活动的上升。

（7）经过通货膨胀调整后的货币供给（M2）。货币供给与总支出相关，更多的货币预示着增加的支出，这又意味着更高的生产和就业。

（8）利率差。利率差是指 10 年期国债与 3 个月期国债的收益差。这一收益差有时被称为收益曲线的斜率，反映了市场对未来利率的预期，又反映了经济状况。大的利率差意味着预期利率会上升。这种情况通常在经济活动增加时发生。

（9）消费者预期指数。这是预期的一个直接衡量指标，它基于密歇根大学调查研究中心所做的一个调查：消费者对未来经济情况乐观态度的增加预示消费者对产品和服务需求的增加，这又将鼓励企业扩大生产和就业以满足需求。

目前国际上比较流行的先行指标是采购经理指标（purchase management index，PMI）。它最早起源于 20 世纪 30 年代的美国，经过几十年的发展，该指标体系现已涵盖生产和流通领域，包括新订单、产量、雇员和产品供应等诸多方面。目前它已衍生出制造业 PMI、服务业 PMI 和建筑业 PMI 等不同的 PMI。50 为它们的荣枯线。大于 50，预示经济将会景气；小于 50，预示经济将会衰退。

先行指数通常每月公布一次，各国公布时间不尽一致。假如先行指数连续 3 个月下降，则预示经济即将进入衰退期；若连续 3 个月上升，则表示经济即将繁荣或持续扩张。通常先行指标比 GDP 有 6～9 个月的领先时间。在美国，一般认为先行指标可以在经济衰退前11 个月预测经济下滑，而在经济扩张前 3 个月可预测经济复苏。"二战"后，先行指数已经被广泛地用来预测西方发达国家经济的荣枯拐点。

习 题 5

一、选择题

1. 下列关于经济波动的说法，错误的是（　　）。

A. 中国的实际 GDP 持续增长，但是围绕平均增长率波动

B. 经济学家有时将产出和就业中的波动称为商业周期

C. 产出和就业的波动是正常的，是可以预测的

D. 在经济衰退的时候，实际 GDP 下降，失业率上升

2. 经济学家通常认为（　　）。

A. 工资和价格在长期中具有弹性　　　　B. 工资和价格在短期中是黏性的

C. 产出在长期中向完全就业的水平移动　　D. 以上全部正确

3. 对西方资本主义经济冲击最大的事件是（　　）。

A. 黑死病　　　B. 大萧条　　　C. 第一次世界大战　　　D. 第二次世界大战

4. 大萧条发源于（　　）。

A. 美国　　　B. 前苏联　　　C. 德国　　　D. 英国

5. 根据古典经济学理论，当经济受到逆向需求冲击时，市场会通过（　　）来调节经济。

A. 降低价格　　B. 提高价格　　C. 降低产量　　D. 提高产量

6. 根据古典经济学理论，总供给曲线是（　　）。

A. 垂直的　　B. 水平的　　C. 向右上倾斜的　　　D. 向右下倾斜的

7. 根据古典经济学理论，当经济遇到逆向总需求冲击时，产出会（　　）。

A. 下降　　　　B. 上升　　　　C. 不变　　　　D. 不确定

8. 萨伊定律表示（　　）。

A. 供给自行创造需求　　　　　B. 需求自行创造供给

C. 消费自行创造投资　　　　　D. 投资自行创造消费

9. 凯恩斯认为引起经济波动的主要原因是（　　）。

A. 有效供给不足　　　　　　　B. 有效需求不足

C. 有效增长不足　　　　　　　D. 有效信息不足

10. 凯恩斯认为政府应该（　　）。

A. 干预经济　　　B. 计划经济　　　C. 放任自流　　　D. 以上都对

二、简答题

1. 当在衰退中实际 GDP 下降时，消费、投资和失业率通常会怎样变动？

2. 举出一个在短期中具有黏性和长期中具有弹性的价格的例子。

3. 为什么古典经济学认为总供给曲线是垂直的？

4. 为什么凯恩斯认为古典经济学存在缺陷？

5. 凯恩斯的"有效需求原理"是在什么背景下产生的？

第6章 财政政策与IS曲线

凯恩斯在《通论》中曾有一个观点：在短期内，一个国家的产出和就业水平取决于"有效需求"(effective demand)。所谓有效需求，是指预期可给雇主（企业）带来最大利润量的社会总需求，即与社会总供给相等，处于均衡状态的社会总需求。这个概念最早出现在经济学家马尔萨斯1820年发表的《政治经济学原理》中。马尔萨斯认为由于社会有效需求不足，资本主义经济存在产生经济危机的可能。凯恩斯在《通论》中扩展和完善了马尔萨斯的观点。

按照凯恩斯的有效需求决定论，在封闭经济(closed economy)中，$Y = C(Y-T) + I + G$，C会面临边际消费倾向递减，I会面临边际报酬递减，二者都可能导致总需求不足，因此政府应当进行干预。政府可以通过增加G或减少T来解决有效需求问题。然而，《通论》本身存在着不少前后逻辑不一致的问题。经济学家萨缪尔逊认为《通论》是"结构松散"和"文字粗糙"的。为此，英国经济学家希克斯和美国经济学家汉森等对《通论》作了进一步解读、诠释和修正，将其中部分思想概括为IS-LM模型(IS-LM model)。因此，IS-LM模型也称凯恩斯-希克斯-汉森模型(Keynesian - Hicks - Hansen model)，或希克斯-汉森模型(Hicks - Hansen model)。本章将从IS曲线的介绍开始（这里的I、S分别代表"投资"和"储蓄"），IS曲线描述了产品与服务市场上的均衡情况。

6.1 凯恩斯交叉

IS曲线描绘了产品与服务市场上产生的利率与收入水平之间的关系。为了讨论IS曲线，先介绍凯恩斯交叉(Keynesian cross)模型，亦称45°线模型(45 - line model)。这个模型是对凯恩斯的国民收入决定理论的最简单解释。它也是构成更复杂、更现实的IS-LM模型的基石。

为了建立凯恩斯交叉模型，凯恩斯在《通论》中引入了实际支出(actual expenditure, AE)和计划支出(planned expenditure, PE)两个概念。

所谓实际支出，是指家庭、企业和政府实际花在产品和服务上的数额。根据定义，它等于整个经济的产出，即$AE = Y$。故在(AE, Y)平面上，AE曲线是一条向右上方倾斜45°的直线。这一实际支出函数是凯恩斯交叉模型的第一个部分。

所谓计划支出，是指家庭、企业和政府打算花在产品和服务上的数额。在封闭经济中，计划支出PE是由计划消费C、投资I和政府购买G组成的，即$PE = C + I + G$。

凯恩斯通过计划支出小于（或大于）实际支出来说明有效需求不足（或过度）。计划支出与实际支出不同的原因在于企业实际销售与预期销售不一致，而进行非计划的存货投资。当企业销售的产品比计划少时，它们的存货存量会自动上升；相反，当销售的产品比计划多时，它们的存货存量会自动下降。由于这些非计划存货的变化被企业当作投资支出，因此实际支出可能会比计划支出高或者低。

根据第 3 章的讨论，我们知道凯恩斯消费函数为

$$C = C(Y_d) = C(Y - T)$$

其中，$0 < C'(Y_d) < 1$，即计划消费 C 是可支配收入的递增函数。因而，计划消费 C 也是收入的递增函数，而计划投资 I、政府购买 G 和税收 T 等又被假定是固定的或外生的，故在 (PE, Y) 平面或 (AE, Y) 上，PE 曲线是一条向右上方倾斜的曲线，曲线的斜率等于边际消费倾向 MPC，小于 1，如图 6.1 所示。这一计划支出函数是凯恩斯交叉模型的第二个部分。

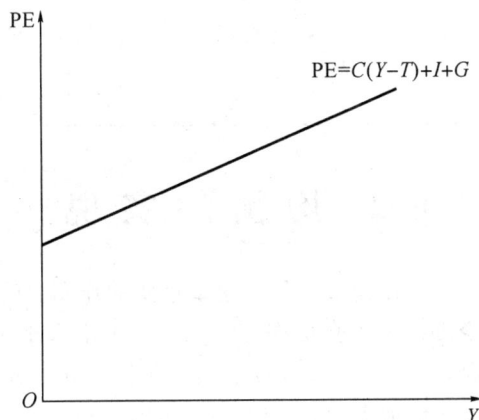

图 6.1　计划支出曲线

凯恩斯认为当实际支出等于计划支出时，产品和服务市场将会处于均衡状态。我们可以把这个均衡条件写为

$$AE = PE$$

这个均衡可以用凯恩斯交叉来表示，如图 6.2 所示。

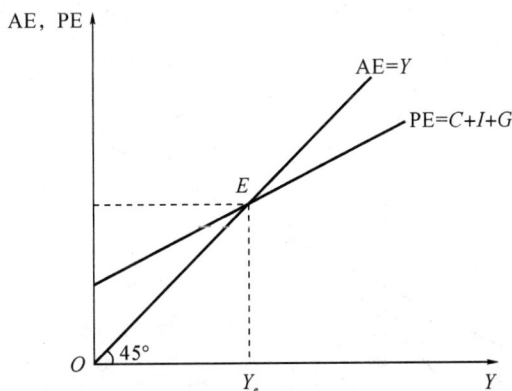

图 6.2　凯恩斯交叉

在图 6.2 中，$AE = Y$ 和 $PE = C(Y - T) + I + G$ 分别表示实际支出曲线和计划支出曲线。这两条曲线的交叉构成了所谓的凯恩斯交叉。交点 E 就是这个经济产品和服务市场的均衡。它表示实际支出（或收入，或产出）等于计划支出。Y_e 就是这个经济的均衡收入或产出。

比凯恩斯更凯恩斯的凯恩斯交叉

凯恩斯交叉是大多数曾学过宏观经济学的人所熟悉的一张示意图。这张图曾经把《通论》的"有效需求决定收入"精髓思想传授给一代又一代的经济学学子。然而，凯恩斯交叉的发明者并非凯恩斯本人，而是萨缪尔逊。1937—1940 年间，在哈佛的财政政策研讨班上，萨缪尔逊用来说明老师汉森的深刻见解的一张示意图，并在 1939 年他发表的《加速数和乘数合成原理》一文中首次公开使用了这张图。其后，这张图不断地在他的《经济学》中出现，并且得到大量其他经济学和宏观经济学教科书的效仿。

不过，凯恩斯在《通论》讲述有效需求原理的第三章"有效需求原则"中，并非没有提及总供给问题。相反，凯恩斯交叉完全忽视了总供给问题，而重点突出了凯恩斯分析中的革命性元素。

6.2 均衡的实现

在凯恩斯交叉模型中，存货在调整过程中起着重要的作用。只要经济不处于均衡状态，企业就会有存货的非计划变动。企业会根据存货状况，决定未来生产计划。当实际存货大于计划存货，即非计划存货大于零时，企业就会减少生产；当实际存货小于计划存货，即非计划存货小于零时，企业就会增加生产。这种生产的变动会使经济趋向均衡。

在图 6.3 中，当 Y_1 大于 Y_e 时，实际支出 AE_1 大于计划支出 PE_1，出现正的非计划存货 $AE_1 - PE_1$，企业会降低其产出，GDP 下降，直到非计划存货消失，收入下降到均衡水平为止。反之，当 Y_2 小于 Y_e 时，实际支出 AE_2 小于计划支出 PE_2，出现负的非计划存货 $AE_2 - PE_2$，企业会提高其产出，GDP 上升，直到负的非计划存货消失，收入上升到均衡水平为止。在上述两种情况中，企业的决策都会使经济趋向于均衡。

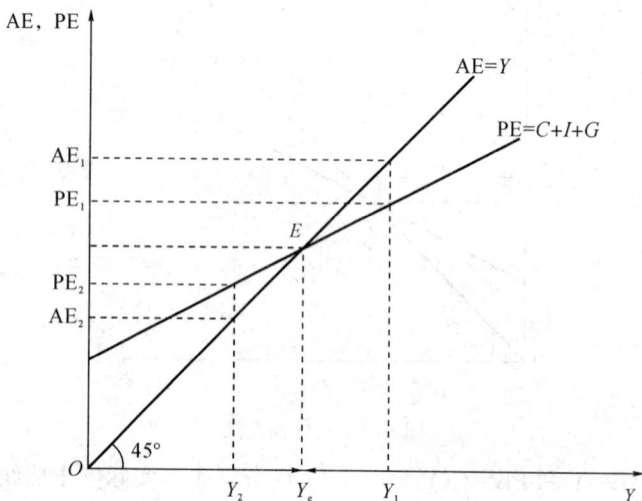

图 6.3　凯恩斯交叉中向均衡调整

6.3　计划支出曲线的移动

在以下两种情况中，计划支出曲线可以移动。一是财政政策的改变，如扩大（或缩小）政府购买，增加（或减少）税收等；二是货币政策的改变，货币当局调控利率，或货币供给，进而引致投资规模的改变。

当增加政府购买（ΔG），或减少税收（ΔT），或提高投资（ΔI）时，PE 曲线就会向上（或向左）移动，如图 6.4 中，从 PE_1 移至 PE_2；相反，当减少政府购买（ΔG），或增加税收（ΔT），或降低投资（ΔI）时，PE 曲线就会向下（或向右）移动，如图 6.4 中，从 PE_2 移至 PE_1。

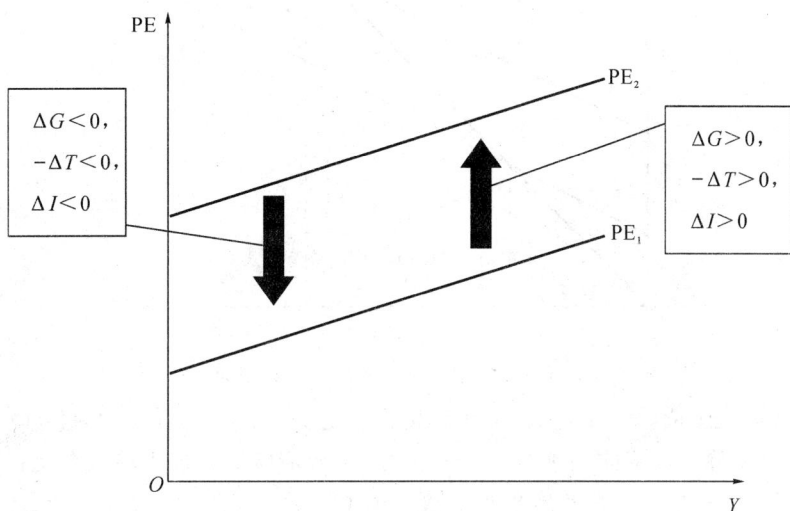

图 6.4　计划支出曲线移动

6.4　乘　数　分　析

在宏观经济学中，乘数（multiplier，也译作"倍数"）一词通常是指当某一自变量（如投资、政府购买等）发生一单位变动时，引致因变量（如收入）最终变动的幅度或倍数。本节主要介绍两种乘数：政府购买乘数（government‑purchases multiplier）和税收乘数（tax multiplier）。

乘数分析方法首先是由凯恩斯的学生和同事卡恩在 1931 年引入经济学的。威克塞尔 1935 年对乘数概念作了进一步完善和诠释。1936 年凯恩斯在其著名的《通论》中，借用乘数分析方法来说明增加政府购买如何克服经济衰退的原理。因此，在一些教科书中，乘数也称为凯恩斯‑卡恩乘数（Keynes‑Kahn multiplier）。

1. 政府购买乘数

由于政府购买是支出的一个组成部分，因此在任何给定的收入水平上，较高的政府购买都引起较高的计划支出。

在图 6.5 中，如果政府购买增加了 ΔG，那么计划支出曲线向上移动 ΔG，从 PE_1 向上移至 PE_2，经济的均衡将从 E_1 点移至 E_2 点，收入也将从 Y_1 移至 Y_2。从图 6.5 中可知：

$$\frac{\Delta Y - \Delta G}{\Delta Y} = \text{MPC} \quad (\text{计划支出曲线 PE 的斜率})$$

即

$$\frac{\Delta Y}{\Delta G} = \frac{1}{1 - \text{MPC}}$$

由此可知,收入的增加 ΔY 要大于政府购买的增加 ΔG,财政政策对收入有所谓的乘数效应。

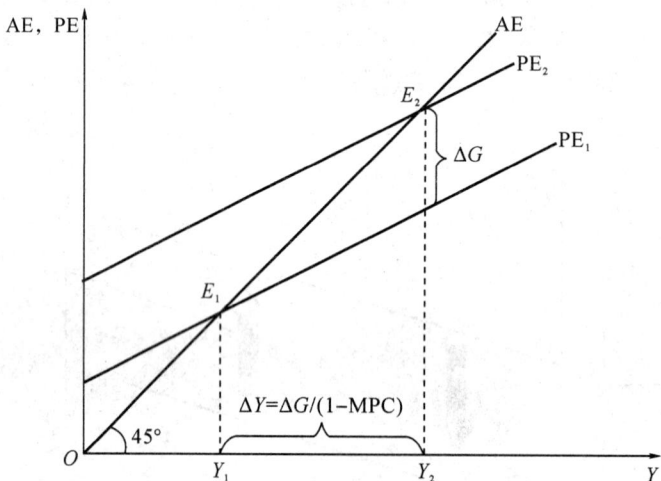

图 6.5　凯恩斯交叉中政府购买增加

图 6.5 说明,政府购买的增加可以引起收入更大幅度的增加。也就是说,$\Delta Y > \Delta G$。$\Delta Y/\Delta G$ 这一比率称为政府购买乘数。它告诉我们,政府购买增加 1 单位会使得收入增加多少。凯恩斯交叉的一个启示是政府购买乘数大于 1。

财政政策对收入能起到乘数效应的原因在于较高的收入可以引起更高的消费。当政府购买的增加提高了收入时,它也提高了消费,进一步增加了收入,收入的增加进一步提高了消费,等等。因此,在这个模型中,我们可以看到,政府购买的增加引起了收入的更大幅度的增加。

当政府增加 ΔG 的政府购买时,就意味着收入也增加了 ΔG,这一收入的增加又使消费提高了 $\text{MPC} \times \Delta G$,这一消费的增加又一次提高了支出和收入;第二轮增加的收入 $\text{MPC} \times \Delta G$ 又提高了消费,这次消费的增加量是 $\text{MPC} \times (\text{MPC} \times \Delta G)$,它又提高了支出和收入。如此这般循环下去。这种从消费到收入又消费的反馈会无限期地继续。对收入的总效应是:

政府购买的最初增加 $= \Delta G$

消费的第一轮变动 $= \text{MPC} \times \Delta G$

消费的第二轮变动 $= \text{MPC}^2 \times \Delta G$

消费的第三轮变动 $= \text{MPC}^3 \times \Delta G$

$$\vdots$$

$$\Delta Y = (1 + \text{MPC} + \text{MPC}^2 + \text{MPC}^3 + \cdots)\Delta G$$

我们同样可以得到政府购买乘数:

$$\frac{\Delta Y}{\Delta G} = 1 + \text{MPC} + \text{MPC}^2 + \text{MPC}^3 + \cdots = \frac{1}{1 - \text{MPC}}$$

乘数原理向人们讲述了这样一个道理：政府为购买某个公共项目支出了一笔费用，让人们赚到了钱，然后再由他们花出去，再让其他人赚钱，然后再由他们花出去。这个过程不会终止，会一轮接一轮地持续下去，最终给社会带来的收入远大于政府最初为那个项目支出的费用。比如，如果边际消费倾向为 0.8，政府花了 1 元钱为某个穷人办了一张公园卡，最终给社会带来的收入增长为 $1 \times$ 乘数，即

$$1 \times \frac{\Delta Y}{\Delta G} = \frac{1}{1 - 0.8} = 5 \text{（元）}$$

2. 税收乘数

税收减少 ΔT 立即使可支配收入 $Y - T$ 增加了 ΔT，从而使消费增加了 $\text{MPC} \times \Delta T$。因此，在任何一个给定的收入水平 Y，如遇减税 ΔT，计划支出就会随之提高 $\text{MPC} \times \Delta T$。如图 6.6 所示，计划支出曲线向上移动了 $\text{MPC} \times \Delta T$，经济的均衡将从 E_1 点移至 E_2 点，收入也将从 Y_1 增加到 Y_2。

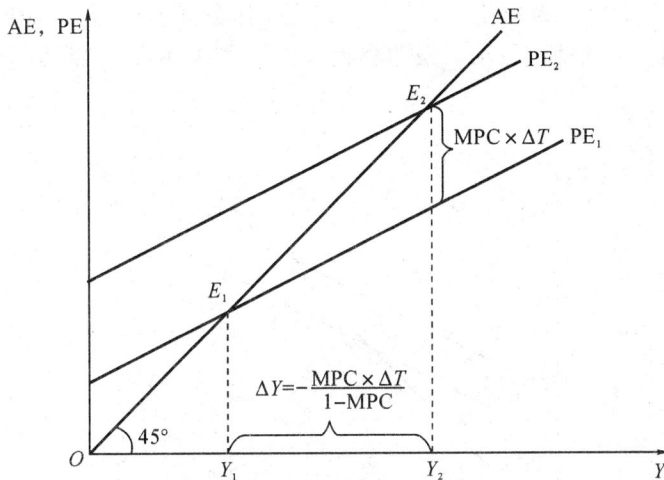

图 6.6　凯恩斯交叉中税收减少

正如政府购买的增加对收入有乘数效应一样，税收的减少也有乘数效应。与以前一样，支出最初的变动现在是 $\text{MPC} \times \Delta T$，再乘以 $1/(1 - \text{MPC})$。税收变动对收入的总效应是

$$\frac{\Delta Y}{\Delta T} = -\frac{\text{MPC}}{1 - \text{MPC}}$$

这个表达式是税收乘数，即 1 单位税收变动引起的收入变动量（负号表示收入与税收的变动方向相反）。

比如，边际消费倾向为 0.8，乘数就为

$$\frac{\Delta Y}{\Delta T} = \frac{0.8}{1 - 0.8} = 4$$

表明如果政府让民众少交 1 元钱的税，就会给社会带来 4 元的收入增长。

不过要注意，单纯利用政府购买乘数和税收乘数预测收入增加的前提是投资变量是外生的，即增加政府购买和减少税收不会影响原来的投资规模。而在现实中，这种情况并不常见。因而，我们需要其他更多且强大的模型。

6.5 IS 曲 线

1. IS 曲线的推导

凯恩斯交叉只是我们通往解释经济的总需求曲线的 IS - LM 模型的一个阶梯。凯恩斯交叉之所以有用，是因为它说明了家庭、企业和政府的支出计划如何决定国民收入。但它作了一个简化假设：计划投资水平 I 固定不变。正如第 3 章中所讨论的，一个重要的关系是计划投资取决于利率 r。由第 3 章可知计划投资 I 是实际利率 r 的递减函数，即 $I = I(r)$，其中，$dI/dr < 0$。下面利用凯恩斯交叉和投资函数推导 IS 曲线。

IS 曲线反映了产品和服务市场的均衡，即计划支出等于实际支出。在封闭经济下，意味着投资等于储蓄。这里为了确定当利率变动时收入如何变动，我们可以把投资函数与凯恩斯交叉图合起来。由于投资是利率递减函数，当利率从 r_1 下降到 r_2 时，投资量就会从 $I(r_1)$ 上升到 $I(r_2)$。计划投资的提高，又使计划支出函数向上移动，从 PE_1 移到 PE_2，如图 6.7(a)所示。计划支出曲线的移动又使均衡收入从 Y_1 增加到 Y_2。相反，利率的上升会减少均衡收入。

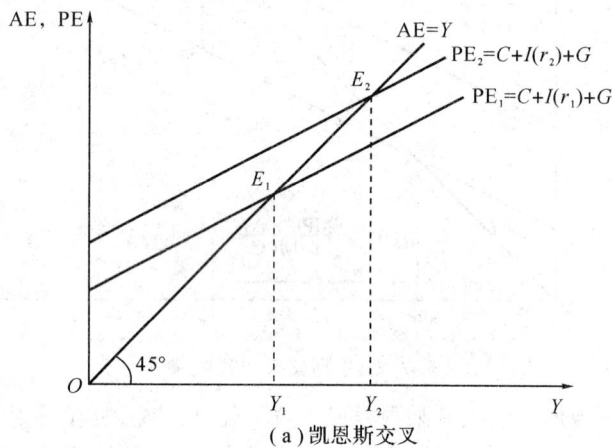

（a）凯恩斯交叉

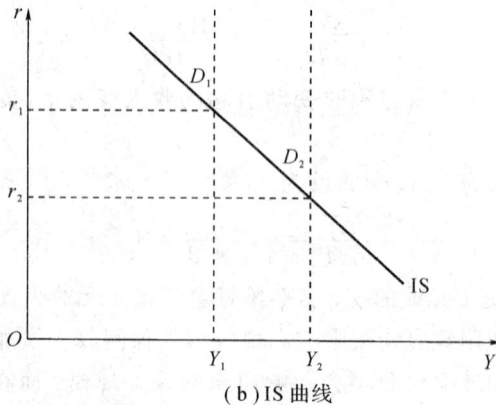

（b）IS 曲线

图 6.7　IS 曲线

在图 6.7(b)中，分别用 (r_1, Y_1) 和 (r_2, Y_2) 在 (r, Y) 平面上标出 D_1 和 D_2 两点，连接 D_1、D_2，就得到一条 IS 曲线。由此可知，IS 曲线结合了投资函数所表示的 r 和 I 之间的相互作用以及凯恩斯交叉所表示的 I 和 Y 之间的相互作用。IS 曲线上的每一点都代表产品市场上的均衡，该曲线显示了均衡收入水平对利率的依赖。也就是说，IS 曲线是一组反映计划支出等于实际支出，或投资等于储蓄状况的利率与收入组合。在 IS 曲线上方，S 大于 I；而在 IS 曲线下方，S 小于 I。由于利率上升引起计划投资下降，计划投资的下降又引起均衡收入的下降，因此 IS 曲线向右下方倾斜。

综上所述，IS 曲线的一般形式可以用下式来概括：

$$Y = C(Y_d) + I(r) + G$$
$$= C(Y - T) + I(r) + G$$

其中，$0 < C'(Y_d) < 1$，$I'(r) < 0$。

如果将消费函数和投资函数进行线性化处理，就会得到线性的 IS 曲线：

$$Y = C(Y - T) + I(r) + G$$
$$= \alpha + \beta(Y - T) + I_0 - dr + G$$
$$= \frac{\alpha - \beta T + I_0 + G}{1 - \beta} - \frac{d}{1 - \beta}r$$

或

$$r = \frac{\alpha - \beta T + I_0 + G}{d} - \frac{1 - \beta}{d}Y$$

IS 曲线的斜率(绝对值)为 $\frac{1-\beta}{d}$，与边际消费倾向 β 和投资敏感系数 d 都成递减关系。β 和 d 越大，IS 曲线越平缓。

2. IS 曲线的移动

IS 曲线向我们显示了对于任何一个给定的利率水平使产品市场达到均衡的收入水平。正如我们从凯恩斯交叉中所知道的，均衡收入水平取决于政府支出 G 和税收 T。IS 曲线是根据既定的财政政策绘制的。也就是说，在构建 IS 曲线时，令 G 和 T 固定不变。当财政政策变动时，IS 曲线也移动。

图 6.8 用凯恩斯交叉说明了政府购买增加 ΔG 如何使 IS 曲线移动的情况。该图是根据一个给定的利率 r_0 也是根据一个给定的计划投资水平绘制的。图 6.8(a)中的凯恩斯交叉表示财政政策的这种变动提高了计划支出，从而使均衡收入由 Y_1 增加到 Y_2。因此，在图 6.8(b)中，政府购买的增加使 IS 曲线向右移动。

我们还可以用凯恩斯交叉来分析财政政策的其他变动如何使 IS 曲线移动。由于税收的减少扩大了支出和收入，因此它也使 IS 曲线向右移动；政府购买的减少或税收的增加降低了收入，因此财政政策的这种变动使 IS 曲线向左移动。

总之，IS 曲线表示与产品和服务市场均衡相一致的利率与收入水平的结合。IS 曲线是根据给定的财政政策绘制的。提高产品与服务需求的财政政策变动使 IS 曲线向右移动。减少产品与服务需求的财政政策变动使 IS 曲线向左移动。

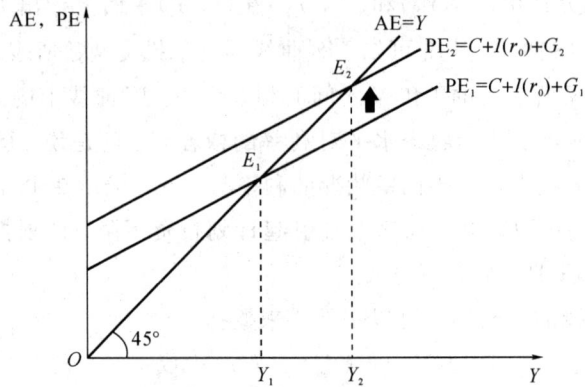

（a）凯恩斯交叉

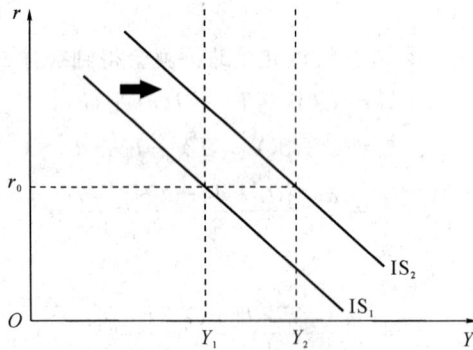

（b）IS 曲线

图 6.8　政府购买增加与 IS 曲线移动

增加政府购买的刺激经济计划

2008 年，美国爆发次贷危机后，西方主要经济强国经济增长相继受挫，全球经济进入衰退阶段。为了应对这次国际金融危机，中国政府全面实施了稳定经济的一揽子经济刺激计划。中国政府 2008 年 11 月 9 日宣布对财政和货币政策进行重大调整，并出台扩大内需的 10 项举措，从 2009 年至 2010 年投资 4 万亿元人民币左右，计划主要向基础设施建设、教育卫生、产业振兴和节能减排等方面投资。2009 年，在 4 万亿元政府刺激计划作用下，中国宏观经济政策在避免经济衰退方面取得了一定的成效。结果在全球经济萎缩的 2009 年（是自"二战"以来全球经济首次经历负增长的一年），中国的 GDP 增长率仍保持在 9.1% 的强劲势头，2010 年 GDP 增长率上升至 10.4%。

附录　用导数求乘数

宏观经济学中的乘数也可以用偏导数的方法来求解。

从产品和服务市场均衡恒等式开始：

$$Y = C(Y - T) + I + G$$

方程两边对 G 求偏导，有

$$\frac{\partial Y}{\partial G} = C' \frac{\partial Y}{\partial G} + 1$$

整理后，可得政府购买乘数

$$\frac{\partial Y}{\partial G} = \frac{1}{1-C'} = \frac{1}{1-\mathrm{MPC}}$$

同样，方程两边对 T 求偏导，有

$$\frac{\partial Y}{\partial T} = C' \frac{\partial Y}{\partial T} - C'$$

整理后，可得税收乘数

$$\frac{\partial Y}{\partial T} = -\frac{C'}{1-C'} = -\frac{\mathrm{MPC}}{1-\mathrm{MPC}}$$

习　题　6

一、选择题

1. 如果投资、税收和政府购买不变，计划支出曲线（　　）。

A. 向右上倾斜，斜率等于 MPC　　　　　　　B. 向右下倾斜，斜率等于 MPC

C. 是 45 度的斜线　　　　　　　　　　　　　D. 是垂线

2. 实际支出曲线（　　）。

A. 是 45 度的斜线　　　　B. 是垂直的　　　　C. 是水平的　　　　D. 不确定

3. 收入的均衡水平（　　）。

A. 非意愿性的存货积累等于零　　　　　　　B. 计划支出等于实际支出

C. GDP 没有发生变化的倾向　　　　　　　　D. 以上全部

4. 如果收入超出计划支出，企业将会降低生产，因为计划外的存货积累将会（　　）。

A. 为正　　　　　　B. 为负　　　　　　C. 为零　　　　　　D. 不确定

5. 如果消费函数是 $C=100+0.8(Y-T)$，则政府购买乘数是（　　）。

A. 0.8　　　　　　　B. 1.25　　　　　　C. 4　　　　　　　D. 5

6. 如果消费函数是 $C=100+0.8(Y-T)$，则税收减少 1 元时，收入的均衡水平将（　　）。

A. 减少 5 元　　　　B. 减少 4 元　　　　C. 增加 5 元　　　　D. 增加 4 元

7. 如果消费函数是 $C=100+0.8(Y-T)$，则税收和政府购买都增加 1 元时，收入的均衡水平将（　　）。

A. 保持不变　　　　B. 增加 3 元　　　　C. 增加 1 元　　　　D. 减少 4 元

8. 下列说法错误的是（　　）。

A. 利率降低增加计划投资

B. 利率降低使计划支出曲线向上移动

C. 利率降低使 IS 曲线向右移动

D. 利率下降时，计划支出在一个更高的收入水平与实际支出相等

9. 政府购买增加 1 元将会（　　）。

A. 使计划支出曲线向上移动 1 元　　　　　　B. 使 IS 曲线向右移动 1/(1-MPC)元

C. 不移动实际支出曲线　　　　　　　　D. 以上全部

10. IS 曲线的斜率是由（　　）决定的。

A. 基本点边际消费倾向　　　　　　　　B. 投资对利率的敏感程度

C. 以上两者都是　　　　　　　　　　　D. 以上两者都不是

11. 下列说法正确的是（　　）。

A. 偏离 IS 曲线的点并不一定代表商品市场没有达到均衡

B. 处于 IS 曲线右边的点，表示投资规模小于储蓄规模

C. 处于 IS 曲线右边的点，表示投资规模大于储蓄规模

D. 处于 IS 曲线左边的点，表示现行的利率水平过高

12. 在 IS 曲线上存在储蓄和投资均衡的收入和利率的组合点有（　　）。

A. 一个　　　　　B. 无数个　　　　　C. 一个或无数个　　　D. 零个

13. 决定投资的因素不包括（　　）。

A. 利息率　　　　　B. 资本边际效率　　　C. 投资的利润率　　D. 国民收入

14. 自发投资支出增加 10 亿元，会使 IS 曲线（　　）。

A. 右移 10 亿元　　　　　　　　　　　B. 左移 10 亿元

C. 右移支出乘数乘以 10 亿元　　　　　D. 左移支出乘数乘以 10 亿元

15. 投资决定的条件是（　　）。

A. $MEC>r$　　　　B. $MEC<r$　　　　C. $MEC=r$　　　　D. 以上都对

二、简答题

1. 简述 IS 曲线的宏观经济学含义。

2. IS 曲线向右下倾斜的假定条件是什么？

三、计算题

1. 如果一个经济 $C=170+0.6(Y-T)$，$I=250$，$G=300$，$T=200$，则边际消费倾向、均衡收入及政府购买乘数各是多少？

2. 假定消费函数为 $C=50+0.8Y$，投资函数为 $I=100-5r$，求 IS 曲线。如果边际消费倾向下降到 0.75，IS 曲线会发生什么变化？

3. 用 45°线模型推导 IS 曲线。

第 7 章　货币市场均衡与 LM 曲线

第 6 章中的 IS 曲线描述的是产品和服务市场的均衡。由于一般商品的需求与供给是微观经济学的内容，因此不再作详细介绍。微观经济学其实并未专门讨论货币现象，而且货币是一种特殊的商品，比如社会对货币需求是一种派生于人们对商品需求的需求，货币是一种流动性极强的资产等，所以，宏观经济学才要研究货币的职能、需求、供给与均衡问题。本章将介绍货币的职能和货币市场的均衡问题。

7.1　什么是货币

在我们的日常生活中，货币（money）给人的印象就是钱——纸币（notes）和硬币（coins），代表财富（wealth）。然而，这种印象并不全面。在经济学中，"货币"一词并不是指所有的财富，而是作为财富的一种类型。货币是一种很容易用来进行交易的资产存量，或者说在交易支付中普遍被接受的东西。

1. 货币的职能

作为一种特殊的资产，货币拥有三大职能：交易媒介（medium of exchange）、价值储藏（store of value）和计量单位（unit of account）。

1）交易媒介

货币的第一个职能是交易媒介。交易媒介是指通常被接受为一种支付手段的某种物品。货币被作为交易媒介是因为它是人们愿意接受作为自己所出售的商品换回的报酬，因为它们马上就可以被用来购买人们想要的其他东西。比如在古时候，人们卖出谷物等农产品得到硬币，然后用这些硬币再去买布。

硬币相对于以物换物交换（商品只能与其他商品进行交换）是一个很大的技术改进。在以物换物交换制度下，没有一种单一的交换媒介。在以物换物交换制度下，如果某人是做大饼的，而且想买衣服，那么这个人必须找到需要大饼的卖衣服的人。以物换物交换的缺点是它要求一种比较罕见的需求匹配关系——需求的双向一致性（coincidence of double wants）。在这种情况下，想消费自己想卖的东西（比如大饼）的人们，恰恰要卖自己想消费的东西（比如衣服）。货币出现后，交易情况就变得简单了，只要用大饼与人（可能他并没有衣服）换钱，再用钱去找人（可能他并不要大饼）换衣服，他愿意接受钱来交换他的衣服。货币这种特殊商品的发明大大增加了资产的流动性（liquidity，也译作"变现性"）。所谓资产流动性，是指一种资产可以转变为交换媒介，或用于交换其他商品的容易程度。

2）价值储藏

货币的第二个职能是价值储藏。价值储藏是指让购买力得以从一个时期延续到另一个时期的功能。货币也有从此时到彼时的储藏作用。比如，在古时候，人们能够在秋季出卖他们的产品得到货币，然后在冬季用这些货币去购买商品。换句话说，他们能够把他们的购买力从一个季节储藏到另一个季节。

在古代，货币不是唯一具有价值储藏的东西。比如，大米和玉米也能储藏一个季节，所以它们也具有价值储藏。但是，与大米和玉米相比，储藏货币要方便得多，甚至可以在一个人年轻的时候出售他多余的产品换钱，以备养老时用。

3）计量单位

货币的第三个职能是提供计量单位。商品的价格通常会以单位货币来计量。中国古代的酒和牛等商品的价格都是以一定数量的铜钱或银子为单位的，而不是用酒来标价牛，如一头牛的标价是几两银子，而不是几壶酒，因为使用这些货币的人熟悉这个单位。最初货币的单位是由金属的重量决定的。比如，英镑最初是一磅银。尽管后来英镑已经和银子脱钩，磅这一计量单位却仍然一直延续下来。

为了更好地理解计量单位和交易媒介的区别，这里列举一个计量单位与交易媒介不一致的例子。在中国抗日战争时期，通货膨胀率非常高，很多商品是用大米（或小麦）来标价的，而不用法币、铜钱或银元，如一亩耕地的价格为几担大米，但是，人们在进行交易时仍然用银元、铜钱或法币。在这个例子中，大米（或小麦）是计量单位，银元、铜钱和法币仍然是交易媒介。不过，这种例子只是一个例外，通常情况下，计量单位和交易媒介是同一种货币。

2. 货币的类型

在我们的印象中，人民币、银元、金条、金砖、铜钱和碎银等都属于货币。但是，它们之间似乎又有什么不同。为了介绍它们的差异，我们需要对货币进行分类。货币可分为商品货币（commodity money）和法定货币（fiat money，legal tender）两类。

商品货币就是有某种内在价值的货币。历史上使用最普遍的商品货币的例子是黄金。黄金是一种商品货币的形式，因为黄金可以用于多种目的，如制作首饰。当人们把黄金作为货币时（或者使用可兑换为黄金的纸币时），这种经济被认为是在实行金本位制（gold standard）。19世纪末，金本位制在全世界普遍存在。

法定货币就是没有任何内在价值的货币，如美元、人民币。人们信任它，完全是因为这是由政府的法令确定的货币。

3. 货币层次的划分

一个经济中可以得到的货币量称为货币供给（money supply）。货币根据流动性可划分为以下几个层次：

$M0$ 也称基础货币（base currency），它等于中央银行负债总额，就是现金（cash），或通货（currency），即硬币（coins）与纸币（note）之和。$M1$ 是狭义货币（narrow money）。它等于现金加上银行活期存款。活期存款可随时提取，并可当作货币在市面上流通，因而我们将其视为货币的一个组成部分。$M2$ 是广义货币（broad money），它等于 $M1$ 加上定期存款。$M3$ 是货币近似物（monetary analogs），它等于 $M2$ 加上个人和企业所持有的政府债券等流动资产。本书涉及的货币主要是 $M0$、$M1$、$M2$。

7.2 货币数量论与货币需求函数

货币需求理论是大多数宏观经济学理论的基本内容和货币政策陈述的逻辑内核。有关货币需求的研究最早可以追溯到 16 世纪的重商经济学年代。货币需求的系统研究历史大致可以分为货币数量论（the quantity theory of money）、凯恩斯货币需求理论和后凯恩斯货币需求理论等三个阶段。

1. 货币数量论

"货币数量论"一词在当今宏观经济学中有多重含义，其中最为广义的含义是指一套关于货币与价格之间关系的思想体系。其基本观点是：价格和货币价值取决于货币数量。如果其他条件不变，价格与货币数量成正比，货币价值与货币数量成反比。按此定义来界定，当今绝大多数货币需求理论都属于货币数量论。"货币数量论"最为狭义的含义仅指现金交易理论和现金余额理论。本书取最为狭义的含义。有关货币数量论研究可追溯到 18 世纪哲学家和经济学家休谟，甚至更早的洛克（17 世纪哲学家和经济学家）的著作。其本身也经历了交易说、收入说和货币需求说（或称现金余额说）三个时期。

1）交易说

最著名的货币数量方程说法无疑就是交易说，它是由纽康谟于 1885 年在其《政治经济学原理》一书中用公式表示出来的。费雪在 1911 年《货币购买力》一书中对此公式进行了大力推广。这个公式的基本思想是：人们持有货币是为了购买产品与服务。他们为进行交易所需要的货币越多，他们持有的货币就越多。因此，经济中的货币量与交易中交换的货币量相关，交易量与货币之间的关系可表示为如下方程：

$$MV = PT$$

式中：M 代表货币（当时人们仅仅将现金视为货币）量；V 代表货币流通速度（transactions velocity of money），并假定是一个常数；P 代表价格；T 代表单位时间（通常为 1 年）内的社会交易量。此方程被称为数量方程（quantity equation）。方程右边是一年内交换商品的货币总计，左边是一年内用于交易货币的总量。

比如，假定在某一年中以每张 0.5 元的价格出售了 100 张大饼。因此，T 等于一年 100 张大饼，P 等于每张大饼 0.5 元。交换的货币总量为

$$PT = 0.5 \times 100 = 50（元／年）$$

数量方程的右边等于每年 50 元，它是所有交易的货币价值。

进一步假定经济中的货币量是 10 元。重新整理数量方程，可以计算出货币流通速度为

$$V = \frac{PT}{M} = \frac{50}{10} = 5（次／年）$$

也就是说，在只有 10 元钱的条件下，要发生每年 50 元的交易，要求每元钱必须每年转手 5 次。

2）收入说

由于数量方程中社会交易量 T 难以衡量，因此费雪在 1911 年《货币购买力》一书中将

其改为产出 Y，则有

$$MV = PY$$

式中：P 为价格指数，这里取 GDP 平减指数；Y 为实际 GDP；方程左边就是单位时间（通常为 1 年）的名义收入，即名义 GDP；V 为货币的收入流通速度（income velocity of money），即一年内单位货币进入某个人收入的次数。此方程被称为费雪方程（Fisher equation）。

3）货币需求（现金余额）说

剑桥学派的创始人马歇尔认为，货币的单位价值决定于货币数量与以货币形态保持的实物价值的比例。他强调人们持有货币的时间和数量对货币流通速度的影响，进而对币值的影响，这样便把货币量与价格、货币价值关系的研究引导到货币需求上来。1917 年他的学生庇古将此思想归纳为剑桥方程（Cambridge equation）：

$$M = kPY$$

式中：M 为人们持有的货币量（当时人们仅仅将现金视为货币）；k 为人们持有货币（现金）量与名义 GDP 之比，即每单位收入持有货币的数量；P 为价格指数；Y 为实际 GDP。由于此公式强调的是人们持有的现金余额对货币价值和价格的影响，因此相关理论被称为现金余额说（cash balance theory）。

k 是交易方式决定的一个系数，而在一定时期内交易方式（支付方式）是不变的，所以庇古假定 k 是常量。因而，当经济达到充分就业时，P 的高低取决于 M，这也就回到了货币数量论的本质。费雪方程与剑桥方程的结论基本相同，货币量决定价格，价格与货币量按同比例变动。不过，费雪方程与剑桥方程两者含义上还是有一定差异的：费雪方程中的 M 是用于交易所需的货币量；而剑桥方程中的 M 是货币持有量，包括了交易和储藏两方面的货币需求量。因此，我们不能简单地将 V 理解为 $1/k$。

2. 凯恩斯的货币需求函数

严格地说，今天我们书本上看到的凯恩斯货币需求函数并不是由凯恩斯一人完成的，而是由凯恩斯、希克斯和汉森等凯恩斯主义经济学家们共同完成的。

凯恩斯认为人们需要货币的原因在于货币是最具有方便性、灵活性、流动性的资产。他把人们这种对货币的偏好命名为流动性偏好（liquidity preference），并将流动性偏好的动机分为三种：交易动机（transaction motive）、预防动机（precautionary motive）和投机动机（speculative motive）。与此相对应的货币需求也有三种。社会货币需求就是这三种货币需求之和。凯恩斯主义经济学家对影响三种需求的因素作了进一步的诠释。

1）交易动机

交易动机是指人们为了进行正常的交易活动需要而产生的持有一部分货币的动机。由交易动机引起的货币需求量与人们的收入水平成递增关系。当收入增加时，社会的交易量会增大，从而满足交易所需的货币量也将提高。

2）预防动机

预防动机是指人们为了预防意外（如支付医疗费用、应付失业和其他意外事件）的支付而持有一部分货币的动机。人们对意外事件的看法不同，持有预防动机需要的货币数量也会不同。但是，从整个社会来说，预防性的货币需求也是收入的递增函数。

3）投机动机

人们之所以宁愿持有不能生息的货币是因为持有货币可以供投机性债券买卖之用。投机动机是人们为了抓住有利的购买生息资产（如债券等有价证券）的机会而持有一部分货币的动机。投机性的货币需求是利率的递减函数。

由于货币交易动机和预防动机都与收入成递增关系，因此可以合并成一项收入的递增函数。若以 L 表示货币总需求量，L_1 表示决定于收入水平的货币需求函数，Y 表示国民收入，L_2 表示决定于利率水平的货币需求函数，i 表示名义利率，则货币需求函数就为

$$L = L_1(Y) + L_2(i)$$

其中，$\dfrac{\partial L_1}{\partial Y} > 0$，$\dfrac{\partial L_2}{\partial i} < 0$。

在价格不变，即 $\pi = 0$ 的情况下，有

$$L = L(Y, r)$$

其中，$\dfrac{\partial L}{\partial Y} > 0$，$\dfrac{\partial L}{\partial r} < 0$。

为什么投机动机与利率成递减关系？

首先，利率可以看作无风险的收益率，而购买有价证券是有风险的，当有风险的预期收益率相对固定时，显然无风险的收益率越高，投机动机也就越弱。其次，利率决定债券当前价值与预期价值之差，相关理论称为"资本化"。

假设投资者购买债券、股票、房屋等投资品，相应每年可以获得利息、分红、房租收入，则由公式：

$$资产预期价值（债券、股票、房产预期售价）= \frac{预期年收益（利息、分红、房租）}{无风险利率（i）}$$

进一步通过比较实际价值与当前价值（如果是刚发行，则为票面价值）来作出是否投资的决策。理由是该资产可类比于一笔完全无风险的定期存款，该定期存款在利率 i 下每年能带给投资者多少利息收入。比如，利率为每年 5%，则 10 000 元可带来 500 元收益，对于一个风险中性的投资者而言，该资产若每年能带来 500 元收益，则它等同于 10 000 元存款。是否投资，取决于计算出的预期价值能否大于当前价值。

由此推论：一旦利率升高，债券预期价格将下降，当前应该卖出债券持有货币；反之，一旦利率下降，债券预期价格将上升，当前应该购买债券。股票、房屋均适用此推论。显然，投机动机与利率成反比。

关于货币需求动机，魏因特劳布于 1982 年提出了七个动机，如商业动机、投机动机和公共权力动机等，其中货币-工资动机和公共权力动机是较新的思路，引起了关注。

货币需求曲线如图 7.1 所示。图 7.1(a)中，垂线 L_1 表示满足交易动机和预防动机的货币需求曲线，它与利率无关，因而垂直于横轴；L_2 表示满足投机动机的货币需求曲线，货币需求随利率升高而下降，因而向右下方倾斜。图 7.1(b)中，L 表示 L_1 与 L_2 之和，也向右下方倾斜。

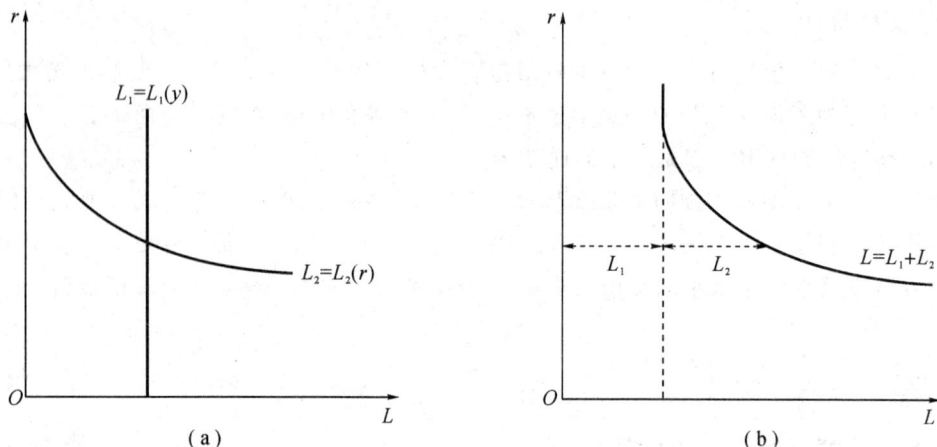

图 7.1　货币需求曲线

如果对 L_1 和 L_2 进行线性化处理，则有

$$L_1 = L_{10} + kY, \quad L_2 = L_{20} - hr$$

其中：L_{10}、L_{20}、k 和 h 均为常数；$k>0$，表示货币需求对收入的敏感系数；$h>0$，表示货币需求对利率的敏感系数。

去掉无关紧要的常数项（宏观经济学中经常用到的简化手段），则有

$$L_1 = kY, \quad L_2 = -hr$$

因此，货币需求函数为

$$L = kY - hr$$

3. 现代货币数量论

1963 年，弗里德曼在与施瓦茨合著的《美国货币史》一书中，对货币需求的诠释是革命性的。他认为不能简单地从货币职能本身来研究货币需求，而应该从财富组合的视角来分析货币需求。他假设货币需求依赖三个主要因素：首先是财富的约束，它决定了可以持有的最大货币量；其次是货币相对于其他可持有的金融资产和不动产的回报或者收益；第三是资产持有者的趣味或者偏好。总财富在不同形式资产之间的分配方式依赖于它们各自的相对回报率。这些财产不仅包括货币和债券，还包括股票和实物商品。在均衡的状态下，财富将在各种资产之间分配，直至边际回报率相同时为止。

弗里德曼实际货币需求函数的简单形式如下：

$$\frac{M_d}{P} = Y_P \, f(r, \pi_e, u)$$

式中：Y_P 为持久收入；r 为金融资产（如债券、股票等）收益率；π_e 为预期通货膨胀率；u 为个人趣味或偏好。

这一分析预言：在其他条件不变的情况下，财富（相对于持久收入）水平越高，货币需求越大；其他资产收益越低，货币需求越大；预期通货膨胀率越低，货币需求越大。反之亦然。即

$$\frac{\partial M_d}{\partial Y_P} = Pf(r, \pi_e, u) > 0, \quad \frac{\partial M_d}{\partial r} = PY_P \frac{\partial f}{\partial r} < 0, \quad \frac{\partial M_d}{\partial \pi_e} = PY_P \frac{\partial f}{\partial \pi_e} < 0$$

对弗里德曼实际货币需求函数稍作变形，有

$$\frac{M_d}{f(r, \pi_e, u)} = M_d V = PY_P$$

式中，$V(r, \pi_e, u) = 1/f(r, \pi_e, u)$，为货币流通速度。

弗里德曼强调，他的新货币数量论与传统货币数量论的差别在于，传统货币数量论把货币流通速度 V 当作由制度决定的一个常数，而新货币数量论则认为流通速度 V 不是常数，是 Y_P、r 和 π_e 等变量的稳定函数。

4. 鲍莫尔-托宾的存货理论

1952 年，美国经济学家鲍莫尔运用管理学中有关最优存货控制的理论，将传统货币需求研究中的"市场支出"转向"个人支出"，提出了与利率和收入相关的交易性货币需求模型，即平方根定律（square - root rule）。稍后，托宾在 1956 年对鲍莫尔的研究作了进一步的完善，故此模型也称鲍莫尔-托宾模型（Baumol - Tobin model）。

鲍莫尔和托宾认为人们为满足交易需求而持有的货币数量正像企业存货一样，都是需要成本的。最佳存货量是在保证生产和交易活动正常进行的前提下，存货成本最低时的存货量。同样，持有货币的数量也有一个最优数量的问题。在货币收入尚未用于支出的时间里，没有必要让所有准备用于交易的货币都以现金形式存在，而是可以将其暂时转换为生息资产，减少持币成本。利率越高，生息资产的收益越多，持币成本也就越大，人们将会减少持币的数量。

鲍莫尔和托宾假设某人一个月内可预见的交易支出总额为 Y，交易活动平均分布，每次提取现金量为 C，而把其余项 $Y-C$ 用于购买债券，等所持货币 C 用完后，再用债券换回现金 C，供交易之需。由于每次由债券兑换成的货币均为 C，因此一个月内共需兑换次数为 Y/C。设每兑换一次的手续费为 b，则月内的手续费共为 bY/C，平均的货币持有额为 $C/2$。再设持有单位货币的机会成本为利率 i，则机会成本总量为 $Ci/2$。若以 x 表示持有货币的总成本，则有

$$x = \frac{bY}{C} + \frac{Ci}{2}$$

最小值的一阶条件为

$$\frac{\mathrm{d}x}{\mathrm{d}C} = -\frac{bY}{C^2} + \frac{i}{2} = 0$$

解得

$$C = \sqrt{\frac{2bY}{i}}$$

所以，货币平均持有量为

$$M = \frac{C}{2} = \frac{1}{2}\sqrt{\frac{2bY}{i}} = \sqrt{\frac{bY}{2i}}$$

若令 $\alpha = \sqrt{\frac{b}{2}}$，则有

$$M = \alpha Y^{0.5} i^{-0.5}$$

这说明用于交易的货币持有额或交易性货币需求规模的确定与收入 Y 和利率 i 都有关，即与收入成正相关关系，与利率成负相关关系。该模型的平方根公式意味着：货币需求的收

入弹性是 1/2，即收入增加 10％时，货币需求将增加 5％；货币需求的利率弹性是 1/2，即利率上升 10％（比如从 10％上升到 11％）时，货币需求将减少 5％。

鲍莫尔-托宾模型发表后，许多经济学家对其展开了实证。多数有关货币需求的经验研究并没有完全证实这种预测。研究发现，货币需求的收入弹性大于 1/2，货币需求的利率弹性小于 1/2。因此，尽管鲍莫尔-托宾模型可能抓住了货币需求函数背后的部分原因，但是它并非完全正确。

5. 托宾的投机理论

1958 年托宾在他的论文中用投资者规避风险的行为动机对凯恩斯货币需求理论作了重要拓展，提出了对投资活动和金融管理有深远影响的资产组合理论。托宾认为，人们在选择资产组合时，不仅要考虑各种资产组合的预期收益率，而且要考虑风险。预期收益率是资产组合中所有资产的估计收益率的加权平均值。权数是每种估计收益率的概率。与预期收益率相关的风险用资产组合的收益率的标准差表示，它反映各种估计收益率与其均值（预期收益率）之间的偏离程度。标准差越小，接近预期收益率的可能性越大。或者说，与实现预期收益相关的风险越小。对于众多的风险规避者来说，在投资风险加大时，其预期收益率必须相应提高，来弥补投资风险。投资者要在预期收益率和风险之间进行权衡而做出对资产组合的选择。在托宾的投机理论中，利率变动对货币需求会产生收入和替代两种效应。利率与货币需求之间并不总是负相关或正相关。至于是正相关还是负相关，取决于收入和替代两种效应的比较。

7.3 中央银行、商业银行与货币供给

在了解货币需求情况之后，我们再来看货币供给。货币供给是指某一国或货币区的银行系统向经济体中投入、创造、扩张（或收缩）货币的金融过程，它包括中央银行供给基础货币，商业银行创造存款记账货币。因此，要了解货币供给，就必须熟悉以中央银行和商业银行为主体构成的整个银行体系。

1. 中央银行与基础货币

中央银行是一个国家的最高金融权力机构，其主要职能是借助各种工具执行国家的货币金融政策而不是经营获利。我国的中央银行是中国人民银行。目前世界其他主要央行有欧洲央行、美国联邦储备银行、英格兰银行、日本银行等。

中央银行被称为发行的银行、银行的银行、政府的银行等，原因有以下几个：第一，其垄断发行一国的法定货币（只有香港由汇丰、渣打、中国银行香港分行等三家银行共同发行港币）；第二，其保管各商业银行缴存的存款准备金，必要时（如发生挤兑）向各银行提供贷款，并为各商业银行相互间资金往来提供结算服务；第三，其代理政府发行公债，代理国库，管理国家的外汇，制订和推行国家的货币金融政策。

基础货币（MB）也称货币基数（monetary base）、高能货币，它是中央银行发行的债务凭证，表现为商业银行的存款准备金（R）和公众持有的现金通货（C），即 $MB = C + R$。它是中央银行的货币性负债，准备金就是中央银行对商业银行的负债，现金就是中央银行对社会大众的负债。

中央银行投放基础货币的渠道主要有三个：一是直接发行通货；二是变动黄金、外汇

等储备；三是实行货币政策。

基础货币是中央银行不可兑现的负债

一国转向不兑现货币，一般是由中央政府赋予单个机构具有垄断发行货币的特权开始的。中央银行的负债如同黄金白银被广泛接受，并且成为其他银行的储备。然后，政府持久性地取消了中央银行负债的可赎回性，中央银行发行的基础货币也就成为不可兑现的货币。中央银行资产负债表虽然也将此列入负债，但却是一种长期无需清偿的债务。不可兑现货币能够持续流通的首要原因在于国家法律的强制规定，再者，人们已经熟悉它，继续接受它也就有了自我强化的性质。在纸币购买力不变的情况下，人们完全可不考虑它对外部货币的要求权，因为它本身可直接实现人们换得所需物品的最终目标。但关键是纸币随着通货膨胀而贬值，而纸币购买力的不稳定很大程度上应归因于不兑现的货币制度，使央行能按照政府意志随意操纵基础货币量，这是以损失大多数人的福利为代价的。

在可兑现货币制度下，基础货币必须以该国的黄金量为基础发行，如以美元为中心的布雷顿森林体系，即美元与黄金挂钩，其他国家货币与美元挂钩。若美元的发行量超过了美国拥有的与其等价的黄金量，超过的美元也就不能换取黄金，这种制度将崩溃。实际上，1970 年布雷顿森林体系的崩溃，很大程度上就是因为美国越战时财政赤字迅速增加从而大量发行美元造成的。

---

2. 商业银行与货币供给

商业银行(commercial bank)是以经营工商业存、放款为主要业务，并以获取利润为目的的货币经营企业。商业银行与一般工商企业一样，是以盈利为目的的企业。但商业银行的经营对象又具有特殊性，是金融资产和金融负债，并提供各种与货币有关的金融服务。商业银行通过负债业务吸收存款，把社会上的各种闲散货币集中到银行里来，再通过资产业务贷款给经济各部门。存贷款利息之间的差额，就是主要利润来源。

活期存款与定期存款的利率为何不同？

活期存款：可由存款户随时存取和转让的存款，它没有确切的期限规定，银行也无权要求客户取款时作事先的书面通知。活期存款存取频繁、流动性大、风险较大，而且还要提供多种服务，因此成本较高，所以银行对此较少或不支付利息。

定期存款：客户与银行预先约定存款期限的存款。存款期限通常为 6 个月、1 年，长的可达 5 年或 10 年。由于定期存款期限较长，一般不能提前支取，因而是银行稳定的资金来源，可放心用于贷款。定期存款有期限的约束和较高的稳定性，所以被央行要求的准备金率可以低于活期存款。定期存款手续简单，存取是一次性办理，其间不必有其他服务，除利息以外没有其他费用，因而操作成本低。所以，银行对其愿意支付较高利息。

定期存款的存单可以作为抵押品取得银行贷款。由于定期存款利率高，并且风险小，因而是一种风险最小的投资方式。

贷款利率为何大于存款利率?

贷款利率大于存款利率的理由大致有以下几个:一是把钱存银行通常无风险,而银行把钱贷给企业则有一定风险,承担风险的力度不同,利率当然不同;二是存款的资金量可大可小,贷款资金量通常较大,资金量越大,越难获得,相应支付的使用报酬也越大;三是存款通常是闲散资金,贷款往往是急需的资金,对资金需要的迫切程度不同,利率当然也不同。

另外,商业银行提供支付中介、货币保管、出纳和支付代理、工资发放、转账结算等服务,以及利用信息优势提供咨询服务等,还有包括贷款承诺、担保、金融衍生工具、投资银行业务等中间业务,都可获得相关收入。商业银行往往还是国债的主要承销人。

中国的商业银行分布

我国现有3家政策性银行(国家开发银行、中国进出口银行、中国农业发展银行),5家大型商业银行(中、农、工、建、交),12家全国性股份制商业银行(中信、华夏、招商、深发、光大、民生、浦发、渤海、广发、兴业、恒丰、浙商),中国邮政储蓄银行,133家城市商业银行和约302家农村商业银行(根据银监会2018年报)。

商业银行的贷款行为是货币创造的前提。这里需要先了解两个概念:法定存款准备金率和货币乘数。

法定存款准备金(deposit reserve)是指金融机构为保证客户提取存款和资金清算需要而准备在中央银行的存款。中央银行要求的存款准备金占其存款总额的比例就是法定存款准备金率。

货币乘数是指货币供给量对基础货币的倍数关系。在货币供给过程中,中央银行的初始货币提供量与社会货币最终形成量之间客观存在着数倍扩张(或收缩)的效果或反应,即所谓的货币乘数效应。

以 r_d 代表法定准备金率,假设 $r_d=10\%$,想象一个过程:中央银行发行了10 000元货币,该笔现金被居民获得后存入工商银行,工商银行将其中的90%贷给企业或个人,又被对方存入建设银行,依次又传递到农业银行、交通银行等。由于贷款出去的货币可执行的功能完全没有差异,因此社会实际可流通的货币量就大于最初的10 000元,如表7.1所示。

表 7.1　银行存款创造过程

元

银行	新存款	新贷款	新准备金
工商银行	10 000	9000	1000
建设银行	9000	8100	900
农业银行	8100	7290	810
交通银行	7290	6561	729
...	...	...	...
整个银行体系合计	100 000	90 000	10 000

由等比数列求和，可得

$$\text{银行体系存款} = \frac{1}{1-(1-r_{\mathrm{d}})} \times \text{初始存款} = \frac{1}{r_{\mathrm{d}}} \times \text{初始存款}$$

其中，$1/r_{\mathrm{d}}$ 为存款创造乘数，或货币乘数。上例中，货币乘数为 10。

前面假设客户将一切款项均存入银行，如果发生客户提取现金的漏出，并假设现金漏损率为 $r_{\mathrm{c}}=$ 现金通货/活期存款总额，而银行可能为了应付各种意料之外的情况而持有少量的超额准备金，超额准备金/活期存款总额＝超额准备金率 r_{e}，则货币乘数 m 为

$$m = \frac{1+r_{\mathrm{e}}}{r_{\mathrm{d}}+r_{\mathrm{e}}+r_{\mathrm{c}}}$$

推导过程如下：

$$\frac{\text{货币供给}}{\text{基础货币}} = \frac{\text{现金通货}+\text{活期存款}}{\text{法定准备金}+\text{超额准备金}+\text{现金通货}}$$

分子、分母同时除以活期存款总额，得

$$\frac{\text{货币供给}}{\text{基础货币}} = \frac{\dfrac{\text{现金通货}}{\text{活期存款总额}}+1}{\dfrac{\text{法定准备金}}{\text{活期存款总额}}+\dfrac{\text{超额准备金}}{\text{活期存款总额}}+\dfrac{\text{现金通货}}{\text{活期存款总额}}}$$

代入字母表示，即

$$m = \frac{1+r_{\mathrm{e}}}{r_{\mathrm{d}}+r_{\mathrm{e}}+r_{\mathrm{c}}}$$

显然，存在现金漏出时的货币乘数小于没有漏出时的货币乘数。而现金漏损率主要取决于社会公众的资产偏好。公众对通货膨胀的预期、社会支付习惯、银行业信用工具的发达程度、社会及政治的稳定性、利率水平等都影响现金漏损率的变化。

总体而言，货币乘数的大小由四个因素决定：首先是法定准备金率，二者成反比；其次是超额准备金率，二者成反比；第三是现金漏损率，二者成反比，因为现金比率越高，说明现金退出存款货币的扩张过程而流入日常流通的量越多；最后还有定期存款与活期存款间的比率，二者成正比，这在公式中没有涉及。通常定期存款的法定准备金率要比活期存款的低。定期存款与活期存款间的比率改变会引起实际的平均法定存款准备金率的改变，最终影响货币乘数的大小。

综上所述，根据货币总供给＝基础货币×货币乘数，有下列货币供给函数：

$$M_{\mathrm{S}} = m \times \mathrm{MB} = \frac{1+r_{\mathrm{e}}}{r_{\mathrm{d}}+r_{\mathrm{e}}+r_{\mathrm{c}}} \times \mathrm{MB}$$

其中，M_{S} 表示货币总供给。

7.4　LM 曲线与货币政策

在介绍完货币的需求和供给后，本节来探讨货币市场的均衡问题。

1. LM 曲线的推导

利用流动性偏好理论，我们可以推导出货币市场的均衡——LM 曲线。在图 7.2(a) 中，当收入从 Y_1 增加到 Y_2 时，货币需求曲线向右移动，即从 $L(r,Y_1)$ 移至 $L(r,Y_2)$。由于实际货币余额不变，均衡点从 E_1 上升至 E_2，均衡利率从 r_1 提高到 r_2。将点 $D_1(r_1,Y_1)$ 和点

$D_2(r_2，Y_2)$标在图 7.2(b)上，并联结 D_1 和 D_2，就得到一条向右上方倾斜的 LM 曲线。

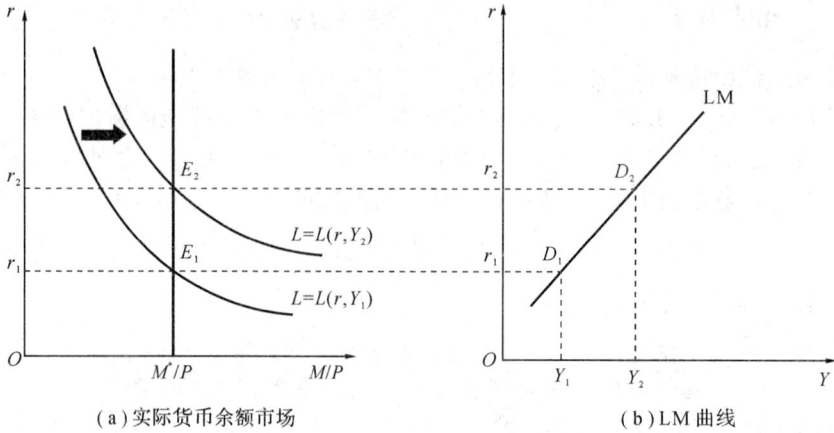

（a）实际货币余额市场　　　　　　（b）LM 曲线

图 7.2　LM 曲线的推导

综上所述，LM 曲线的一般形式可用下式来概括：

$$\frac{M}{P} = L(Y，r)$$

其中，$\frac{\partial L}{\partial Y}>0$，$\frac{\partial L}{\partial r}<0$。因此，LM 曲线是货币需求与供给相等，即货币市场保持均衡条件下的利率和收入组合。在 LM 曲线上方，$M>L$；在 LM 曲线下方，$M<L$。如果对货币需求函数进行线性化，则有 $\frac{M}{P}=kY-hr$。其中，$k>0$，$h>0$。LM 曲线的斜率是 k/h，即与收入敏感系数正相关，与利率敏感系数负相关。

2. 货币政策与 LM 曲线的移动

在图 7.3 中，我们用流动性偏好理论来解释货币政策使 LM 曲线移动的原因。假定执行扩张性货币政策，货币供给从 M_1 增加到 M_2，实际货币余额也会从 M_1/P 增加到 M_2/P，LM 曲线也从 $LM(M_1)$ 向右移到 $LM(M_2)$。相反，执行紧缩性货币政策，LM 曲线就会向左移动。

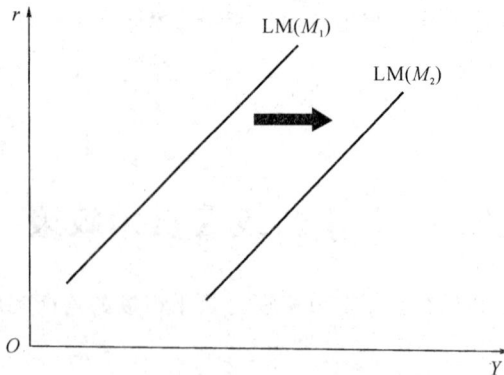

图 7.3　货币政策与 LM 曲线的移动

下面来了解具体的货币政策。由 $M=m\times MB$ 可知，货币政策调节的或者是货币乘数 m，或者是基础货币 MB。

3. 货币政策三大工具

1) 法定存款准备金率政策

由前面介绍货币乘数时的内容可知，调整法定存款准备金率(cash reserve ratio)将直接改变货币乘数，即存款创造的倍数。按照简化公式 $m = 1/r_d$，若法定存款准备金率从 10％下降到 8％，则货币乘数 m 将从 10 增加到 12.5，这意味着整个流通总量将增加 1/4。可见，作用力度很强，往往被当作一剂"猛药"。而调整法定存款准备金率对货币供应量和信贷量的影响要通过存款货币银行的辗转存、贷，逐级递推而实现，成效较慢、时滞较长。另外，存款货币银行可以变动其在中央银行的超额存款准备金，从反方向抵消法定存款准备金率政策的作用。因此，法定存款准备金率政策往往是作为货币政策的一种自动稳定机制，而不将其当作适时调整的经常性政策工具来使用。

2) 再贴现政策

再贴现(rediscount rate)是相对于贴现而言的，商业银行在票据未到期以前将票据卖给中央银行，得到中央银行的贷款，称为再贴现。中央银行在对商业银行办理贴现贷款中所收取的利息率，称为再贴现率。作为一国基准利率，再贴现率制约和影响着全国的利率水平，其变动决定或影响着其他利率的变动，是其他利率赖以调整或变动的基础。中央银行的再贴现率是利率体系中贷款利率最低的一种。中央银行规定的再贴现率左右商业银行的筹资方向，实际上也就成为衡量商业银行资金成本高低的标准之一。

再贴现意味着商业银行向中央银行贷款，从而增加了货币投放，直接增加货币供应量。再贴现率的高低直接决定再贴现成本，从而影响再贴现额的高低，而且再贴现率变动在一定程度上反映了中央银行的政策意向，因而具有一种告示作用：提高再贴现率，呈现紧缩意向，反之呈现扩张意向，间接影响整体再贴现规模。

与法定存款准备金率工具相比，再贴现工具的弹性相对要大一些，作用力度相对要缓和一些。但是，再贴现率的调节空间有限，且贴现行为的主动权掌握在商业银行手中，因为向中央银行请求贴现票据以取得信用支持，仅是存款货币银行融通资金的途径之一，存款货币银行还有其他的诸如出售证券、发行存单等融资方式。因此，中央银行的再贴现政策是否能够获得预期效果，还取决于存款货币银行是否采取主动配合的态度。

3) 公开市场业务

公开市场业务(open market operation)是指中央银行通过买进或卖出有价证券，调节基础货币的活动。中央银行买卖证券的目的不是为了盈利，而是当认为需要收缩银根时，便卖出证券，相应地收回一部分基础货币，减少金融机构叵用资金的数量；相反，当认为需要放松银根时，便买进证券，扩大基础货币供应，直接增加金融机构可用资金的数量。

公开市场业务是比较灵活的金融调控工具，所以是世界各国选择的主要政策工具。公开市场业务可以由中央银行充分控制其规模，中央银行有相当大的主动权，多买少卖，多卖少买都可以，对货币供应既可以进行微调，也可以进行较大幅度的调整，具有较大的弹性；操作的时效性强，当中央银行发出购买或出售的意向时，交易立即可以执行；可以经常、连续地操作，必要时还可以逆向操作，不会对整个金融市场产生大的波动。但是，局限性也比较明显：一是金融市场必须具有相当的独立性，操作的证券种类必须齐全并达到必需的规模；二是需要其他货币政策工具配合。

根据三大工具的内容可知：扩张性货币政策手段为下调存款准备金率、下调再贴现率、公开市场业务中中央银行向商业银行购回有价证券，相应操作将导致 LM 曲线向右平移；紧缩性货币政策手段为上调存款准备金率、上调再贴现率、公开市场业务中中央银行向商业银行卖出有价证券，相应操作将导致 LM 曲线向左平移。

近年中国的存款准备金率调整非常频繁

1990 年，我国只调整过 2 次存款准备金率，在 2006 年 7 月 5 日之前，也只调整过 2 次，当时水平为 7.5%。随后，2006 年上调 3 次，达到 8.5%；2007 年上调 10 次，达到 14.5%；2008 年先上调 5 次，后因为次贷危机下调 4 次，最后达到 15.5%；2009 年没有调整；2010 年至 2011 年 5 月 18 日，又连续上调 11 次，达到创纪录的 21.5%；2012 年到 2015 年 2 月，没有发生任何调整，进入稳定期；在 2016 年上半年之前连续下调 6 次，累计下调了 3.5%。中国货币政策效果不理想的深层次原因在以后的章节中会陆续介绍。

---

4. 流动性陷阱与货币政策

流动性陷阱(liquidity trap)是凯恩斯在《通论》中设想的一种极端情况，是指当利率下降到很低，甚至接近 0 的水平时，人们会认为持币带来的利息损失要小于债券资本损失，而当前利率已远低于正常水平，预期未来利率会有上升空间，于是，人们宁愿持有货币，而非债券，货币需求相对于利率变得具有完全弹性。这意味着，在此利率(如图 7.4 中的 r^*)水平下，货币需求趋于无穷大，即货币需求曲线为水平线，相应的 LM 曲线也是水平线。尽管凯恩斯提出了流动性陷阱理论的可能性，人们还是认为他从来没有意识到流动性陷阱的实际出现的可能性("流动性陷阱"一词并非凯恩斯本人提出，而是由英国经济学家罗伯逊提出的)。但是，流动性陷阱对于传统的凯恩斯理论模型中的失业均衡分析非常重要。因为在流动性陷阱的情况下，货币政策作为刺激总需求，提高产出和就业的方法将会无效。

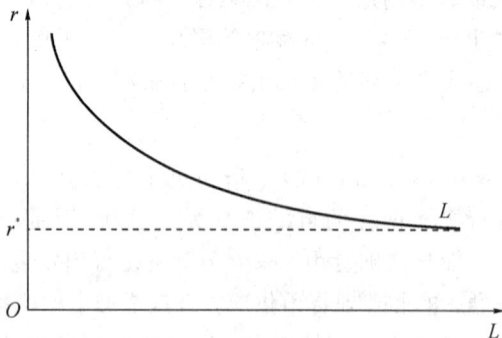

图 7.4　流动性陷阱

不过，也有不少经济学家对流动性陷阱的现实性持怀疑态度。他们相信，甚至在利率目标到达零之后，中央银行仍然拥有扩张经济的工具。第一个可能性是，中央银行可以通过承诺在未来进行货币扩张来提高通货膨胀预期。即使名义利率不能进一步下降，更高的预期通货膨胀可以通过使实际利率为负来降低实际利率。这将刺激投资支出。第二个可能性是，货币扩张可能引起通货在外汇市场贬值。这一贬值将使本国的产品在国外变得便宜，刺激出口需求(该机制在第 9、10 章中介绍)。第三个可能性是，中央银行可以用比正常情况下更多种类的金融工具进行扩张性的公开市场操作。例如，它可以购买抵押贷款和公司债券，从而降低这些种类贷款的利率。

日本的"流动性陷阱"

20 世纪 90 年代，日本经济泡沫破灭后，股票价格不到大约 10 年前(顶峰期)的一半，土地和房产价格也同遭崩溃。国民财富骤然下跌，消费规模下降。股市和房市崩溃给银行带来了麻烦。

20 世纪 80 年代日本银行发放了许多以股票或土地为担保的贷款，当这些抵押品的价值下降时，债务人开始拖欠自己的贷款。这种旧贷款的拖欠减少了银行发放新贷款的能力，所造成的"信用危机"使企业投资项目融资更加困难，从而压低了投资支出。面临消费和投资的双重萎缩，为了刺激经济，日本政府不断下调利率，利率水平已接近零的底线。但这么低的利率对刺激日本的消费和投资几乎没有影响，经济进入所谓的"流动性陷阱"。

次贷危机以来各主要金融国家的低利率

2008 年，日本银行两次调低银行同业隔夜拆借利率，将其降至 0.1%，自此日本又重返久违了的零利率政策时代。

欧洲央行自 2008 年 7 月以来一直降息，在 2009 年 5 月降至历史最低点并维持 1% 的主导利率。

2008 年 10 月至 2009 年 2 月，韩国央行将基准利率水平从 5.25% 逐渐下调至 2% 的历史低点。

瑞士央行 2009 年维持 0.25% 的基准利率水平不变。

2009 年 1 月 8 日，英国央行货币政策委员会宣布降息 50 个基点，将基准利率由 2.0% 下调至 1.5%，创下自英国央行 1694 年成立以来的最低水平。

2009 年 2 月 16 日，美国联邦储备委员会将联邦基金利率从 1% 大幅下调至 0%～0.25%，为有史以来的最低点。

习　题　7

一、选择题

1. 货币是(　　)。

A. 交易所用资产存量　　　　　　B. 公众手中的现金

C. 价值储藏手段、计价单位和交换媒介　　D. 以上全部

2. 以物换物交换的经济体要求(　　)。

A. 使用法定货币　　　　　　B. 使用商品货币

C. 需求的双向一致性　　　　D. 货币作为价值储藏手段而非交换媒介

3. 法定货币(　　)。

A. 以黄金为后盾　　　　　　　　　　B. 是由法国达索公司确定的货币

C. 包括通货和银行金库里储存的黄金　D. 是一种没有内在价值的货币

4. 根据费雪方程式，名义利率（　　　）。

A. 等于实际利率加上通胀率　　　　　B. 等于实际利率减去通胀率

C. 总是比实际利率高　　　　　　　　D. 不变

5. 如果货币需求方程式是 $M/P=0.4Y$，那么（　　　）。

A. 货币的收入流通速度不变　　　　　B. 货币需求和利率无关

C. 货币的收入流通速度等于 2.5　　　D. 以上全部正确

6. 凯恩斯认为人们持有货币不是因为（　　　）。

A. 交易的需求　　　　　　　　　　　B. 投机的需求

C. 预防的需求　　　　　　　　　　　D. 信仰的需求

7. 流动性偏好曲线表明（　　　）。

A. 利率越高，债券价格越低，人们预期债券价格越是会下降，因而不愿购买更多债券

B. 利率越高，债券价格越低，人们预期债券价格上涨可能越大，因而越愿意购买更多债券

C. 利率越低，债券价格越高，人们为购买债券时需要的货币就越多

D. 利率越低，债券价格越高，人们预期债券价格可能还要上升，因而希望购买更多债券

8. 如果流动性偏好曲线接近水平状态，则意味着（　　　）。

A. 利率稍有变动，货币需求就会大幅变动

B. 即使利率变动很大，货币需求也不会有很大变化

C. 货币需求丝毫不受利率影响

D. 以上三种情况都可能

9. 公开市场业务是指（　　　）。

A. 商业银行在公开市场上买进或卖出政府债券的活动

B. 商业银行的信贷活动

C. 中央银行在公开市场上买进或卖出政府债券的活动

D. 中央银行增加或减少对商业银行贷款的方式

10. 下列有关 LM 曲线的表述，正确的是（　　　）。

A. LM 曲线向上倾斜，并且它根据已知的收入水平绘制而成

B. LM 曲线向下倾斜，价格上升将使其向上移动

C. LM 曲线向上倾斜，并且它根据已知的实际货币余额供给绘制而成

D. 沿着 LM 曲线，实际支出等于计划支出

11. 货币供给的增加将使（　　　）。

A. LM 曲线向上（向左）移动　　　　B. LM 曲线向下（向右）移动

C. IS 曲线向上（向右）移动　　　　　D. IS 曲线向下（向左）移动

12. 根据数量方程式 $MV=PY$，如果流通速度不变，那么（　　　）。

A. LM 曲线向上倾斜　　　　　　　　B. LM 曲线向下倾斜

C. LM 曲线是水平线　　　　　　　　D. LM 曲线是垂线

13. 下列情况中，可以由数量方程式得出正常 LM 曲线的是（　　）。

A. 利率上升降低货币需求，提高流通速度

B. 利率上升降低货币需求和流通速度

C. 流通速度固定

D. 价格水平固定

14. 百分之百银行准备金制度之下，如果银行得到 500 元的新存款，则（　　）。

A. 银行资产将增加 500 元　　　　　B. 银行负债将增加 500 元

C. 银行贷款仍等于 0　　　　　　　　D. 以上全部

15. 如果基础货币为 600 亿元，货币乘数为 3，那么货币供给等于（　　）。

A. 600 亿元　　　　　　　　　　　　B. 200 亿元

C. 1800 亿元　　　　　　　　　　　　D. 800 亿元

二、计算题

1. 如果一个经济某年的名义 GDP 为 90 亿元，该年货币 $M2$ 为 50 亿元，则该年 $M2$ 的流通速度为多少？

2. 假定题 1 中的货币需求函数为 $M/P=kY$（其中，k 为一个常数），货币供给每年增加 10%，实际收入每年增长 6%。

(1) 求平均通货膨胀率；

(2) 如果实际收入增长更快，通货膨胀将会有什么不同？请做出解释。

3. 假定货币需求函数为 $M/P=1000-100r$（其中，r 为用百分比表示的利率），货币供给 M 为 1000，价格水平 P 为 2。

(1) 求均衡利率；

(2) 假设价格水平是固定的，如果货币供给从 1000 增加到 1200，均衡利率会发生什么变动？

三、简答题

1. 为什么 LM 曲线向右上方倾斜？

2. 用流动偏好理论解释为什么货币供给增加降低了利率。这种解释对价格做出了什么假设？

第8章 IS - LM 模型与宏观经济政策

货币非中性是凯恩斯主义经济学标新立异的观点,有效需求不足又是凯恩斯主义经济学不同于正统古典经济学之处。IS - LM 模型就是对上述两种观点最好的修辞,它成功地将产品和服务与货币市场统一起来讨论经济均衡问题,构成了短期经济政策理论核心。本章主要介绍如何应用 IS - LM 模型分析"熨平"经济周期的稳定经济政策,以及如何从 IS - LM 模型推导出封闭经济的总需求曲线 AD。

8.1 IS - LM 模型

凯恩斯经济理论的主要观点就是有效需求不足原理和流动性偏好。然而,在《通论》中,凯恩斯的阐述十分晦涩,甚至混乱和零散,不易被人理解。为此,希克斯、汉森、米德(蒙代尔的老师)和莫迪利安尼等人对凯恩斯的思想进行了数学模型化处理和阐释,构建了 IS - LM 模型。这个模型是否得到凯恩斯本人认可,一直众说纷纭。不过,凯恩斯在 1937 年著文评说该模型疏忽了他的市场不确定性思想。下面分析 IS - LM 模型。

1. 两个市场的同时均衡

由第6、7章的讨论可知,只有在 IS 曲线上的利率与收入组合才能使产品和服务市场均衡,同样也只有在 LM 曲线上的利率和收入组合才能使货币市场均衡。因而,能够使产品市场和货币市场同时达到均衡的利率和收入组合只能产生于 IS 曲线与 LM 曲线的交点上。如图 8.1 的 E 点,相应 E 点的坐标 (Y^*, r^*) 就是均衡收入和均衡利率。

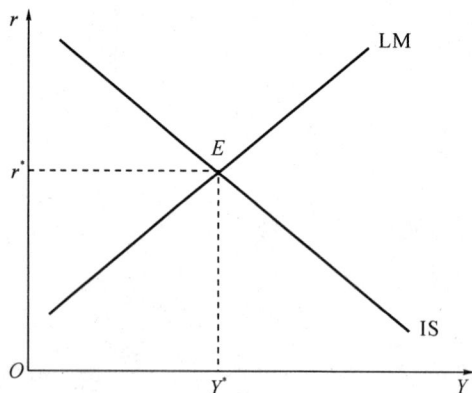

图 8.1 IS - LM 模型的均衡

据第6、7章所述,IS - LM 模型的代数表达式为

$$IS: Y = C(Y - T) + I(r) + G \qquad \text{(产品和服务市场的均衡)}$$

$$\text{LM：} \frac{M}{P} = L(Y, r) \qquad \text{（货币市场的均衡）}$$

经线性化后，有

$$\text{IS：} Y = \frac{\alpha - \beta T + I_0 + G}{1-\beta} - \frac{d}{1-\beta}r$$

$$\text{LM：} \frac{M}{P} = kY - hr$$

其中：α、I_0、d、k 和 h 均为大于或等于 0 的常数；$0<\beta<1$。

如第 6、7 章中所述，IS 曲线下方表示投资大于储蓄，IS 曲线上方表示投资小于储蓄；LM 曲线上方表示货币需求小于货币供给，LM 曲线下方表示货币需求大于货币供给。因此，如图 8.2 所示，IS 曲线和 LM 曲线把坐标平面分成四个区域：Ⅰ、Ⅱ、Ⅲ、Ⅳ，在这四个区域中都存在产品和服务市场与货币市场的非均衡状态。例如，区域Ⅰ中任何一点，一方面在 IS 曲线右上方，投资小于储蓄（$I<S$）的非均衡；另一方面又在 LM 曲线上方，货币需求小于供给（$L<M$）的非均衡。其余三个区域的非均衡关系也可以按类似的方法推知。即

$$\text{Ⅰ：} I < S, L < M$$
$$\text{Ⅱ：} I < S, L > M$$
$$\text{Ⅲ：} I > S, L > M$$
$$\text{Ⅳ：} I > S, L < M$$

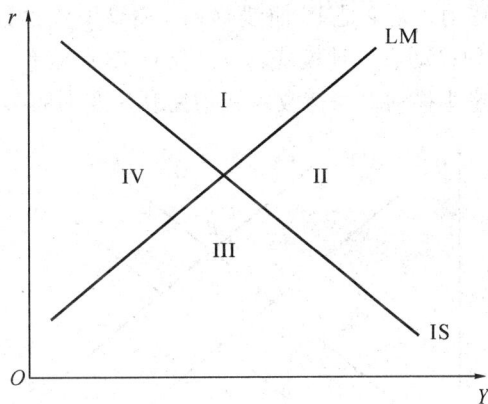

图 8.2　IS‐LM 模型的四个区域

随着经济运行，各个区域不同的非均衡状态都会得到相应调整。投资大于储蓄会导致收入上升；相反，投资小于储蓄会引起收入下降。货币需求大于货币供给会导致利率上升；相反，货币需求小于货币供给会引起利率下降。最终，经济都会趋向于均衡收入和均衡利率。在图 8.3 中，社会经济的收入 Y 和利率 r 组合处于 A 点的非均衡状态。在 A 点，一方面，有 $I>S$，存在超额的产品需求，导致 Y 有增加的趋势，使 A 点受到一个向右移动的水平作用；另一方面，有 $L>M$，存在超额的货币需求，导致 r 有上升的趋势，使 A 点受到一个向上移动的垂直力作用。两种力量的结合，将导致 Y 与 r 同时变动，向两种力量的对角线方向移动，到达 IS 曲线上，实现了产品和服务市场的均衡，Y 不再变动；但 $L>M$ 仍然存在，r 仍有上升的趋势，于是继续向上移动到 B 点。在 B 点，有 $I<S$，存在超额的产品和服务供给，导致 Y 有减少的趋势，使 B 点受到一个向左移动的水平作用；同时 $L>M$ 仍然

存在，r 仍有上升的趋势，B 点受到一个向上移动的垂直力作用。两种力量的结合，使 Y 变少，r 上升，向两种力量的对角线方向移动，到达 LM 曲线上，实现了货币市场的均衡，r 不再变动；但仍有 $I<S$，Y 仍将继续下降，于是又移动到 C 点。这种变化过程会持续下去，逐渐螺旋接近均衡点 E，直到最后，Y 和 r 均移动到 IS 曲线与 LM 曲线的交点 E，同时达到产品和服务市场与货币市场的均衡。

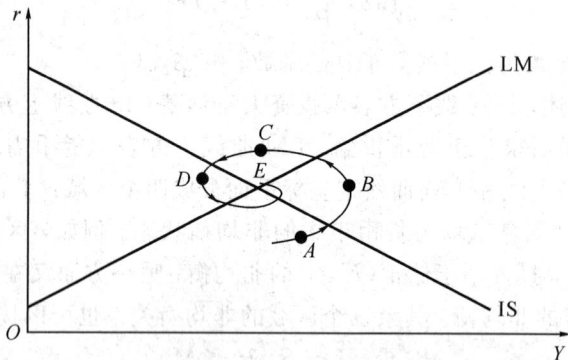

图 8.3　非均衡点向均衡点的调整过程

同样，均衡收入和均衡利率也会随着 IS 曲线与 LM 曲线的移动而变动。由前面章节可知，当消费、投资、政府收支等因素发生变化时，IS 曲线会移动，而当货币供给量等发生变动时，LM 曲线也会发生移动。无论是 IS 曲线移动，还是 LM 曲线移动，都会使均衡收入和均衡利率发生变动。这种移动有三种模式：一是仅有 IS 曲线移动；二是只有 LM 曲线移动；三是两者同时移动。这些移动对均衡收入和均衡利率变动的影响见图 8.4。

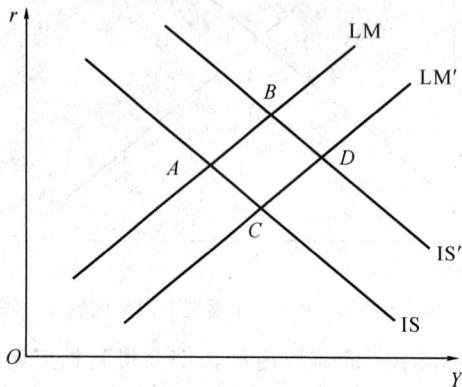

图 8.4　均衡点的变动

假设 IS 和 LM 曲线原来相交于 A 点，不妨设 A 的坐标为 (Y_A, r_A)。在第一种情况下，只有 IS 曲线移动，比如移动至 IS′ 的位置，则 IS′ 与 LM 相交于 B 点，设 B 的坐标为 (Y_B, r_B)，显然有 $Y_A<Y_B$，$r_A<r_B$。在第二种情况下，只有 LM 曲线移动，比如移动至 LM′ 的位置，则 IS 与 LM′ 相交于 C 点，设 C 的坐标为 (Y_C, r_C)，显然有 $Y_A<Y_C$，$r_A>r_C$。在第三种情况下，IS′ 与 LM′ 相交于 D 点，设 D 的坐标为 (Y_D, r_D)，此时依然可以明显判断出 $Y_A<Y_D$，但是，r_A 与 r_D 之间的关系则并不明确，这是因为 IS 曲线右移造成的均衡利率上升与 LM 曲线右移造成的均衡利率下降相互抵消，最后的结果取决于二者幅度的对比。

2. 宏观经济政策组合

前面分别讨论了财政政策和货币政策,在实践中,二者往往结合起来使用。这种组合称为货币-财政政策组合(monetary-fiscal policy mix),简称政策组合(policy mix)。

已知扩张性财政政策使 IS 曲线向右移动,紧缩性财政政策使 IS 曲线向左移动,扩张性货币政策使 LM 曲线向右移动,紧缩性货币政策使 LM 曲线向左移动,则可以得到四种政策组合模式,用图 8.4 中均衡点的移动来说明。

初始点 A→新均衡点 D:扩张性财政政策搭配扩张性货币政策;

初始点 D→新均衡点 A:紧缩性财政政策搭配紧缩性货币政策;

初始点 B→新均衡点 C:紧缩性财政政策搭配扩张性货币政策;

初始点 C→新均衡点 B:扩张性财政政策搭配紧缩性货币政策。

四种政策组合下,均衡收入与利率的变动结果见表 8.1。

表 8.1　政策组合的效应

	扩张性财政政策	紧缩性财政政策
扩张性货币政策	$Y\uparrow$,r 不确定	$r\downarrow$,Y 不确定
紧缩性货币政策	$r\uparrow$,Y 不确定	$Y\downarrow$,r 不确定

上述分析只是指出了在 IS - LM 模型下,不同的宏观政策组合能通过均衡收入与利率的变动获得什么预期效应,那么具体到现实中,在什么样的情况下应该采取什么样的组合呢? 扩张性财政政策,不论是通过购买性支出的增加,还是税收的减少,都可能导致财政赤字增加;反之,紧缩性财政政策,不论增税,还是减少财政支出,都利于降低财政赤字。扩张性货币政策通常可能导致通货膨胀;反之,紧缩性货币政策可以消除通货膨胀。所以,采取什么样的政策组合,取决于经济所面对的短期问题。首先,扩张性财政政策搭配扩张性货币政策:当一国经济处于严重萧条,失业率很高,通货紧缩,且政府财政赤字并不严重时,应采取此种搭配,双管齐下刺激经济。其次,紧缩性财政政策搭配紧缩性货币政策:当一国经济过热,财政赤字严重,通货膨胀率较高时,应采取此种搭配,抑制过热的经济,同时削减赤字。第三,紧缩性财政政策搭配扩张性货币政策:当一国财政赤字严重,通货膨胀率不高时,应采取此种搭配,既可削减赤字,又可避免经济陷入衰退或导致失业率上升。第四,扩张性财政政策搭配紧缩性货币政策:当一国通货膨胀严重,财政赤字不高时,应采取此种搭配,既可抑制通货膨胀,又可避免经济陷入衰退或导致失业率上升。中国改革开放以来宏观政策组合执行情况如表 8.2 所示。

表 8.2　改革开放以来中国财政与货币政策组合轨迹表

时　　间	所属阶段	财政政策	货币政策	搭配方式	实施年限
1979—1980 年	第一阶段	松	松	双松	2 年
1981 年	第一阶段	紧	松	紧松	1 年
1982—1984 年	第一阶段	松	松	双松	3 年
1985 年	第二阶段	紧	紧	双紧	1 年

时 间	所属阶段	财政政策	货币政策	搭配方式	实施年限
1986—1988 年	第二阶段	松	松	双松	3 年
1989—1991 年	第二阶段	紧	紧	双紧	3 年
1992—1993 年中	第二阶段	松	松	双松	1 年
1993 中—1997 年	第二阶段	紧	紧	双紧	5 年
1998—2002 年	第三阶段	松(积极)	松(稳健)	双松	5 年
2003—2004 年	第三阶段	积极淡出	稳健趋紧	偏松和趋紧	2 年
2004—2007 年	第四阶段	稳健	稳健趋紧	双稳健	4 年
2008—2010 年	第四阶段	松	4 万亿元大放水	双松	3 年
2011—2017 年	第五阶段	稳健	稳健趋松	双稳健	7 年

下面考察一个美国的宏观政策组合案例。

美国的宏观政策组合选择

1992 年克林顿当选美国总统时，由于之前里根政府执行的"星球大战"计划以及受供给学派影响采取了减税政策，加上老布什政府时期的海湾战争，导致财政赤字严重，克林顿便采取了紧缩性财政政策，时任美联储主席的格林斯潘则配合采取了扩张性货币政策，降低利率、刺激投资。到 2000 年，克林顿满 8 年任期，成为近年来唯一实现财政盈余的一届政府。同时，美国恰逢由电脑与互联网技术发展及硅谷兴起等导致的新经济增长，也实现了年均超过 5% 的 GDP 增长率，堪称越战以来美国经济发展的黄金时期。不过长期的低利率政策，也导致了互联网泡沫，2000 年随着格林斯潘上调利率，泡沫破灭，外加 911 事件的打击，美国经济又开始衰退。

小布什的 8 年任期内，阿富汗战争和伊拉克战争使得美国财政赤字与债务不断攀升，而为了应对 911 事件对经济的影响，格林斯潘又恢复了扩张性货币政策。双松政策虽然避免了美国经济陷入衰退，但为房产市场泡沫又打下了基础。2008 年，当小布什任满时，格林斯潘已经卸任，次贷危机爆发，奥巴马政府面对的是一个债台高筑、失业率严重的烂摊子。

很多学者认为美国应该采取双紧的政策组合，一方面赤字和债务问题已经太严重，必须削减，另一方面过低利率已经导致"流动性陷阱"。但奥巴马政府最终却选择了继续双松的政策，试图利用滥发美元让全球为美国经济埋单的方式刺激经济。但美国的失业率依然居高不下，债务问题使美国国债信用评级首次遭到下调。

8.2 财政政策与货币政策的效应

封闭经济中，什么情况下财政政策更有效，什么情况下货币政策更有效，宏观经济政策是否一定能达到相应的效应呢？这些都取决于 IS - LM 模型的具体形状。

1. 挤出效应与财政政策效应

挤出效应(crowding-out effect)是指政府支出增加所引起的私人投资降低的效应。在货币供给不变的情况下，政府通过在公开市场上出售政府债券来为其增加的支出筹资，货币市场上的货币余额将会减少，而货币减少将导致利率升高和私人投资下降。也就是说，政府购买挤出了私人投资。挤出效应的大小取决于投资的利率敏感系数，投资的利率敏感系数大，则挤出效应也大。财政政策效应是指政府支出增加所引起的实际收入提高的效应。

如图 8.5 所示，当政府购买增加 ΔG 时，IS 会向右移至 IS'。如果不考虑利率的影响，增加的 Y 为政府购买支出效应 ΔY_2。但是，由于受到利率上升的影响，实际产出 Y 的增量仅为财政政策效应 ΔY_1。那么，$\Delta Y_2 - \Delta Y_1$ 的部分就被看作是挤出效应(＝政府购买效应－政府购买财政政策效应)。所以，政府购买财政政策乘数($\Delta Y_1/\Delta G$)要小于或等于政府购买乘数($\Delta Y_2/\Delta G$＝$1/(1-\beta)$ 或 $1/MPS$)。显然，在政府购买效应一定时，挤出效应越大，财政政策效应就越小。反之，挤出效应越小，财政政策效应就越大。

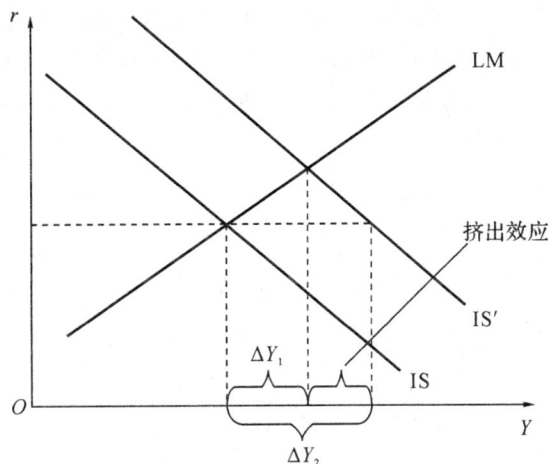

图 8.5　挤出效应

决定挤出效应大小的因素有哪些呢？我们可以从以下一系列图形中做出判断：除了增加政府购买 ΔG、减税额度 ΔT 等政策力度因素外，影响挤出效应的因素主要是 IS、LM 曲线的斜率。

如图 8.6 所示，假若 IS 曲线的斜率固定，LM_1 曲线比 LM_2 曲线陡峭，政府实施同样力度的扩张性财政政策(即政府购买效应相等)使 IS 移至 IS'。我们发现，对于 LM_1 经济产生的财政政策效应 $Y_1 - Y_0$ 要小于对于 LM_2 经济产生的财政政策效应 $Y_2 - Y_0$，即 $Y_1 - Y_0 < Y_2 - Y_0$。此例说明 LM 曲线越陡峭，挤出效应越大，财政政策效应越小。特别是，当 LM 曲线垂直时，挤出效应等于政府购买效应，财政政策无效；当 LM 曲线水平(即所谓的"流动性陷阱"，或称"凯恩斯极端")时，挤出效应等于 0，财政政策将发挥极致，财政政策效应等于政府购买(或减税)效应。

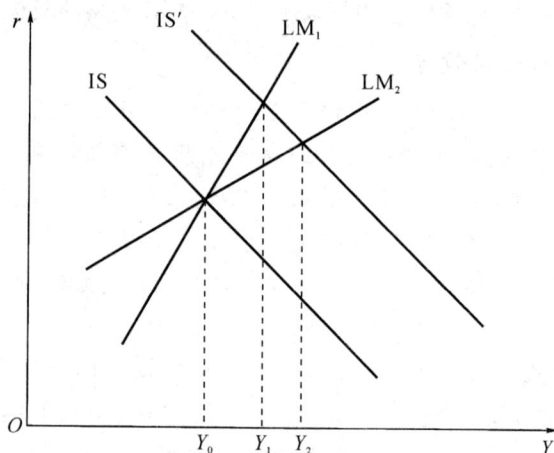

图 8.6　财政政策效应与 LM 曲线斜率的关系

如图 8.7 所示，假定 LM 曲线的斜率固定，IS_1 曲线比 IS_2 曲线平缓，政府实施同样力度的扩张性财政政策（即政府购买效应相等）使 IS_1 与 IS_2 分别移至 IS_1' 与 IS_2'。我们发现，对于 IS_1 经济产生的财政政策效应 Y_1-Y_0 要小于对于 IS_2 经济产生的财政政策效应 Y_2-Y_0，即 $Y_1-Y_0<Y_2-Y_0$。此例说明 IS 曲线越陡峭，挤出效应越小，财政政策效应越大。特别是，当 IS 曲线垂直时，挤出效应等于 0，财政政策发挥极致，财政政策效应等于政府购买（或税收）效应；当 IS 曲线水平时，意味着边际消费倾向等于 1，可支配收入完全用于消费，政府购买增加的数量等于税收增加的数量，也等于消费减少的数量，政府购买变化不影响收入变化，财政政策无效。

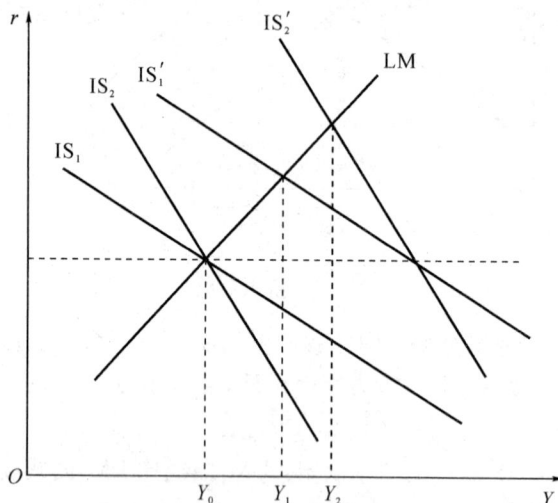

图 8.7　财政政策效应与 IS 曲线斜率的关系

2. 引致效应与货币政策效应

货币政策会产生引致效应（induced effect）。所谓引致效应，是指政府的货币政策通过改变利率所间接引起的私人投资变化。比如，扩张性货币政策会导致利率下降，从而诱发私人投资增加。

如图 8.8 所示，当 M 增加时，LM 会向右移至 LM′，ΔY_1 就是引致效应。显然，引致效应越大，货币政策刺激经济的效应越好。相反，引致效应越小，货币政策刺激经济的效应越差。货币政策效应是指实际货币余额增加所引起的实际收入提高的效应，等于引致效应。

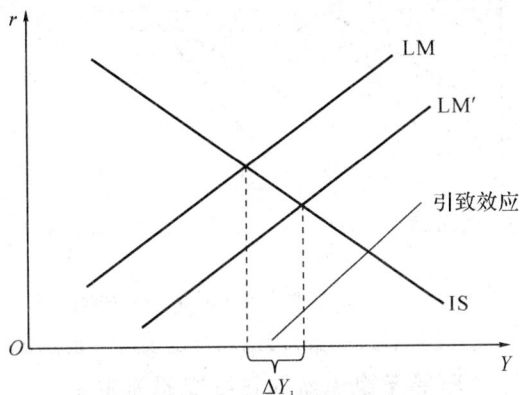

图 8.8　引致效应

决定引致效应大小的因素有哪些呢？从以下一系列图形中可以判断出决定引致效应大小的因素主要是 IS、LM 曲线的斜率。

如图 8.9 所示，若 LM 曲线的斜率固定，IS_1 曲线比 IS_2 曲线陡峭，政府实施同样力度的扩张性货币政策使 LM 移至 LM′。我们发现，对于 IS_1 的产出刺激作用 Y_1-Y_0 要小于对于 IS_2 的产出刺激作用 Y_2-Y_0，即 $Y_1-Y_0<Y_2-Y_0$。此例说明 IS 曲线越陡峭，引致效应即货币政策效应越小。特别是，当 IS 曲线垂直时，引致效应等于 0，货币政策无效；当 IS 曲线水平时，货币政策发挥极致，最为有效。

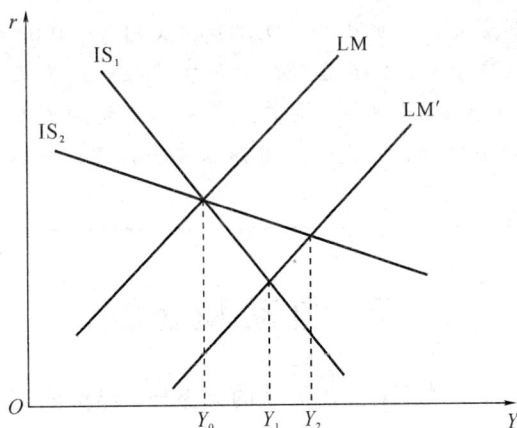

图 8.9　货币政策效应与 IS 曲线斜率的关系

如图 8.10 所示，若 IS 曲线的斜率固定，LM_1 曲线比 LM_2 曲线陡峭，政府实施同样力度的扩张性货币政策使 LM_1 与 LM_2 分别移至 LM_1' 与 LM_2'。我们发现，对于 LM_1 的产出刺激作用 Y_1-Y_0 要大于对于 LM_2 的产出刺激作用 Y_2-Y_0，即 $Y_1-Y_0>Y_2-Y_0$。此例说明 LM 曲线越陡峭，引致效应即货币政策效应越大。特别是，当 LM 曲线垂直时，货币政策发挥极致，最为有效；当 LM 曲线水平（即"流动性陷阱"）时，引致效应等于 0，货币政策无效。

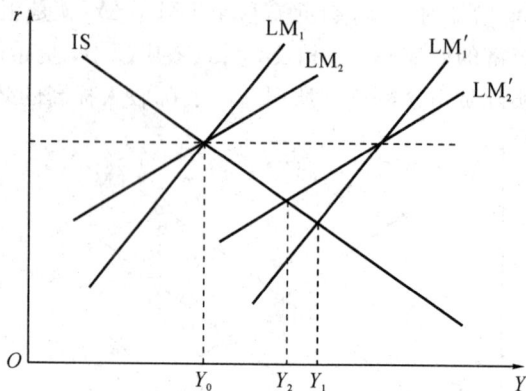

图 8.10　货币政策效应与 LM 曲线斜率的关系

不等于凯恩斯的正统凯恩斯主义

在《通论》中，凯恩斯认为古典经济学的观点繁杂，内在逻辑不统一，因而经济学界对《通论》的诠释也就众说纷纭了。其中，最为流行的当属以希克斯、汉森、莫迪利安尼、米德、萨缪尔逊、索洛和拉宾等人为代表的正统凯恩斯主义。说其正统完全是因为其流行。而其流行原因一是它成功地程式化了部分《通论》的观点，如 45 度线模型、IS－LM 模型以及 AD－AS 模型等，十分有利于课堂传授，便于知识的大众化；二是它的理论很容易在计量经济学模型中得到体现。

由于 45 度线模型、IS－LM 模型以及 AD－AS 模型等有一个共同的特点，都是通过纵坐标变量(如投资、税收、政府购买等)发生变化导致横坐标变量收入发生变化，因此有人用水箱水压变化的原理(垂直方向受力变化导致水箱水平方向水压的变化)来形容它，将正统凯恩斯主义称为水压式的凯恩斯主义(Hydraulic Keynesianism)。

然而，也有不少经济学家，如罗宾逊、沙克尔等人则认为正统凯恩斯主义并没有完全诠释，甚至歪曲了《通论》的思想，尤其是没有涵盖凯恩斯在《通论》中再三强调的企业家"动物精神"对投资波动，乃至经济周期影响的内容，他们称正统凯恩斯主义是《通论》的私生子。

8.3　自动稳定器

在现代市场中，除了经济政策对经济波动的调整外，经济制度的安排对经济波动也有自动抑制作用——自动稳定器(automatic stabilizers)作用。所谓自动稳定器，是指在一个经济体中存在着一种内生机制，一旦国民生产总值发生了某种变动，这种机制就能自动产生一种抵消变化的力量。政府的财政收支变化就是一个很好的例子。比如，经济萧条时，国民生产总值下降将导致政府的税收收入下降，与此同时，失业保险费用会因为失业率上升而增加，这可以阻止国民生产总值的急速下降。而经济好转时，政府支出减少，又会影响国民生产总值的快速上升。再如，经济萧条时，国民收入下降，农产品价格下降，政府依照农产品价格维持制度以支持价格收购农产品，使农民收入和消费维持在一定水平上。相反，经济繁荣时，国民收入水平上升，农产品价格上升，这时，政府能够减少对农产品的收购，并抛售农产品，限制农产品价格上升，也就抑制农民收入的增长，从而减少总需求的增加量。总之，政府税收和转移支付的自动变化、农产品价格维持制度等对宏观经济活动都能起到稳定作用。这种安排减少了经济周期性波动的剧烈程度。

8.4　总需求曲线

总需求是指对应于既定的价格总水平的社会总支出水平或总需求量。总需求曲线（aggregate demand curve，简称 AD 曲线）是指表示经济中的需求总量与价格水平之间关系的曲线。总需求曲线表明了在产品和服务市场与货币市场同时实现均衡时国民收入与价格水平之间的关系，描述了与每一物价总水平相适应的均衡支出或国民收入的关系的图形。

1. 总需求曲线的推导

在 IS-LM 模型中，一般价格水平被设置为一个常数。在假定价格水平不变，货币供给固定的条件下，IS 曲线和 LM 曲线的交点决定了均衡收入。下面用图 8.11 说明如何应用 IS-LM 模型推导出总需求曲线。

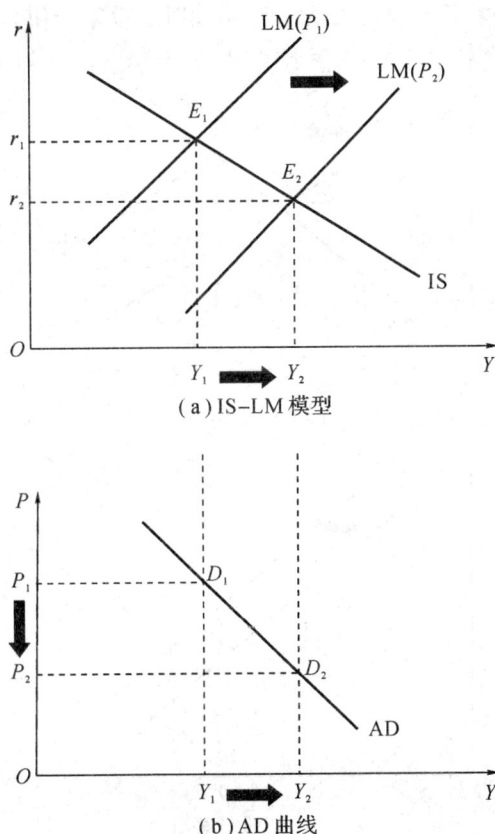

图 8.11　从 IS、LM 曲线推导 AD 曲线

在图 8.11(a)中，当价格 P 为 P_1 时，LM 曲线 $LM(P_1)$ 与 IS 曲线交于 E_1 点，E_1 点对应的利率和收入分别为 r_1 和 Y_1。将 P_1 和 Y_1 标在图 8.11(b)上，就可以得到一个 D_1 点。如果

价格从 P_1 下降到 P_2，实际货币余额将从 M/P_1 上升到 M/P_2，LM 曲线也将向右移动，达到 LM(P_2)。LM 曲线与 IS 曲线的交点也从 E_1 移至 E_2，利率从 r_1 下降至 r_2，收入从 Y_1 提高到 Y_2。将 P_2 和 Y_2 标在图 8.11(b)上，得到一个 D_2 点。联结 D_1 点和 D_2 点，就得到一条向右下方倾斜的总需求曲线 AD。

从代数角度看，总需求曲线可以通过求解 IS、LM 曲线的均衡点来获得，具体见本章附录。所以，总需求曲线的含义为：当一个经济的产品市场与金融市场都实现均衡时，总产出水平与总物价水平成反比关系。

2. 总需求曲线的移动

前面已经解释了封闭经济下总需求曲线向右下方倾斜的原因，下面来讨论总需求曲线移动的问题。

从总需求曲线推导过程中可知，总需求曲线是对 IS - LM 模型的概括。因此，那些使 IS 曲线和 LM 曲线移动的经济事件都能引起总需求曲线的移动，而且方向也保持一致。

当政府采取扩张性财政政策，如增加政府支出、减少税收等时，总需求曲线会向右移动。在图 8.12(a)中，价格维持在 P_0 的水平上，如果政府支出从 G_1 增加到 G_2，IS 曲线将向右移动，从 IS_1 移到 IS_2，这时，收入会从 Y_1 上升到 Y_2。在图 8.12(b)中，在 $P = P_0$ 的位置上，AD 曲线也将从 Y_1 向右移到 Y_2。反之，紧缩性财政政策会使总需求曲线向左移动。

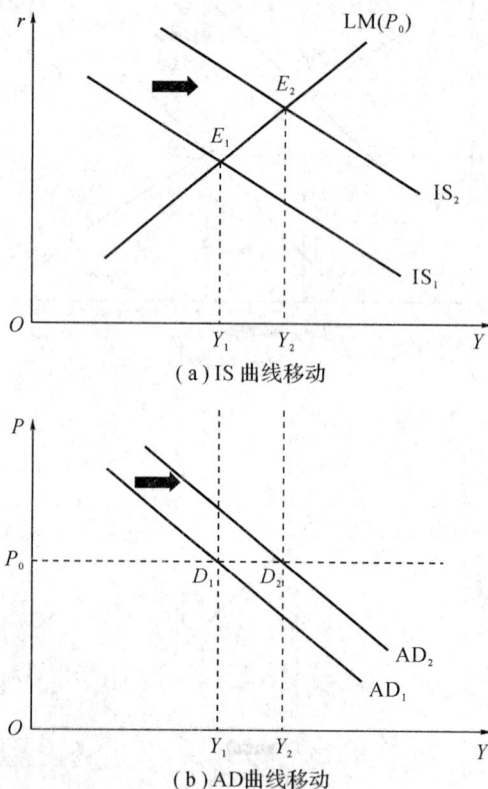

(a) IS 曲线移动

(b) AD 曲线移动

图 8.12　财政政策与 AD 曲线移动

同样，政府采取扩张性货币政策也能够引起总需求曲线向右移动。在图 8.13(a)中，价格维持在 P_0 的水平上，货币存量从 M_1 增加到 M_2，使 LM 曲线右移，从 LM_1 移到 LM_2，收

入从 Y_1 上升到 Y_2。在图 8.13(b) 中，在 $P=P_0$ 的位置上，AD 曲线也将从 Y_1 向右移到 Y_2。反之，紧缩性货币政策会使总需求曲线向左移动。

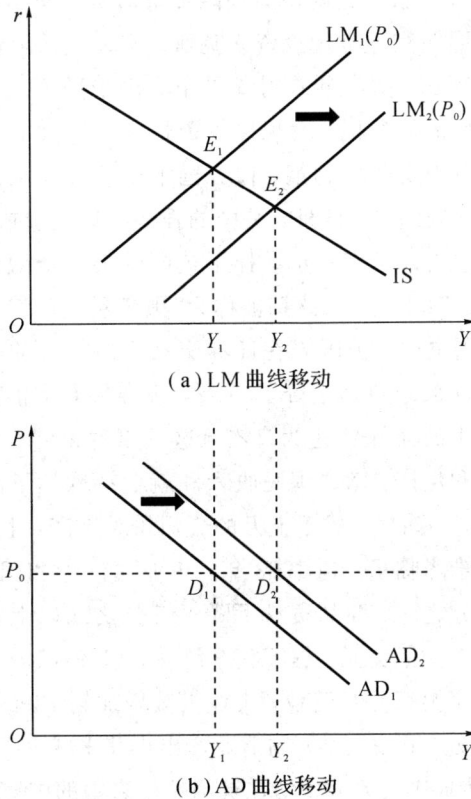

（a）LM 曲线移动

（b）AD 曲线移动

图 8.13　货币政策与 AD 曲线移动

3. 大萧条与罗斯福新政

1936 年以前的资本主义经济波动要比现在剧烈得多，经济波动往往会演变成为经济危机，继而成为社会危机，因此当时"资本主义必然灭亡"的预言在全世界十分盛行。在诸多经济危机中，对资本主义社会冲击最大的莫过于"大萧条"。这种冲击不但发生在日常生活领域，而且也发生在社会基本信仰层面。宏观经济学中，我们常见的大萧条（Great Depression）一词特指1929—1933 年间发生的全球性经济大衰退。大萧条首先于 1929 年秋在美国爆发，美股出现灾难崩盘，继而殃及整个资本主义及其外围国家。

有关大萧条爆发的原因，众说纷纭，莫衷一是。不过，凯恩斯后来提出的"有效需求不足"确实是其主要诱因。大萧条的发源地——美国，当时的经济发展存在严重的不平衡。1920—1921 年间，资本主义世界爆发了第一次世界大战后首次经济危机。不过美国很快恢复过来，并趋向景气，1923—1929 年秋，美国生产率的年均增长率高达 4%，创造了经济发展的奇迹。

然而，高速发展的经济也带来了经济结构严重失衡问题：收入分配极度不均衡，工资增长远远落后于经济增长。大部分财富集中到极少数人手中，1929 年，美国占人口 5% 的富人只得到全部个人收入的三分之一。从 1920 年到 1929 年，工人的生产率增长了 55％，而工人工资仅仅只上升了 2％，农业工人的处境就更悲惨了，他们的收入还不到非农业工人收入的 30％。如此不合理的收入分配格局只能带来消费严重滞后的结果。这种不平衡起初还可以通过大量的贸易顺差和超常规投资来克服。然而，巨额贸易盈余的超常规投资只是暂时缓解了需求不足的问题。贸易顺差用资本净流出来平衡。这种异常的经济平衡方式只能推迟危机来临，而不是根除危机。大规模投资带来了巨大的产能过剩，实际供给已大大超过国内的需求。同时由于支付款到期，债务国不得不减少从美国进口产品，尤其是农产品，进而加剧了供过于求的困境。此外，美国的强势出口还造成了一些国家的还债困难，不得不多次拖欠欠款，回过头来又进一步动摇了美国的某些金融公司资金周转。危机的一天终于来临。1929 年 10 月 24 日（后来此日被称为"黑色星期四"），纽约证券交易所的证券价值一落千丈。在此后一周之内，美国人在证券交易所内失去的财富高达 100 亿美元。到 11 月中旬，纽约证券交易所股票价格下降了 40％，证券持有人的损失高达 260 亿美元，成千上万普通美国人辛劳一生的血汗钱化为乌有。这一事件最终打击了所有投资者的信心。结果投资者大量减少投资和生产，随之国民收入和就业率骤然下降。萎缩的经济反过来又再一次挫伤投资者的信心。一时间，成千上万的公司纷纷破产，上百万人进入失业大军，美国历史上最惨重的一次灾难降临了。到 1933 年，工业总产量和国民收入暴跌了将近一半，商品批发价格下跌了近三分之一，商品贸易下降了三分之二以上；纽约股票交易所的股票价值从 870 亿美元跌落到 190 亿美元。据不完全统计，1929—1932 年间，美国有 85 000 多家企业惨遭破产，5000 多家银行停止营业；失业人数增加到 1200 万，大约 1/4 的人口无法继续养活自己；农场收入减少了一大半；制造业产出也几乎减少了一半多的生产。美国从世界上最富有的国家变成一个成千上万人生活在贫困失望之中的国家，其中尤以社会底层的黑人和其他少数民族为甚。黑人在失业人口中所占的比重比在总人口中所占的比重高出的部分由 60％增加到 400％。英国《泰晤士报》如此评说大萧条期间的失业问题："失业，仅次于战争，是我们这一代蔓延最广，噬蚀最深，最乘人不备而入的恶疾，是我们这个时代西方特有的社会弊病。"全社会收入、投资和消费严重萎缩，失业率惊人上升（详见图 8.14、图 8.15）。

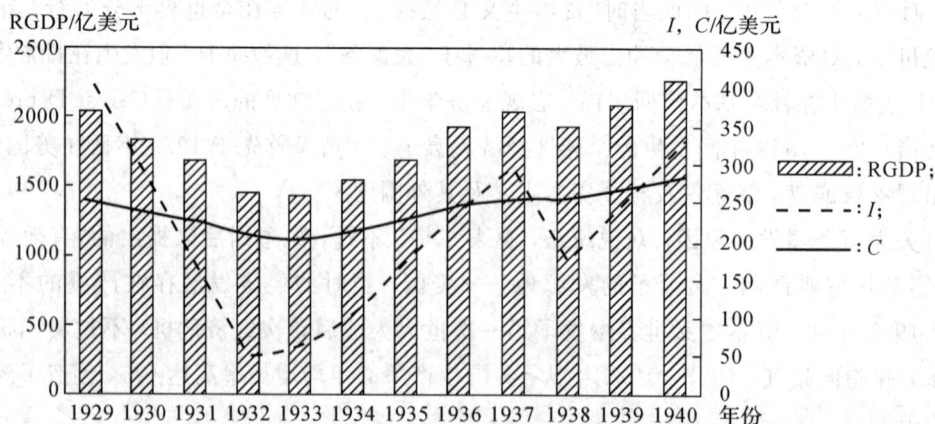

（资料来源：曼昆，《宏观经济学(第七版)》，中国人民大学出版社，2011年）

图 8.14　美国 1929—1940 年实际 GDP、投资和消费

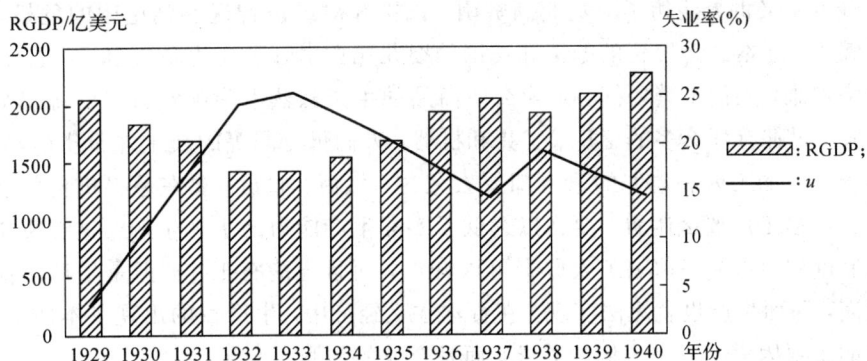

(资料来源：曼昆，《宏观经济学(第七版)》，中国人民大学出版社，2011年)

图 8.15　美国 1929—1940 年实际 GDP 和失业率

　　美国的经济萧条随后引发连锁反应，1931 年法国银行家收回了给奥地利银行的贷款，导致了德国银行家为自保而延期偿还外债，进而危及了在德国有很大投资的英国银行家。全球主要的工业化国家都出现了资本短缺，导致出口和国内消费的锐减，工厂关闭，货物运输大幅度减少，又危害到交通运输业等，最后造成大规模失业。1932 年的数据显示失业人口为：美国 1370 万(失业率为 25%)，德国 560 万(失业率为 43%)，英国 280 万(失业率为 25%)。西欧资本主义国家工业生产大滑坡。大萧条的时间与程度见表 8.3。

表 8.3　大萧条的时间与程度

国家	萧条始于*	复苏始于*	工业生产下降(%)**
美国	1929(3)	1933(2)	46.8
英国	1930(1)	1931(4)	16.2
德国	1928(1)	1932(3)	41.8
法国	1930(2)	1932(3)	31.3
意大利	1929(3)	1933(1)	33.0
比利时	1929(3)	1932(4)	30.6
荷兰	1929(4)	1933(2)	37.4
丹麦	1930(4)	1933(2)	16.5
瑞典	1930(2)	1932(3)	10.3
捷克斯洛伐克	1929(4)	1932(3)	40.4
波兰	1929(1)	1933(2)	46.6
加拿大	1929(2)	1933(2)	42.4
阿根廷	1929(2)	1932(1)	17.0
巴西	1928(3)	1931(4)	7.0
日本	1930(1)	1932(2)	8.5

注："*"栏中，年份后括号内的数字表示季度；"**"表示从顶峰到低谷的衰退。

(资料来源：斯诺登、文，《现代宏观经济学：起源、发展和现状》，江苏人民出版社，2003 年)

整个资本主义世界经历了一场充满贫困、饥饿和对经济普遍感到绝望的危机。民众的生活质量骤降，原本经济发达的德国和英国的婴儿死亡率分别高达66‰和55‰。面对突如其来的经济灾难，人们不禁要问：是什么使商品的生产骤然下降呢？自然资源仍如以前一样丰富，国家仍拥有那么多的工厂、工具和机器，人们仍有同等的技术并希望能参加工作，为什么成千上万的工人和他们的家人却要去乞讨、借债、偷窃，要在慈善机构门前排起长队？为什么许多工厂要么闲置，要么以远低于实际生产能力的水平生产？这在资本主义市场体系的制度中可找到解释：工人原本可以开工，而且也能有工作，但是生产不能为投资者赚取利润，因而生产也就无法实现。在资本主义经济中，生产目的出现了本质上的异化，决定生产的主要因素不再是人们的需求，而是企业的利润。

对此，一些西方资本主义国家的政府开始采取国家直接干预经济的措施，企求以此来摆脱危机。1933年初，德国和美国的政府相继更换。在德国，希特勒上台，推行法西斯主义，由政府对经济实施直接的干预管制，走上了以扩军备战为中心的国民经济军事化的道路。在美国，罗斯福接任总统后，也是采取政府直接干预经济的"新政"，以使美国摆脱危机。最早政府干预经济的国家率先摆脱危机。

1933年初，罗斯福当选为美国第32届总统。他实施了一系列旨在克服危机的政策措施，历史上称之为"罗斯福新政"。

新政从整顿金融入手。1933年3月9日，美国国会通过《紧急银行法》，对银行采取个别审查颁发许可证制度，对有偿付能力的银行，允许尽快复业；3月10日，宣布停止黄金出口；4月5日，禁止私人储存黄金，美钞停止兑换黄金；4月19日，放弃金本位；1934年1月10日，发行以国家有价证券为担保的30亿美元纸币，并使美元贬值40.94%。

罗斯福还竭力促使议会先后通过了《农业调整法》和《全国工业复兴法》，限制了垄断，减少和缓和了紧张的阶级矛盾。

新政的另一项重要内容是救济工作。1933年5月，国会通过《联邦紧急救济法》，强调"以工代赈"，维护失业者自力更生精神和自尊心。比如，民间资源保护队计划，专门吸收身强力壮而失业率偏高的青年人，植树护林、防治水患、水土保持、道路建筑、开辟森林防火线和设置瞭望塔。到美国参战前，先后有200多万青年在这个机构中工作过，开辟了740多万英亩国有林区和大量国有公园。

民用工程署在全国范围内兴建了18万个小型工程项目，包括校舍、桥梁、堤坝、下水道系统及邮局和行政机关等公共建筑物，先后吸引了400万人工作，主要为非熟练失业工人。后来，又建立了国会拨款50亿美元的工程兴办署和专门针对青年人的全国青年总署，二者总计雇用人员达2300万，占全国劳动力的一半以上。到"二战"前夕，联邦政府支出的工程费用及直接救济费用达180亿美元，美国政府借此修筑了近1000座飞机场、12 000多个运动场、800多座校舍与医院。

1935年开始的第二期"新政"，通过社会保险法案、全国劳工关系法案、公用事业法案等，以立法的形式巩固新政成果。罗斯福认为，一个政府"如果对老者和病人不能照顾，不能为壮者提供工作，不能把年青人注入工业体系之中，听任无保障的阴影笼罩每个家庭，那就不是一个能够存在下去，或是应该存在下去的政府"，社会保险应该负责"从摇篮到坟墓"整个一生。

1938年6月14日通过《公平劳动标准法》，主要条款包括每周40小时工时，每小时40

分最低工资；禁止使用 16 岁以下童工，在危险性工业中禁止使用 18 岁以下工人。关于最低工资的规定，随着经济的发展，日后陆续有所调整。

到 1939 年，罗斯福总统实施的新政取得了巨大的成功。新政几乎涉及美国社会经济生活的各个方面，还有一些则是从资本主义长远发展目标出发的远景规划，并在很大程度上决定了"二战"以后美国社会经济的发展方向。

附录 1 线性 IS－LM 模型的均衡

我们可以利用前面介绍的线性 IS－LM 模型：

$$Y = \frac{\alpha - \beta T + I_0 + G}{1 - \beta} - \frac{d}{1 - \beta}r$$

$$\frac{M}{P} = kY - hr$$

求出均衡点(Y^*, r^*)，即

$$Y^* = \frac{\dfrac{\alpha - \beta T + I_0 + G}{d} + \dfrac{M}{hP}}{\dfrac{k}{h} + \dfrac{1-\beta}{d}}$$

$$r^* = \frac{\dfrac{\alpha - \beta T + I_0 + G}{1-\beta} - \dfrac{M}{kP}}{\dfrac{h}{k} + \dfrac{d}{1-\beta}}$$

附录 2 导数求解政策乘数

根据均衡收入 Y^*，分别对 G、T 和 M 求导，有

$$\frac{\partial Y^*}{\partial G} = \frac{1}{1 - \beta + \dfrac{dk}{h}} \qquad \text{（政府购买财政政策乘数）}$$

$$\frac{\partial Y^*}{\partial T} = \frac{-\beta}{1 - \beta + \dfrac{dk}{h}} \qquad \text{（税收财政政策乘数）}$$

$$\frac{\partial Y^*}{\partial M} = \frac{1}{P\left[k + \dfrac{(1-\beta)h}{d}\right]} \qquad \text{（货币政策乘数）}$$

习　题　8

一、选择题

1. 政府购买增加将使（　　）。

A. IS 曲线向左移动，利率和收入水平降低

B. IS 曲线向右移动，利率和收入水平增加

C. IS 曲线向右移动，收入水平增加，但是利率降低

D. LM 曲线向下（向右）移动，收入水平增加，但是利率降低

2. 收入增加将使（　　）。

A. IS 曲线向左移动，利率和收入水平降低

B. IS 曲线向右移动，利率和收入水平增加

C. IS 曲线向右移动，收入水平增加，但是利率降低

D. LM 曲线向下（向右）移动，收入水平增加，但是利率降低

3. 货币供给增加将使（　　）。

A. IS 曲线向左移动，利率和收入水平降低

B. IS 曲线向右移动，利率和收入水平增加

C. IS 曲线向右移动，收入水平增加，但是利率降低

D. LM 曲线向下（向右）移动，收入水平增加，但是利率降低

4. 如果实际收入增加，利率随着政府购买的增加而下降，那么（　　）。

A. IS 曲线一定是垂线

B. LM 曲线一定是垂线

C. 中央银行一定同时增加了货币供给

D. 中央银行一定同时减少了货币供给

5. 如果政府在增加税收的同时又减少货币供给，那么（　　）。

A. 利率一定上升

B. 利率一定下降

C. 收入的均衡水平一定上升

D. 收入的均衡水平一定下降

6. 下列情况出现时，IS 曲线向右移动的是（　　）。

A. 经济体中的消费者信心增加

B. 企业对经济更加乐观，在每个利率水平上都决定增加投资

C. 政府增加转移支付

D. 以上全部

7. 下列说法中，错误的是（　　）。

A. 产出达到自然率的古典假设最适用于描述长期的情况

B. 短期中，产出可能偏离自然率

C. 在 IS - LM 模型中，价格在短期中被认为是黏性的

D. 在 IS - LM 模型中，总需求即使是在长期中，也从来不等于自然产出率

8. 如果某经济处于流动性陷阱，那么（　　）。

A. 利率太低，以致货币政策无法刺激经济

B. 利率太低，以致财政政策无法刺激经济

C. 预算赤字太高，以致财政政策无法刺激经济

D. 以上全部

9. 如果投资对利率变化非常敏感，那么（　　）。

A. IS 曲线变得更陡峭　　　　　　　　　　B. IS 曲线变得更平坦

C. LM 曲线变得更陡峭　　　　　　　　　　D. LM 曲线变得更平坦

10. 如果货币需求对收入水平变化不太敏感,那么(　　　)。

A. 收入增加时,货币需求曲线向右移动的幅度不太大

B. 只要小幅变动利率就可以抵消收入变化引起的货币需求增加

C. LM 曲线相对平坦

D. 以上全部

11. 如果货币需求对利率变化非常敏感,那么(　　　)。

A. 货币需求曲线将会相对平坦

B. 收入变化引起的货币需求曲线的移动将带来均衡利率的微小变动

C. LM 曲线相对平坦

D. 以上全部

12. 下列情况中,总需求曲线相对平坦的是(　　　)。

A. MPC 大　　　　　　　　　　　　　　B. 乘数小

C. 投资对利率变化不太敏感　　　　　　　D. 以上全部

13. 如果货币需求对利率变化相对敏感,那么(　　　)。

A. IS 曲线将会相对平坦,货币政策的变化对实际收入影响大

B. IS 曲线将会相对陡峭,货币政策的变化对实际收入影响小

C. LM 曲线将会相对陡峭,财政政策的变化对实际收入影响小

D. LM 曲线将会相对平坦,货币政策的变化对实际收入影响大

14. IS 曲线和 LM 曲线的交点表示(　　　)。

A. 实际支出等于计划支出

B. 实际货币供给等于实际货币需求

C. 收入和实际利率的水平可以同时满足商品市场的均衡条件和货币市场的均衡条件

D. 以上全部

15. 当我们沿着固定的总需求曲线移动时,一个保持不变的因素是(　　　)。

A. 实际收入　　　B. 价格总水平　　　C.(名义)货币供给　　　D. 实际货币余额

二、分析、计算题

1. 考虑一个经济,消费函数为 $C=200+0.75(Y-T)$,投资函数为 $I=200-25r$,货币需求函数为 $M/P=Y-100r$,政府购买和税收都是 100,货币供给为 1000,价格水平为 2。求:

(1) IS 和 LM 曲线;

(2) 均衡利率和收入。

2. 假定消费函数、投资函数和货币需求函数均为线性,即 $C=a+b(Y-T)$,$I=c-dr$,$M/P=eY-fr$,其中,$a>0$,$0<b<1$,c、d、e、$f>0$。如果政府购买为 G,税收为 T,货币供给为 M 和价格水平为 P。

(1) 求 IS 和 LM 曲线;

(2) 求均衡利率和收入;

（3）讨论参数 d 与 IS 曲线斜率的关系，并给出直观的解释；

（4）讨论参数 f 与 LM 曲线斜率的关系，并给出直观的解释。

3. 利用上题给出的参数，讨论参数 f 与 AD 曲线斜率的关系，并给出直观的解释。

4. 假定实际货币余额需求取决于可支配收入，即货币需求函数为 $M/P=L(r, Y-T)$，运用 IS - LM 模型，讨论货币需求函数的变化是否改变以下两项：

（1）对政府购买变动的分析；

（2）对税收变动的分析。

5. 假定政府想提高投资但保持产出不变，在 IS - LM 模型中，货币与财政政策如何配合才能实现这一目标？

第9章 开放宏观经济

到目前为止，我们只对单个封闭经济进行了分析，而未考虑在国际市场上各个经济之间的相互作用情况。用一个封闭经济进行分析只是便于我们对宏观经济学知识的理解，但是这种简化却是远离现实世界的。因为进入 21 世纪后，各国经济联系日益密切。经济全球化的浪潮正向我们袭来，在不经意间，我们就成了经济全球化的参与者。当买一台电脑时，我们会发现电脑的操作系统是在美国生产的，硬盘可能是在泰国生产的，内存也许是在韩国制造的，最后在中国组装，这就表明现在世界各国经济在一定程度上都需要依赖其他国家。在图 9.1 中，我们可以看到，在当今世界 8 个主要经济大国中，对外经济相对活跃的德国和法国外贸依存度分别高达 85.8％和 62.9％，外贸依存度最低的美国也有 27.8％（外贸依存度＝（对外贸易出口额＋对外贸易进口额）×汇率×100％÷GDP＝进口占产出的百分比＋出口占产出的百分比，是一个反映对外贸易对国民经济影响的重要指标）。对外贸易对中国经济的发展尤为重要，改革开放以来，外贸对中国国民经济影响在不断加强，在这期间外贸依存度虽有波动，但整体呈上升趋势（见图 9.2）。

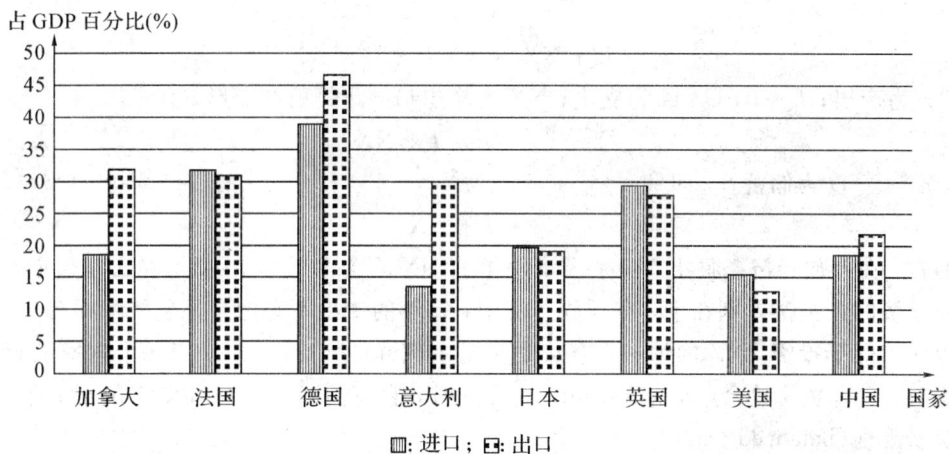

（资料来源：《世界经济年鉴 2016》）

图 9.1　2015 年世界主要经济大国的进口和出口占产出的百分比

除了产品和服务贸易外，国际间还存在资本的交易，即所谓资本流动。资本流动近十年也在不断加大。资本流动有两种形式。一是直接到国外开办工厂的实物投资，如美国企业麦当劳、肯德基到中国开店，中国企业海尔去美国办厂。2015 年中国的外国直接投资（foreign direct investment，FDI）高达 2499 亿美元，是世界上吸引海外投资最多的发展中国家。同时，中国也对其他国家进行直接投资，2015 年中国对外投资达 1878 亿美元。二是买卖国外证券和股票等金融资产，如中国购买美国国债。为了讨论开放经济，我们需要扩展宏观经济学分析工具。本章主要介绍开放经济的模型。

外贸依存度(%)

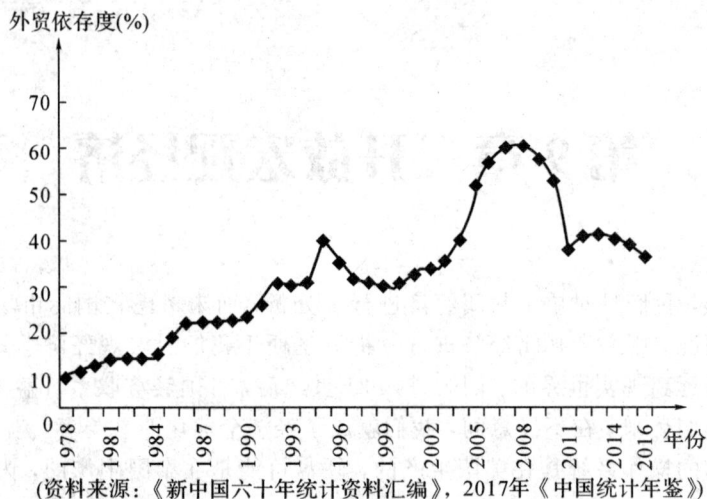

(资料来源:《新中国六十年统计资料汇编》,2017年《中国统计年鉴》)

图 9.2　1978—2016 年中国外贸依存度变动情况

9.1　国际收支的平衡

当考虑产品和服务与资本国际流动时,我们需要通过建立一个开放经济条件下的经济模型来分析经济运行。第 2 章中曾介绍过一个开放经济条件下国民经济经济核算的恒等式:

$$Y = E + NX = I + C + G + NX$$

其中:Y 为产出;$E = I + C + G$ 为支出;NX 为净出口。此式稍加变形,有

$$Y - C - G = I + NX$$

其中,$Y - C - G$ 为储蓄 S,即

$$S = I + NX$$

通常,在开放经济条件下,一个经济每年的 NX 不会等于 0。因此,在宏观层面,开放和封闭经济的最关键差别在于,在开放经济中,每年的支出不必像封闭经济那样等于产出,储蓄也无需等于投资。NX 的另一个名称是贸易余额(trade balance)。当一个国家的贸易余额为正时,它有贸易盈余(trade surplus);为负时,它有贸易赤字(trade deficit);为 0 时,它有贸易平衡(balanced trade)。

上式再稍加变形,有

$$S - I = NX$$

其中,$S - I$ 称为资本净流出(net capital outflows)CF,也称国外净投资(net foreign investment)。所谓资本净流出,就是流向外国的本国资本减去流向本国的外国资本。这样就有

$$CF = NX$$

根据定义,资本净流出等于国内居民借给国外资金减去国外居民借给国内资金的差额。如果 CF 为正,那么经济的储蓄大于投资,余额借给外国人;如果 CF 为负,那么经济的储蓄小于投资,差额向外国人借贷。资本净流出反映了国际间资本的流动。上述恒等式

表明资本净流出始终等于净出口。

> **为什么净出口一定等于资本净流出？**
>
> CF＝NX 只是一个定义恒等式，但是它背后的关系往往容易被忽视，理解这种关系可以考虑下面的例子。
>
> 凉鞋厂老板老林向美国出口了一批凉鞋，挣回 50 万美元。因为老林是中国人，他的凉鞋厂是中国企业，自然这凉鞋出口代表了中国的一项出口。在其他条件不变的情况下，中国的出口将上升 50 万美元。下面我们就来分析，无论老林如何处置这 50 万美元，上面的恒等式将始终成立。
>
> 如果老林将这 50 万美元用来进口美国制鞋设备，那么中国的进口也增加了 50 万美元，凉鞋出口与设备进口正好抵消，净出口变化为 0，新增的资本净流出也为 0。如果老林将这 50 万美元存入中国一家银行，这家银行最终必须将这 50 万美元购买美国国债，那么意味着中国向美国投资了 50 万美元，中国的资本净流出增加了 50 万美元。如果老林将这 50 万美元让朋友帮他在美国购买某家企业的股票，这同样也是代表中国向海外投资增加了 50 万美元。如果老林将这 50 万美元放在家里，意味着老林将他这部分储蓄配置到美国，而非中国。这时，中国的储蓄超过了中国的投资，而这个差额却无偿地流向美国，中国的净出口增加也与资本净流出正好抵消。当然，老林处理这 50 万美元的方法还有很多，但是最终我们还是会发现净出口一定等于资本净流出。

9.2　名义汇率

在讨论了开放经济以后，下面进一步分析不同国家产品和服务与资本交易的价格问题。大多数国家都有自己的货币。这些国家之间的贸易涉及不同货币的兑换。比例，小张要去美国读书，他就要将人民币兑换成美元；小王要去法国旅游，他也要将人民币兑换成欧元。这样就形成一个外汇市场。在外汇市场上，人们从事着不同国家货币的买卖。货币买卖涉及货币之间的价格。名义汇率（nominal exchange rate）就是指两个国家（或地区）货币之间的相对价格，换句话说，就是以一种货币表示另一种货币的价格。比如，1 美元兑换 6.756 元人民币。本书用 e 表示名义汇率。除非加以特殊说明，我们通常讲的汇率（exchange rate）就是指名义汇率。

汇率主要有两种标价方法。一种被称为直接标价法（direct quotation），它是用一单位的外国货币作为标准，折算为一定数额的本国货币来表示的汇率。用直接标价法，汇率下降表示外国货币贬值或本国货币升值。反之，汇率上升表示外国货币升值（revaluation）或本国货币贬值（devaluation）。另一种被称为间接标价法（indirect quotation），它是用一单位的本国货币作为标准，折算为一定数额的外国货币来表示的汇率。比如，1 元人民币兑换 0.148 美元。用间接标价法，汇率下降或上升反映的情况正好与直接标价法相反。当今世界绝大多数国家使用直接标价法，只有美国和英国等少数国家使用间接标价法。本书选用直接标价法。

9.3　实际汇率与购买力平价理论

对于国际贸易，仅知道名义汇率是不够的。比如，老黄要去美国做生意，仅知道他所带人民币能够兑换多少美元是不行的，还必须要知道能在美国买多少东西，这就涉及实际汇率（real exchange rate）问题。实际汇率就是指两国产品和服务的相对价格，具体地说，就是一单位他国（在间接标价法中是本国）产品和服务交换本国（在间接标价法中是他国）产品和服务的数量。比如，设 e^* 是实际汇率，P_f 是国外（如美国）市场上一般产品和服务价格，e 是名义汇率，P 是国内（如中国）市场上一般产品和服务价格。1 标准篮子美国产品和服务在美国市场上值 P_f 美元，P_f 美元可以在外汇市场上换成 eP_f 元人民币，在中国市场可以购买 eP_f/P 个标准篮子中国产品和服务，因此，有

$$e^* = \frac{eP_f}{P}$$

下面用一个数字例子说明实际汇率的含义。假设中国的 1 标准产品和服务篮子值 700 元人民币，美国的 1 标准产品和服务篮子值 100 美元，名义汇率为 7，则实际汇率为

$$e^* = \frac{eP_f}{P}$$

$$= \frac{7(元/美元) \times 100(美元/1\ 篮子美国产品和服务)}{700(元/1\ 篮子中国产品和服务)}$$

$$= 1(1\ 篮子中国产品和服务/1\ 篮子美国产品和服务)$$

购买力平价（purchasing power parity）是一个一价定律（law of one price）的特例。严格地说，一价定律只是经济学上的一个著名假说，它是说同样产品和服务在不考虑交易费用的情况下，同一时间在不同市场上应该保持一致的价格，即使暂时价格不同，也一定能够通过市场给予纠正。比如，吉林的大米比浙江的大米便宜，精明的粮商就会买进吉林的大米到浙江来卖，这就使吉林的大米需求增加，价格上升，而浙江的大米供给扩大，价格下降，最终两地大米价格趋于相同。一价定律应用于国际贸易就是购买力平价。

购买力平价汇率（purchasing power parity exchange rate）理论是一种关于汇率决定的理论，简称 PPP 理论。该理论认为如果不考虑交易成本和贸易限制等情况，实际汇率应该反映 1 单位本国（或外国）货币在国内外市场上具有相同的购买力，或者 1 单位一般产品和服务（即 1 标准篮子产品和服务）在不同市场有相同的价格，即 $e^* = 1$ 等价于 $e = P/P_f$。如果 $e^* < 1$，说明国外市场产品和服务比国内市场的便宜，精明的商人便会更多地进口国外产品和服务，国外市场需求增加，价格上升，而国内市场供给扩大，价格下降，最终进出口价格趋于相同，达到均衡，使 $e^* = 1$。同样，如果 $e^* > 1$，说明国内市场产品和服务比外国市场的便宜，精明的商人便会更多地出口国内产品和服务，国内市场需求增加，价格上升，而国外市场供给扩大，价格下降，最终进出口价格也趋于相同，达到均衡，使 $e^* = 1$。

从上面的分析可以看出，实际汇率是一个决定净出口变化方向的指标。所以，实际汇率有时也称为贸易条件。当 $e^* = 1$ 时，表示满足购买力平价条件。

在现实经济中，由于交易成本和经济冲击的存在，一价定律和购买力平价理论对个

案和短期分析往往会有很大偏差，但是从整体和长期来看，它们在统计学意义上还是成立的。

《经济学家》杂志的巨无霸汉堡指数

　　如果购买力平价理论对每种产品和服务都成立，那么某种产品和服务的售价在按汇率调整之后在世界各地都应该相同。无论在什么地方，麦当劳基本上都出售同质的巨无霸汉堡。为了验证购买力平价这一古老经济学理论，英国《经济学家》杂志（The Economist）从1986年开始根据世界一些国家或地区麦当劳巨无霸汉堡出售价格和汇率，计算并公布这些国家或地区巨无霸汉堡出售的美元价格，即所谓的巨无霸汉堡指数（Big Mac index）。图 9.3 是利用 2016 年 6 月的巨无霸汉堡指数计算得到的巨无霸汉堡实际汇率 e^*（以下简称为实际汇率）所作的统计图表。

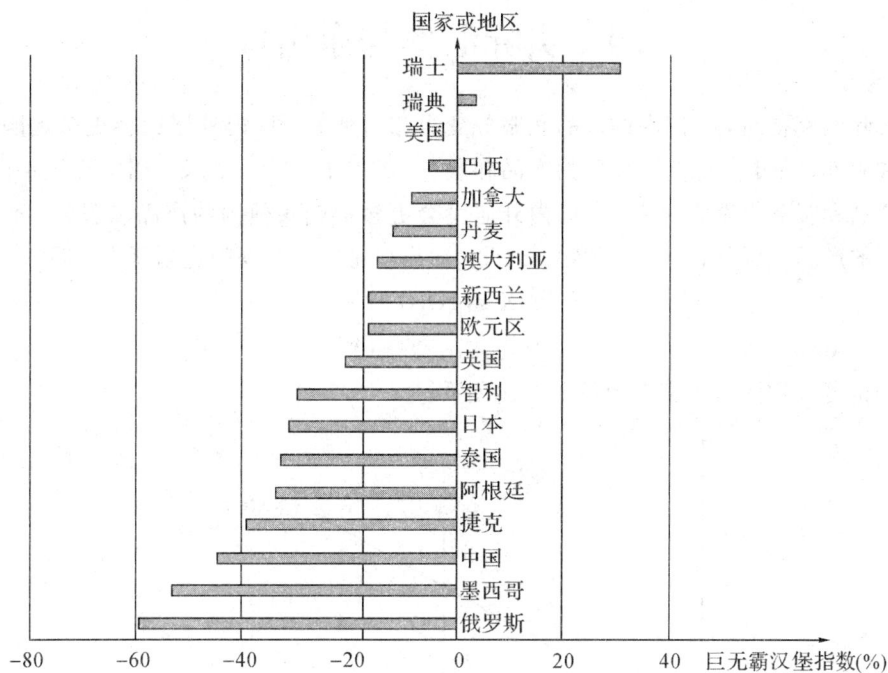

（资料来源：《经济学家》，2016年6月）

图 9.3　2016 年 6 月巨无霸汉堡指数

　　图 9.3 表明实际汇率有时会大大偏离购买力平价。虽然购买力平价汇率理论预测实际汇率为1，但是在图 9.3 所示的国家或地区中，美国上边的瑞士、瑞典的巨无霸汉堡指数大于0，而下边的巴西、加拿大、丹麦、澳大利亚、新西兰、欧元区、英国、智利、日本、泰国、阿根廷、捷克、中国、墨西哥和俄罗斯的巨无霸汉堡指数小于0。其主要原因是这些国家的非贸易产品和服务（如劳动、不动产）的价格普遍较低。这种普遍性模型就是所谓的巴拉萨-萨缪尔逊假说。《经济学家》杂志还类似提出了星巴克的中杯拿铁指数。

9.4 实际汇率与净出口

当实际汇率提高时,国内的产品和服务变得相对便宜,国内外居民会更多地购买本国的产品和服务,而更少地购买他国的产品和服务,净出口增加;相反,当实际汇率降低时,国外的产品和服务变得相对便宜,国内外居民会更多地购买他国的产品和服务,而更少地购买本国的产品和服务,净出口较小。因此,净出口是实际汇率的递增函数,即

$$NX = NX(e^*)$$

其中,$dNX/de^* > 0$。

我们也可以用图 9.4 直观地说明上述关系。

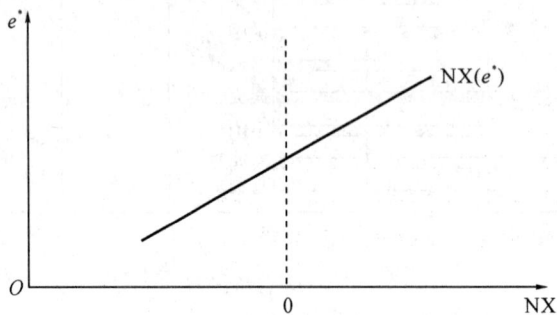

图 9.4 净出口与实际汇率

除了汇率以外,贸易余额还取决于国内外的实际收入。当本国收入提高时,本国消费者会进口更多国外的产品和服务,减少净出口。同样,国外收入增加也会刺激本国的出口,增加净出口。综合上述,有

$$NX = NX(e^*, Y, Y_f)$$

其中,$\dfrac{\partial NX}{\partial e^*} > 0$,$\dfrac{\partial NX}{\partial Y} < 0$,$\dfrac{\partial NX}{\partial Y_f} < 0$。

但是,考虑 Y、Y_f 影响较小,为了便于讨论问题,这里将这两部分影响一起忽略不计,仍旧为

$$NX = NX(e^*)$$

其中，$\dfrac{\mathrm{d}NX}{\mathrm{d}e^*} > 0$。

9.5　名义汇率与通货膨胀比较

根据实际汇率和名义汇率的关系

$$e^* = \frac{eP_\mathrm{f}}{P}$$

将其移项转换，再取对数，得

$$\ln e = \ln e^* + \ln P - \ln P_\mathrm{f}$$

方程两边用时间求导数，有

$$\frac{\dfrac{\mathrm{d}e}{\mathrm{d}t}}{e} = \frac{\dfrac{\mathrm{d}e^*}{\mathrm{d}t}}{e^*} + \frac{\dfrac{\mathrm{d}P}{\mathrm{d}t}}{P} - \frac{\dfrac{\mathrm{d}P_\mathrm{f}}{\mathrm{d}t}}{P_\mathrm{f}}$$

我们取 e 的增长率 $\dfrac{\dfrac{\mathrm{d}e}{\mathrm{d}t}}{e}$ 为 δ，e^* 的增长率 $\dfrac{\dfrac{\mathrm{d}e^*}{\mathrm{d}t}}{e^*}$ 为 δ^*，国内通货膨胀率 $\dfrac{\dfrac{\mathrm{d}P}{\mathrm{d}t}}{P}$ 为 π，国外通货膨

胀率 $\dfrac{\dfrac{\mathrm{d}P_\mathrm{f}}{\mathrm{d}t}}{P_\mathrm{f}}$ 为 π^*，则有

$$\delta = \delta^* + (\pi - \pi^*)$$

这个方程式说明一个经济的名义汇率的相对变化率等于实际汇率的增长率加上国内外通货膨胀率之差。当满足购买力平价条件时，实际汇率恒等于 1，e^* 的增长率等于 0，则有

$$\delta = \pi - \pi^*$$

此时，如果一个经济相对于国外通货膨胀较高，则随着时间的推移，名义汇率将上升，本币将贬值；相反，如果一个经济相对于国外通货膨胀较低，则随着时间的推移，名义汇率将下降，本币将升值。

9.6　汇　率　制　度

汇率制度(exchange rate regime)又称汇率安排(exchange rate arrangement)，是指一国中央银行对本国汇率水平变动方式所制定的一系列规定或安排。基本汇率制度可以分为两大类型：浮动汇率制(floating exchange rate regime)和固定汇率制(fixed exchange rate regime)。

浮动汇率制是指中央银行不规定本币汇率上下波动的界限，也不承担维持汇率波动界限的义务，汇率随外汇市场供求关系变化而自由上下浮动的一种汇率制度。当今世界上绝大多数国家采取固定汇率和浮动汇率之间的汇率制度(这里为了方便起见，仅对固定汇率制和浮动汇率制进行分析)。

固定汇率制是指中央银行把本币汇率基本固定在一定的水平上的一种汇率制度。当外汇市场上出现供求不平衡时，中央银行就进行反向操作。在本币供大于求，汇率上升时，中央银行使用外汇和黄金买入本币，抑制汇率上升；在本币供小于求，汇率下降时，中央银行

卖出本币，阻止汇率下降。严格意义上的固定汇率制只发生在盛行于 1880—1914 年间的金本位制和二战结束后至 20 世纪 70 年代初的布雷顿森林体系（Bretton Woods system）期间。布雷顿森林体系崩溃后，虽然大多数国家仍然选择钉住美元汇率制度，但已经不是传统意义上的固定汇率制，浮动汇率制诞生。钉住美元制有别于布雷顿森林体系期间的固定汇率制。A 国采用钉住美元制，仅意味着 A 国货币与美元之间保持固定比价，但与其他货币之间的汇率是否固定则取决于美元与相关国家货币之间是否固定。比如，日元与美元之间浮动，则意味着 A 国货币与日元也就浮动了。

金本位制

金本位制（gold standard）就是以黄金为本位币的货币制度。历史上，曾有过三种形式的金本位制：金币本位制（gold specie standard）、金块本位制（gold bullion standard）、金汇兑本位制（gold exchange standard）。其中，金本位制最典型的形式是金币本位制。金币本位制就是狭义的金本位制。

在金币本位制下，每单位的货币价值等同于若干重量的黄金（即货币含金量）。当不同国家使用金币本位时，国家之间的汇率由它们各自货币的含金量之比——金平价来决定。金本位制于 19 世纪中期开始盛行。

第一次世界大战以后，在 1924—1928 年，资本主义世界曾出现了一个相对稳定的时期，主要资本主义国家的生产都先后恢复到大战前的水平，并有所发展。各国企图恢复金本位制。但是，由于金铸币流通的基础已经遭到削弱，不可能恢复典型的金本位制。当时，除了美国以外，其他大多数国家只能实行没有金币流通的金本位制，这就是金块本位制和金汇兑本位制。

金块本位制又称"生金本位制"，是指国内不铸造、不流通金币，只发行代表一定重量黄金的银行券（或纸币）来流通，而银行券（或纸币）又不能自由兑换黄金和金币，只能按一定条件向发行银行兑换金块。

金汇兑本位制又称"虚金本位制"，是指一国货币一般与另一个实行金本位制或金块本位制国家的货币保持固定的比价，并在后者存放外汇或黄金作为平准基金，从而间接地实行了金本位制。

由于金块本位制和金汇兑本位制不具备金币本位制的一系列特点，因此也称其为不完全或残缺不全的金本位制。在 1929—1933 年的世界性经济大危机的冲击下，各国逐渐放弃了这两类制度，而纷纷实行了不兑现信用货币制度。

第二次世界大战后，建立了以美元为中心的国际货币体系（即布雷顿森林体系），这实际上是一种金汇兑本位制，美国国内不流通金币，但允许其他国家政府以美元向其兑换黄金，美元是其他国家的主要储备资产。但其后受美元危机的影响，该制度也逐渐开始动摇，至 1971 年 8 月美国政府停止美元兑换黄金，并先后两次将美元贬值后，这个残缺不全的金汇兑本位制也崩溃了。

执行金本位制国家的货币可以按其固定的含金量大小进行兑换。因此，金本位制是一种固定汇率制。

布雷顿森林体系

　　1944 年，同盟国中的主要工业化国家的经济代表们在美国新罕布什尔州的布雷顿森林举行了联合国和同盟国货币金融会议。会议期间确立了以美元为中心的国际货币体系，即雷顿森林体系。其主要内容一是美元与黄金挂钩。各国确认 1944 年 1 月美国规定的 35 美元一盎司的黄金官价，即每一美元的含金量为 0.888 671 克黄金。各国政府或中央银行可按官价用美元向美国兑换黄金。二是其他国家货币与美元挂钩。其他国家政府或中央银行规定各自货币的含金量，通过含金量的比例确定同美元的汇率。各国货币对美元的汇率，只能在法定汇率上下各 1‰ 的幅度内波动。

　　但是，在 20 多年的实行过程中，各国也都逐渐意识到了固定汇率的一些缺陷和不足之处。比如，美元的清偿能力和对美元的信心构成了不可调和的矛盾，表现为美元的国际货币储备地位和国际清偿力的矛盾，储备货币发行国与非储备货币发行国之间政策协调的不对称性，以及固定汇率制下内外部目标之间的两难选择等。随着美国相对经济实力的下降，这种矛盾日益突出。到了 20 世纪 70 年代初，在遭受到美国政府的不断违约打击后，所有工业化国家放弃布雷顿森林体系，采用了浮动汇率。

9.7　开放宏观经济模型

　　在介绍了前面这些预备知识后，我们可以将 IS－LM 模型扩展到开放经济（open economy）中。下面首先介绍 IS－LM 模型在小型开放经济中的蒙代尔-弗莱明模型。这里我们从"本国"的视角进行分析，而将世界其余地区当作一个经济，并称之为"国外（或世界）"。

　　为了便于讨论问题，我们假定所研究的经济是一个资本完全流动的小型开放经济。这个假设意味着这个经济在世界经济中是微不足道的一部分，它的任何经济变化都不会改变世界利率（world interest rates）r^*。相反，该经济中的利率 r 完全受控于世界利率 r^*。如果暂时出现 $r > r^*$，投资者就会将大量资金转移到该国（比如将钱存入该国的银行），很快使该国的利率下降，恢复到 $r = r^*$。同样，如果暂时出现 $r < r^*$，投资者就会将大量资金转移出该国（比如将钱从该国的银行取走），很快使该国的利率上升，恢复到 $r = r^*$。因此，这个经济最终会有

$$r = r^*$$

1. 产品和服务市场与 IS* 曲线

　　小型开放经济对产品和服务市场的描述与 IS－LM 模型大致相同，不同之处在于：除了将利率变成常数 r^* 外，还增加了净出口项 NX，产品和服务市场用如下方程来代表：

$$Y = C(Y - T) + I(r^*) + G + NX(e^*)$$

在这个方程中，总收入 Y 是消费 C、投资 I、政府购买 G 和净出口 NX 之和。消费 C 正相关于可支配收入 $Y - T$，其中 T 代表税收；投资 I 与利率成负相关关系，但是利率完全被世界利率 r^* 控制，即 $r = r^*$，所以投资 $I(r^*)$ 不变，为一常数；净出口与实际汇率 e^* 成正相关关系。

与 IS-LM 模型一样,在蒙代尔-弗莱明模型中也假定国内外价格不变,因此实际汇率与名义汇率成正相关关系,$NX(e)$ 等价于 $NX(e^*)$,且 $NX(e)$ 也是 e 的递增函数。于是,上式就可以写成

$$Y = C(Y-T) + I(r^*) + G + NX(e)$$

这里,我们将该方程称为 IS* 方程(星号提醒我们此方程不同于封闭经济中的 IS 方程)。它在 (Y, e) 平面坐标中为一条向右上倾斜的曲线。这是因为当汇率升高时,净出口将会增加,从而使收入提高。

下面用图 9.5 说明其中的机制。图 9.5(a) 和 (b) 分别表示净出口曲线和凯恩斯交叉图。在图 9.5(a) 中,当汇率从 e_1 上升到 e_2 时,净出口将从 $NX(e_1)$ 增加到 $NX(e_2)$。在图 9.5(b) 中,净出口的增加使计划支出曲线向上移动了 $\Delta NX = NX(e_2) - NX(e_1)$,收入从 Y_1 提高到 Y_2。图 9.5(c) 表示概括汇率与收入之间关系的 IS* 曲线:汇率 e 越高,收入水平 Y 越高。

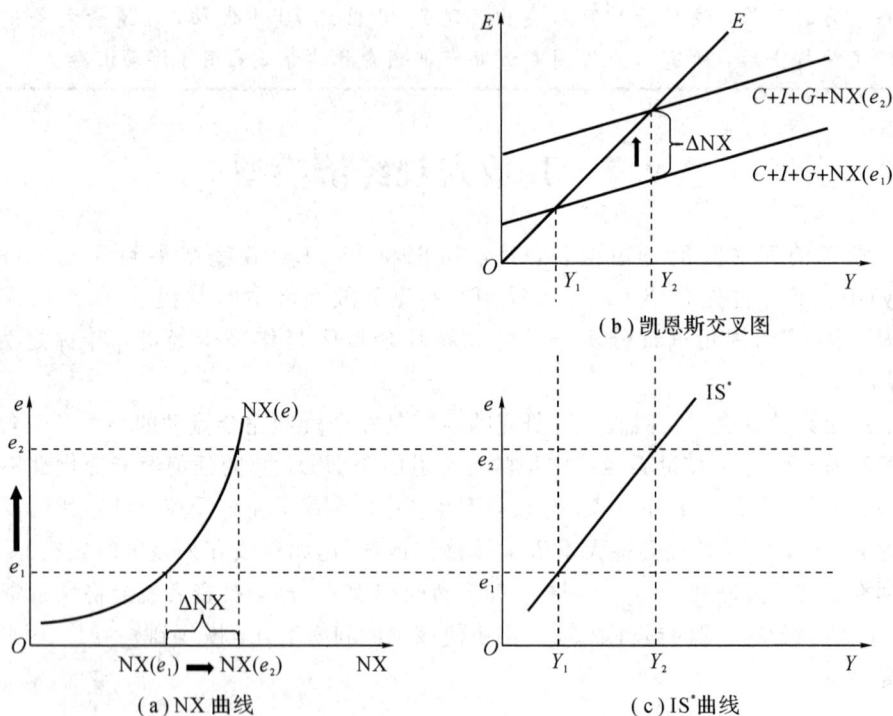

(b) 凯恩斯交叉图

(a) NX 曲线

(c) IS* 曲线

图 9.5　IS* 曲线

2. 货币市场与 LM* 曲线

小型开放经济对货币市场的描述也与 IS-LM 模型大致相同,只是利率 r 变成常数 r^* 了。用下面的方程来描述货币市场:

$$M/P = L(r^*, Y)$$

这个方程表示当国内利率 r 等于世界利率 r^* 时,实际货币余额 M/P 是收入 Y 的递增函数。我们将该方程称为 LM* 方程(星号提醒我们此方程不同于封闭经济中的 LM 方程)。它在 (Y, e) 坐标中为一条垂直的直线。

下面用图 9.6 说明其中的机制。图 9.6(a)表示当国内利率 r 等于世界利率 r^* 时，收入 Y 仅由世界利率 r^* 决定，即由 $r=r^*$ 和 $M/P=L(r^*，Y)$ 两条曲线的交叉决定收入水平 Y^*。Y^* 与汇率无关，为常数。图 9.6(b)表示概括汇率与收入之间关系的 LM* 曲线。LM* 不受汇率影响，为一条垂直的直线。

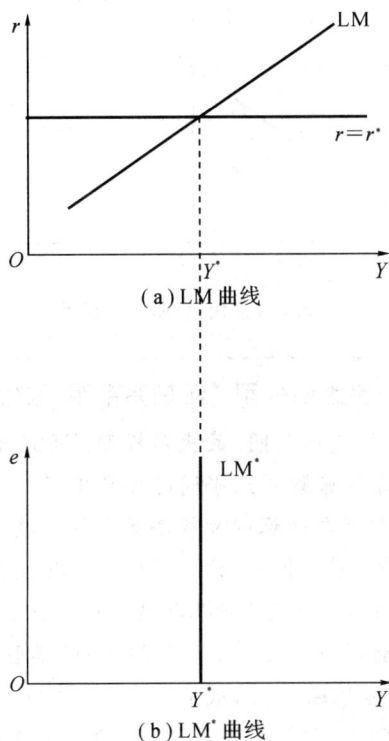

（a）LM 曲线

（b）LM* 曲线

图 9.6 LM* 曲线

9.8 市 场 均 衡

根据前面的讨论，我们可以用如下两个方程式来表示资本完全流动的小型开放经济：

$$\begin{cases} Y = C(Y-T) + I(r^*) + G + NX(e) & （IS^* \text{曲线}） \\ M/P = L(r^*，Y) & （LM^* \text{曲线}） \end{cases}$$

这一方程组就是所谓的蒙代尔-弗莱明模型。第一个方程描述了小型开放经济产品和服务市场的均衡，第二个方程描述了小型开放经济货币市场的均衡。在蒙代尔-弗莱明模型中，外生变量是财政政策中政府支出 G 和税收 T、货币政策中名义货币存量 M、价格水平 P 以及世界利率 r^*（通常假设不变）。内生变量是收入 Y 和名义汇率 e。

图 9.7 显示了这种均衡关系。经济的均衡处于 IS* 曲线和 LM* 曲线的交点上。这一交点表示产品和服务市场与货币市场都处于均衡时的汇率与收入水平。第 10 章中将用这个图来分析小型开放经济中总收入 Y 和汇率 e 会对各种经济政策变动做出什么样的反应。

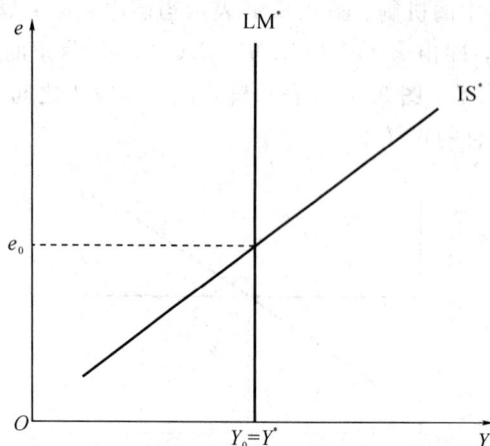

图 9.7　蒙代尔-弗莱明模型

是蒙代尔-弗莱明模型，还是弗莱明-蒙代尔模型？

是蒙代尔-弗莱明模型，还是弗莱明-蒙代尔模型？开放经济稳定政策模型的命名一直争论不休。其原因是蒙代尔和弗莱明几乎同时各自用不同的模型，独立完成了对开放经济稳定政策效果的讨论。蒙代尔师承国际经济学大师米德(1977 年诺贝尔经济学奖获得者)，使用 XX - FF(即内部平衡-外部平衡，现在许多教科书上已将它规范为 IB - XB)模型来研究稳定政策问题。相反，弗莱明使用扩展后的 IS - LM 模型(即今天中级宏观经济学、国际经济学和货币银行学中广泛使用的 IS* - LM* 模型，或 IS - LM - BP 模型的前身)，分析货币政策的效应。客观地说，从政策研究的深度和广度来看，无疑蒙代尔的工作更为深入和全面，且弗莱明在 1962 年那篇著名的论文中还存在一处逻辑上的错误。而从模型的普适性来看，弗莱明的模型则更具一般性，不仅可以用来讨论资本完全流动的小国情况，而且可以用来分析资本不完全流动的大国情况。这一点可以从蒙代尔的学生多恩布什 1976 年的论文中得到很好的证明。多恩布什用扩展后的弗莱明模型，在蒙代尔政策研究的基础上，对政策效应作更深入的研究，提出了著名的"超调"理论。

虽然 1999 年蒙代尔荣获诺贝尔经济学奖(弗莱明已于 1976 年逝世，没有可能再分享这项巨荣)后，蒙代尔-弗莱明模型(最早是由多恩布什提出的)的叫法逐渐成为主流(至少在经济学教科书中是这样)，但是在 2000 年以后的经济学学术文献中，开放经济稳定政策模型仍有 4 种叫法：蒙代尔-弗莱明模型、弗莱明-蒙代尔模型、米德-弗莱明-蒙代尔模型和蒙代尔-弗莱明-多恩布什模型。命名完全取决于作者对 4 位大师的个人偏好。至少不是全部经济学家都认为蒙代尔对开放经济稳定政策研究的贡献要大于弗莱明。

习　题　9

一、选择题

1. 按直接标价法，汇率被定义为购买一单位外币所需的本币数量(比如，每 1 美元兑换 6.756 元人民币）。一个更低的汇率（　　）。

 A. 使本国货物与外国货物相比价格变低   B. 刺激出口，减少进口

 C. 使净出口减少   D. 使收入增加

 2. 如果现在人民币兑美元的市场汇率（比如，1 美元兑 6.5 元人民币）高于国家中央银行规定的固定汇率（比如，1 美元兑 6.2 元人民币），那么套利者获利手段是（　　）。

 A. 向中央银行购买美元之后在外汇市场卖出

 B. 在外汇市场购买人民币之后卖给中央银行

 C. 向中央银行购买美元之后在外汇市场卖出

 D. B 和 C

 3. 如果英镑的汇率是 2 美元，那么美元的汇率是（　　）。

 A. 2 英镑   B. 1 英镑   C. 3 英镑   D. 0.5 英镑

 4. 就英镑和美元两种货币来说，如果英镑的汇率上升，那么美元的汇率将（　　）。

 A. 上升   B. 下降   C. 不确定   D. 不变

 5. 在外汇市场中，下列选项中，（　　）是英镑的供给者。

 A. 购买美国股票的英国人   B. 到英国旅游的美国人

 C. 进口英国产品和服务的美国人 D. 把在美国获得的利润汇回英国的英国人

 6. 人民币对美元的汇率下降，将使（　　）。

 A. 中国产品和服务相对便宜，美国增加对中国产品和服务的进口

 B. 中国产品和服务相对便宜，中国增加对美国产品和服务的进口

 C. 中国产品和服务相对昂贵，美国增加对中国产品和服务的出口

 D. 中国产品和服务相对昂贵，中国增加对美国产品和服务的出口

 7. 人民币对美元升值，将导致（　　）。

 A. 降低中国市场上美国产品和服务价格 B. 增加中国对美国贸易顺差

 C. 增加中国总收入   D. 以上各项均正确

 8. 如果中国在美国大量出售股票和债券，然后将资金用于购买本国产品和服务，那么对美元所造成的短期影响是（　　）。

 A. 美元汇率趋于下降，或者美国的黄金和外汇储备外流

 B. 美元汇率趋于上升，或者美国的黄金和外汇储备增加

 C. 对美元汇率没有影响

 D. 对美元汇率的影响是不确定的

 9. 一价定律是指（　　）。

 A. 名义汇率等于 1   B. 实际汇率等于 1

 C. 一种产品和服务价格在世界各不一样 D. 产地的价格低于消费地的价格

 10. 新的 IS* 曲线在实际收入 Y 与汇率（直接标价法）e 坐标中是（　　）。

 A. 向右下倾斜的曲线   B. 向右上倾斜的曲线

 C. 水平直线   D. 垂直线

 11. 新的 LM* 曲线在实际收入 Y 与汇率（直接标价法）e 坐标中是（　　）。

 A. 向右下倾斜的曲线   B. 向右上倾斜的曲线

 C. 水平直线   D. 垂直线

12. 在传统的 IS-LM 模型中，坐标分别为实际收入 Y 与实际利率 r。汇率下降时，将导致（   ）。

　　A. 投资上升，IS 曲线向右移动　　　　　B. 净出口增加，IS 曲线向右移动

　　C. 投资减少，IS 曲线向左移动　　　　　D. 净出口减少，IS 曲线向左移动

13. 对新的 IS* 曲线来说，除了（   ），下列因素均会影响其移动。

　　A. 政府购买　　　　B. 税收政策　　　　C. 贸易政策　　　　D. 劳动力培训

14. 如果世界利率 r^* 提高，会使（   ）。

　　A. IS* 曲线和 LM* 曲线都右移　　　　　B. IS* 曲线右移，LM* 曲线左移

　　C. IS* 曲线和 LM* 曲线都左移　　　　　D. IS* 曲线左移，LM* 曲线右移

15. 下列关于布雷顿森林体系的说法，错误的是（   ）。

　　A. 人民币与美元的汇率是固定的　　　　B. 人民币与日元的汇率是固定的

　　C. 黄金的美元价格是固定的　　　　　　D. 美国没有通货膨胀

二、简答题

1. 均衡汇率是如何决定的？影响汇率变化的因素有哪些？

2. 什么是一价定律？

3. 为什么小国利率等于世界利率？

4. 什么是小型开放经济？

三、分析题

1. 推导出新的 IS* 曲线。

2. 推导出新的 LM* 曲线。

第10章 汇率制度与经济政策

前面已经用 IS-LM 模型分析了封闭经济的宏观经济政策效应,第 10 章又介绍了小型开放经济的蒙代尔-弗莱明模型,本章将用蒙代尔-弗莱明模型和大国开放经济模型(IS-LM-BP 模型)来分析开放经济中宏观经济管理政策效应。在宏观经济管理层面上,开放经济和封闭经济既有相似之处,又有不同地方。从政策方式来看,开放经济多了贸易政策的手段。从政策效果来看,开放经济往往会使货币或财政当中一种政策失效。本章从资本完全流通的小国经济分析开始,再扩展到大国开放经济模型中去。由于开放经济的政策效果与汇率制度存在密切的关系,因此我们先对两种极端情况——浮动汇率制和固定汇率制进行分析。

10.1 浮动汇率下的小型开放经济

选择浮动汇率制的经济允许汇率对经济状况的变动做出反应,并让汇率自由变动。在浮动汇率制下,开放经济通过调整汇率实现产品和服务市场与货币市场的均衡。下面用蒙代尔-弗莱明模型来分析浮动汇率制下,财政政策、货币政策和贸易政策(trade policy)对小型开放经济的影响。

1. 财政政策

假定经济不景气时,政府通过增加政府购买或减税来刺激国内支出。这些扩张性财政政策增加了计划支出,它使 IS^* 曲线向右移动,如图 10.1 所示,即从 IS_1^* 向右移至 IS_2^*,结果汇率下降,从 e_1 降至 e_2,而收入不变,仍然保持在 Y^* 水平。也就是说,如果一个小型开放经济选择了浮动汇率制,那么财政政策是无效的。

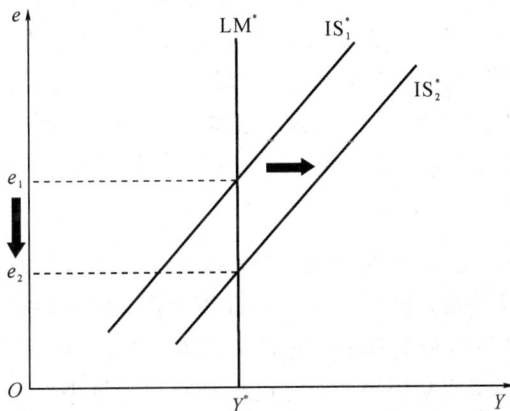

图 10.1 浮动汇率下的财政扩张

财政政策在小型开放经济中的效应与在封闭经济中的效应差别很大。在封闭经济中，政府购买增加，只要挤出效应小于政府购买效应（即除了 LM 曲线垂直的情况），政府购买增加部分总会超过民间投资减少的部分，从而导致收入的提高。相反，在小型开放经济中不存在这种效应。财政扩张开始会使收入稍增长，这时会让利率 r 上升，超过世界利率 r^*，从而国外资本流入，以追求更高的回报。这一资本流入不仅会将利率推回到 r^*，还会对收入产生影响。由于国外投资者需要买进本币在国内进行投资，资本流入增加了外汇市场上对本币的需求，汇率下降，本币升值，从而降低了净出口。净出口的下降正好抵消了扩张性财政政策产生的收入增加。

2. 货币政策

现在再假定中央银行增加了货币供给。由于假定物价水平是固定的，因此货币供给的增加意味着实际货币余额的增加。实际货币余额的增加使 LM^* 曲线向右移动，如图 10.2 所示，即从 LM_1^* 向右移至 LM_2^*，结果收入提高，从 Y_1 增加到 Y_2，汇率上升，从 e_1 上升到 e_2。也就是说，如果一个小型开放经济选择了浮动汇率制，那么货币政策是有效的。

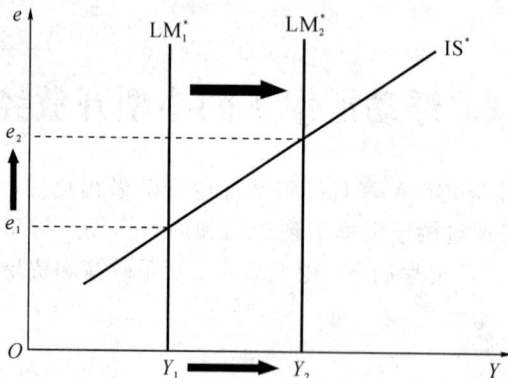

图 10.2　浮动汇率下的货币扩张

尽管货币政策对封闭经济和小型开放经济产生的效果有些相似，但是两者的传导机制却是不同的。在封闭经济中，货币供给增加，导致利率下降，进而诱发投资和收入增加。而在小型开放经济中，国内利率 r 不变，只能等于世界利率 r^*。货币供给增加起初会使国内利率 r 稍低于世界利率 r^*，此时，投资者会到其他地方寻求更高的收益，所以，资本从该经济流出。这种资本流出阻止了国内利率 r 下降到世界利率 r^* 以下，同时它还产生了另一个效应：由于国内投资者要投资海外，因此要把本币兑换成外币，资本流出增加了本币在外汇市场上的供给，汇率提高，本币贬值，进而刺激净出口和收入上升。

3. 贸易政策

与封闭经济不同，除了财政和货币政策外，政府还可采取贸易政策。这里使用的贸易政策一般系指保护性贸易政策，也称贸易限制政策。它是为了保护本国相关产业，或增加净出口，政府制定的降低进口配额和增加进口关税等限制进口的政策。

现在再假定政府执行了贸易限制政策。在政府通过实行进口配额或关税等限制进口措施来减少对进口产品与服务的需求后，NX 曲线向右移动，如图 10.3(a)所示，即从 NX_1 向右移至 NX_2，进而使 IS^* 曲线也向右移动，如图 10.3(b)所示，即从 IS_1^* 向右移至 IS_2^*，结果汇率下降，从 e_1 降至 e_2，而收入不变，仍然保持在 Y^* 水平。也就是说，如果一个小型开放经济选择了浮动汇率制，那么贸易政策是无效的。

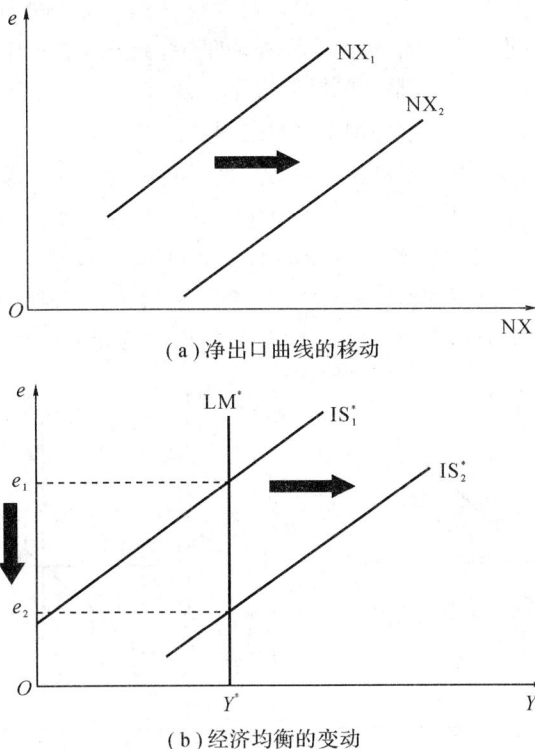

（a）净出口曲线的移动

（b）经济均衡的变动

图 10.3　浮动汇率下的贸易限制

　　贸易限制政策对小型开放经济影响的机制与财政政策相似。在贸易政策执行初期，因为净出口增加而使收入 Y 相应增加，但是收入 Y 增加却会提高对本币的需求，对国内利率 r 产生上升的压力。当国内利率 r 稍高于世界利率 r^* 时，国外资本就会流入，以追求更高的投资回报。这一资本流入不仅会将国内利率 r 推回到 r^*，还会影响净出口。当国外投资者需要买进本币在国内进行投资时，势必会增加外汇市场上对本币的需求，从而促使汇率下降，本币升值，进而降低净出口。最终，汇率上升造成的净出口下降正好抵消了保护性贸易政策产生的净出口增加。两者相互抵消的结果使得贸易政策对收入不会产生任何影响。

10.2　固定汇率下的小型开放经济

　　现在我们的分析转向第二种汇率制度：固定汇率制度。在 20 世纪 50 年代和 60 年代，世界上大部分主要国家都在布雷顿森林制度之下运行。布雷顿森林制度是一种国际货币制度，在该制度下，大多数政府同意将汇率固定。在布雷顿森林制度崩溃前，全球实行一种固定汇率制度。

1. 固定汇率制度的运行

　　在固定汇率制度下，中央银行随时准备按事先决定的汇率从事本币与外币的买卖。例如，假定中国人民银行宣布把汇率固定为 1 美元兑换 6 元人民币，那么它就随时准备以 1

美元兑换 6 元人民币，或 6 元人民币兑换 1 美元。为了实行这种政策目标，中国人民银行就需要有充足的美元储备（它可以事先购买）和人民币储备（它可以随时发行）。固定汇率使得一个国家的货币政策服务于唯一的目标：使汇率保持在所宣布的水平。

我们可从图 10.4 中进一步了解固定汇率制度的操作过程。假定中国人民银行宣布把汇率固定为 1 美元兑换 6 元人民币，但是，在外汇市场上现有货币供给下的均衡汇率是 1 美元兑换 5 元人民币。图 10.4(a)说明了这种情况。假定固定汇率(e_s)大于均衡汇率(e_e)。这时，套利者可以在外汇市场上用 30 元人民币购买 6 美元，然后再将这 6 美元以 36 元人民币卖给中国人民银行，从中获利 6 元人民币。当中国人民银行从套利者手中购买这些美元时，它为此支付的人民币自动地增加了货币供给。货币供给的增加会使 LM* 曲线向右移动，均衡汇率上升。当套利者持续通过这种方式获利时，货币供给就会不断增加，直到均衡汇率上升到事先所宣布的水平。如图 10.4(a)所示，LM* 曲线从 LM_1^* 开始向右移到 LM_2^*，使 $e_s = e_e$。

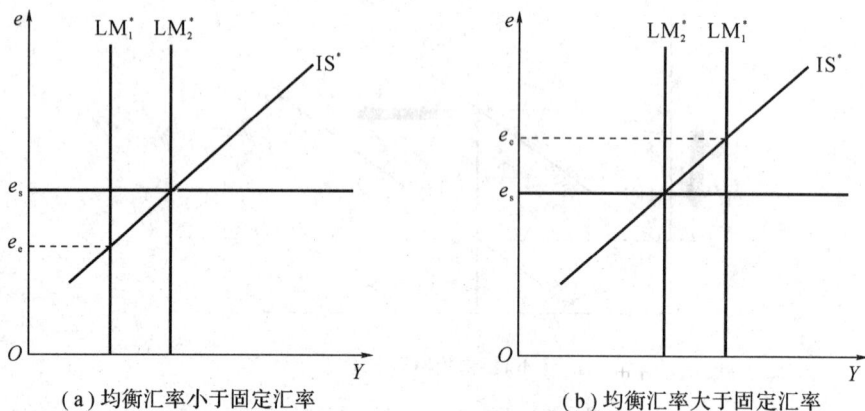

（a）均衡汇率小于固定汇率　　　　（b）均衡汇率大于固定汇率

图 10.4　固定汇率对货币供给的影响

相反，假定中国人民银行宣布把汇率固定为 1 美元兑换 6 元人民币，而均衡状态的市场汇率却是 1 美元兑换 7 元人民币。图 10.4(b)说明了这种情况。假定固定汇率(e_s)小于均衡汇率(e_e)。这时，套利者可以用 42 元人民币从中国人民银行购买 7 美元，然后再将这 7 美元在外汇市场上以 49 元人民币卖出，从中获利 7 元人民币。当中国人民银行卖出美元买进人民币时，市场上的人民币供给就会自动减少。货币供给的下降使 LM* 曲线向左移动，均衡汇率降低。当套利者持续通过这种方式获利时，货币供给就会不断下降，直到均衡汇率下降到事先所宣布的水平。如图 10.4(b)所示，LM* 曲线从 LM_1^* 开始向左移至 LM_2^*，使 $e_s = e_e$。

这种汇率制度固定的是名义汇率，它是否也固定实际汇率，取决于所考虑的时间范围。如果价格像在长期中那样是有弹性的，那么即使名义汇率固定，实际汇率也可以变动。此时，固定名义汇率的政策并不影响任何实际变量（包括实际汇率在内）。固定的名义汇率只影响货币供给与价格水平。然而，蒙代尔-弗莱明模型所描述的是短期经济，价格是固定的，因此，固定的名义汇率也就意味着固定的实际汇率。

2. 财政政策

现在来考察财政政策如何影响选择固定汇率的小型开放经济。假定政府通过增加政府购买或减少税收来刺激经济。这种政策使 IS* 曲线向右移动，如图 10.5 所示，从 IS_1^* 向右移至 IS_2^*，这对汇率产生了下降的压力。但是，由于中央银行随时准备按已经宣布的固定汇

率 e^* 进行外币与本币的交换，套利者对汇率下降做出的迅速反应是把外汇卖给中央银行，这就自动地引起货币扩张。货币供给的增加将使 LM^* 曲线向右移动，如图 10.5 所示，从 LM_1^* 向右移至 LM_2^*，结果收入提高，从 Y_1 增加到 Y_2。因此，在固定汇率下，财政扩张将会增加收入。也就是说，如果小型开放经济选择了固定汇率制，那么财政政策是有效的。

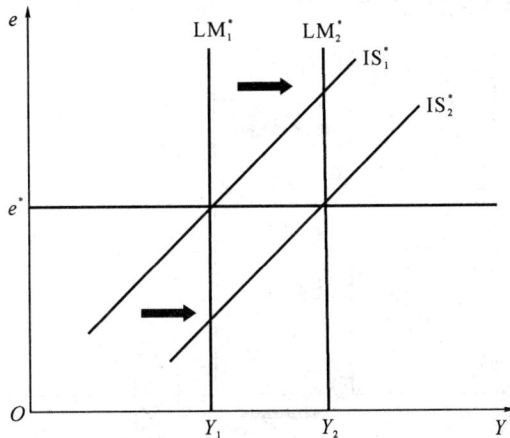

图 10.5　固定汇率下的财政扩张

3. 货币政策

假定一个在固定汇率之下运行的中央银行想要增加货币供给，例如，从公众手中购买债券。这种政策起初会使 LM^* 曲线向右移动，导致汇率上升，如图 10.6 所示，存在从 LM^* 向右移向 $LM^{*'}$（即在中央银行不干预汇率的情况下，LM^* 移至的位置）的趋势（实际上，根本不可能移到 $LM^{*'}$ 位置），此时，汇率也有上升的倾向。套利者会迅速地对汇率上升倾向做出反应，向中央银行购买外币。由于承诺履行固定汇率，中央银行会持续出售外汇，稳定汇率。在这个过程中，中央银行会收回本币，从而引起货币供给的减少，并使 LM^* 曲线重新回到其初始位置，自然收入也难以发生变化。因此，在固定汇率下，小型开放经济的货币政策是无效的。严格执行固定汇率的开放经济意味着放弃独立的货币政策。

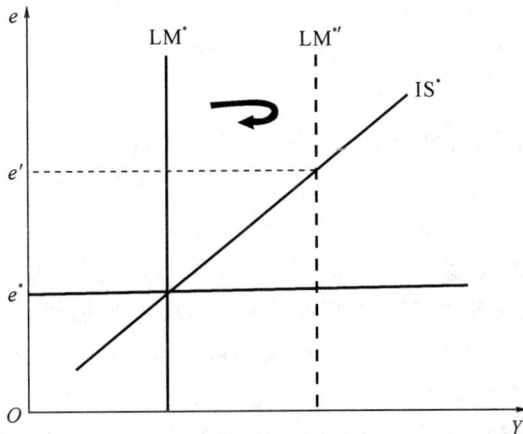

图 10.6　固定汇率下的货币扩张

然而，一个采用固定汇率的国家也可以运用另一种形式的货币政策，那就是它可以决定改变所固定的汇率水平。当需要货币扩张时，可以提高固定汇率的汇率水平，如图 10.7 所示，汇率将从 e_1 提高到 e_2。为了使本币贬值到新的水平 e_2，中央银行就要扩大货币供给，使 LM^* 曲线向右移动，如图 10.7 所示，从 LM_1^* 向右移至 LM_2^*。本币贬值可以增加净出口，提高收入，即 Y 将从 Y_1 增加到 Y_2。

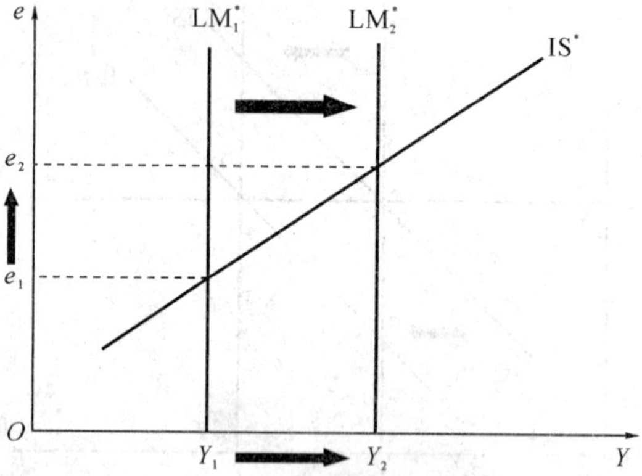

图 10.7　固定汇率下的汇率提高

大萧条中的货币贬值与经济复苏

20 世纪 30 年代的大萧条是一个全球性问题。尽管美国的股市崩溃事件可能加速了衰退的来临，但是所有世界主要经济体都经历了生产和就业的巨大下降。然而，并不是所有政府都以同样的方式对这场灾难做出反应。

在大萧条前，西方各国都采用金本位下的固定汇率。在遭遇大萧条后，一些国家，如丹麦、芬兰、挪威、瑞典和英国等，先后宣布减少本国通货的含金量 50% 左右，货币贬值；而另一些国家，如法国、德国、意大利和荷兰等，却维持黄金与本国通货之间原有交换率。

这两组国家此后的经历证明了蒙代尔-弗莱明模型的预测：实行通货贬值的国家迅速从大萧条中复苏过来；而没有实行通货贬值的国家在大萧条中遭受更长时间的苦难。

4. 贸易政策

假定政府通过设置进口配额或提高关税来减少进口。这种政策使净出口曲线向右移动，从而也使 IS^* 曲线向右移动，如图 10.8 所示，从 IS_1^* 向右移至 IS_2^*。IS^* 曲线的移动会降低汇率。外汇市场上，本币升值将会引发外汇兑换本币的风潮。为了使汇率保持在已经宣布的固定水平上，中央银行不得不增加货币供给，这将使得 LM^* 曲线向右移动，如图 10.8 所示，从 LM_1^* 向右移至 LM_2^*，结果收入提高，从 Y_1 增加到 Y_2。因此，在固定汇率下，贸易限制政策可以起到增加收入的作用。也就是说，如果一个小型开放经济选择了固定汇率制，那么贸易限制政策是有效的。

固定汇率下贸易限制的结果完全不同于浮动汇率下贸易限制的结果。在这两种情况下，贸易限制政策都使净出口曲线向右移动，但是，只有在固定汇率下，贸易限制才会真正增加净出口 NX。原因是固定汇率下贸易限制政策引起了货币扩张，而不是汇率升值。货币扩张又提高了总收入。

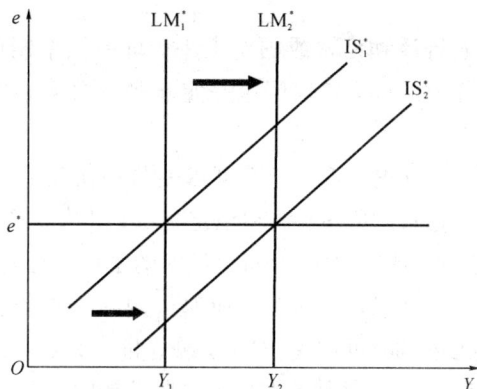

图 10.8　固定汇率下的贸易限制

蒙代尔谈蒙代尔-弗莱明模型

　　蒙代尔认为蒙代尔-弗莱明模型中财政政策与货币政策之分主要适用于资本市场发达的西方经济发达国家，而不适用于资本市场欠发达的发展中国家。因为发展中国家缺乏良好的本国货币交易的资本市场，政府无法通过本国资本市场举债筹款来增加政府购买，或弥补减税所产生的财政赤字。当政府选择了扩张性财政政策后，财政出现的赤字最终只能依靠中央银行货币扩张来解决。所以，这些国家没有真正意义上的财政政策，只有货币政策。另外，在这些国家，扩张性经济政策还有可能引来国际投机者对本币汇率的冲击。因此，他特别希望别人在谈及发展中国家经济问题时，不要胡乱套用蒙代尔-弗莱明模型。

5. 蒙代尔-弗莱明模型政策效应总结

　　蒙代尔-弗莱明模型表明任何经济政策的效应都取决于汇率制度。表10.1总结了财政、货币和贸易政策对收入、净出口和汇率的短期影响。具体地说，在浮动汇率制度下，只有货币政策有效，而财政和贸易政策则无效；相反，在固定汇率制度下，财政和贸易政策有效，而货币政策无效。

表 10.1　蒙代尔-弗莱明模型的政策效果

汇率制度 政策类型	浮动汇率			固定汇率		
	Y	NX	e	Y	NX	e
扩张性财政政策	0	↓	↓	↑	0	0
扩张性货币政策	↑	↑	↑	0	0	0
保护性贸易政策	0	0	↓	↑	↑	0

　　注：本表说明各种经济政策对收入 Y、净出口 NX 和汇率 e 的影响。"↑"表示某变量增加；"↓"表示某变量减小；"0"表示某变量不变。

　　（资料来源：曼昆，《宏观经济学(第七版)》，中国人民大学出版社，2011 年。因本书与原书选用的汇率标价法不同，故略作修改）

10.3　汇率制度的选择

每个国家都可以选择实行浮动汇率或固定汇率。每种汇率制度都有各自的优缺点。我们不能说一种汇率制度在任何时间、任何国家一定比另一种强，但可以列出选择每种制度的理由。

浮动汇率的支持者认为：首先，浮动汇率可以使货币决策者利用独立的货币政策自由地追求其他稳定经济目标，比如，促进就业和稳定物价；其次，浮动汇率可以自发调节国际收支，不必在本币面临贬值冲击时，为履行固定汇率的承诺，而大量抛售黄金和外汇，可以减轻黄金与外汇储备的流失；第三，浮动汇率应对大规模外汇投机冲击有很大的弹性，有助于遏制大规模的外汇投机风潮，可避免亚洲金融危机。从实践来看，浮动汇率最大的缺点就是汇率的不确定性制约了国际贸易的发展。这在发展中国家尤为突出。

固定汇率的支持者认为：首先，固定汇率可以稳定汇率，避免汇率波动风险，有利于国际贸易、国际信贷和国际投资的经济主体进行成本利润的核算；其次，固定汇率还可以减少国际投资者在外汇市场上的非理性投机行为，减少经济泡沫，有利于经济稳定发展；第三，固定汇率可以控制货币供给过度增长，防止恶性通货膨胀。固定汇率的缺点是易受外汇投机攻击，不得不储备大量黄金和外汇。在捍卫固定汇率时，中央银行还可能不得不牺牲大量的黄金和外汇储备。

其实，浮动汇率与固定汇率之间的选择并非想象得那么严格。在执行固定汇率时期，如果维持汇率与其他目标发生严重冲突，各国也可以改变其货币的价值。在执行浮动汇率时期，当决定扩大还是紧缩货币供给时，各国常常使用正式或非正式的汇率目标。我们很少看到选择完全固定或完全浮动的汇率的国家。相反，在这两种制度下，汇率稳定通常也是中央银行运作所追求的许多目标中的一个。

亚洲金融危机

在1997年之前，东南亚诸国和韩国普遍经历了一个较长的经济高速增长时期。然而，这些高速增长并不是建立在技术进步的基础上，而是通过大量借入外债来支撑的。到了20世纪90年代中期，这些国家已经出现资源配置严重失当，不良资产猛增的现象：在东南亚国家，房地产泡沫造成了大量银行贷款的坏账和呆账；在韩国，大企业通过各种裙带关系从银行获得大量贷款用于低效率项目，一旦企业状况不佳，大量不良资产立即显现出来。

在国际金融炒家持续冲击下，1997年7月开始，东南亚各国、韩国、日本、中国台湾和香港等国家和地区的大部分金融指标（如：短期利率、汇率、证券价格、房地产价格、土地价格、商业破产数和金融机构倒闭数等）出现急剧、短暂和超周期的恶化。除中国香港外，上述其他国家和地区的货币大幅度贬值，以1998年3月底与1997年7月初的汇率比较，这些国家和地区的货币对美元的汇率跌幅超过10%，其中，受打击最大的是泰铢、韩元、印尼盾和新元，分别贬值39%、36%、72%和61%。股市也遭受重挫，以1998年3月底与1997年7月初比较，这些国家和地区的股市价值急剧缩水高达 1/3 以上。GDP 出现负增长，其中，印尼 GDP 下降 16％。大量企业和金融机构倒闭，失业人口急增。泰国和印尼分别关闭了 56 家和 17 家金融机构。危机发生一年后，泰国破产、停业企业超过万家，失业人数达 270 万，印尼失业人数达 2000 万。韩国排名居前的 20 家企业集团中已有 4 家破产。在日本，包括山一证券在内的多家全国性金融机构出现大量亏损和破产倒闭，信用等级普遍下降。

引发这次金融危机的直接导火绳就是以索罗斯为首的国际金融炒家投机性攻击这些国家和地区的汇率，迫使这些国家和地区放弃固定汇率，从中获得巨额收益。这些炒家投机获利的基本步骤是：首先，通过各种"金融杠杆"拆借和囤积大量被高估的，且是钉住美元的货币，如泰铢（泰铢长期以 25∶1 的汇率钉住美元，而美元与其他世界主要货币出现较大幅度的升值后，泰铢确实存在被高估的倾向）。然后，通过各种途径向外散布泰铢将要大幅度贬值的信息。经过一段时间，这些信息开始在社会上发酵，产生货币贬值的恐慌。接着，这些炒家开始在货币市场上猛烈抛售泰铢，以 25∶1 买入美元，诱发羊群效应，诱发社会出现"抛泰铢，换美元"的狂潮。结果，只有 270 亿美元储备的泰国央行很快就被打得弹尽粮绝，最后不得不宣布放弃 25∶1 的兑美元汇率。泰铢出现狂贬，几周内跌至 57∶1。这时，这些炒家再将手中部分美元在货币上换成泰铢还掉借款，挣得 100％以上利润后退场。

10.4　不可能三角

根据前面对蒙代尔-弗莱明模型的讨论，我们可以得到这样的结论：一个国家（或地区）不可能同时拥有资本自由流动、固定汇率和独立的货币政策。1999 年克罗格曼用一个三角形表示这种关系（见图 10.9）。这个三角形就是所谓的不可能三角（impossible trinity），许多教科书也将这个三角称为蒙代尔-克罗格曼不可能三角（MG Impossible Trinity），有时也称蒙代尔三元悖论（Mundellian Trilemma）。该图表示一个国家（或地区）必须选择这个三角形一边两端的制度特征，而放弃对角的制度特征。

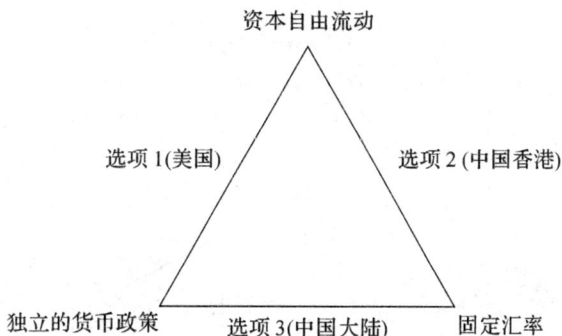

（资料来源：曼昆，《宏观经济学（第七版）》，中国人民大学出版社，2011 年）

图 10.9　不可能三角

第一选项是允许资本自由流动和实行独立的货币政策，如美国。在这种情况下，不可能拥有固定汇率制度。汇率必须浮动，以平衡外汇市场。

第二选项是允许资本自由流动和固定汇率，如中国香港。在这种情况下，将失去独立的货币政策。货币政策只服务于钉住某国通货。

第三选项是允许独立的货币政策和固定汇率，如中国大陆。在这种情况下，必须限制资本自由流动。汇率不再由世界汇率水平所决定，而是由国内的经济力量所决定，类似于封闭经济中的汇率决定机制。

不可能三角告诉我们，只能选择上述三种情况中的一种，这完全取决于自己愿意牺牲掉哪种制度特征。

10.5 总需求曲线

在封闭经济中总需求曲线是一条向右下倾斜的曲线，那么，在开放经济中总需求曲线是否还是一条向右下倾斜的曲线？为了考察这个问题，我们还是从蒙代尔-弗莱明模型开始，但应注意，由于价格要变动，在 IS* 曲线中还是使用实际汇率 e^*。

图 10.10 显示，在货币供给不变的情况下，当价格从 P_1 下降到 P_2 时，实际货币余额增加，LM* 曲线从 LM*(P_1) 向右移至 LM*(P_2)，见图 10.10(a)。实际汇率从 e_1^* 上升到 e_2^*，支出将从 Y_1 增加到 Y_2，故支出是价格的递减函数，总需求曲线仍向右下倾斜，见图 10.10(b)。需求曲线综合了价格水平变动时产品和货币市场均衡的情况。任何改变均衡收入的因素都会使总需求曲线发生移动。在给定价格水平下，提高收入的政策和事件(比如，增加政府支出、减税等)会使总需求曲线向右移动；相反，在给定价格水平下，减少收入的政策和事件(比如，减少政府支出、增税等)会使总需求曲线向左移动。

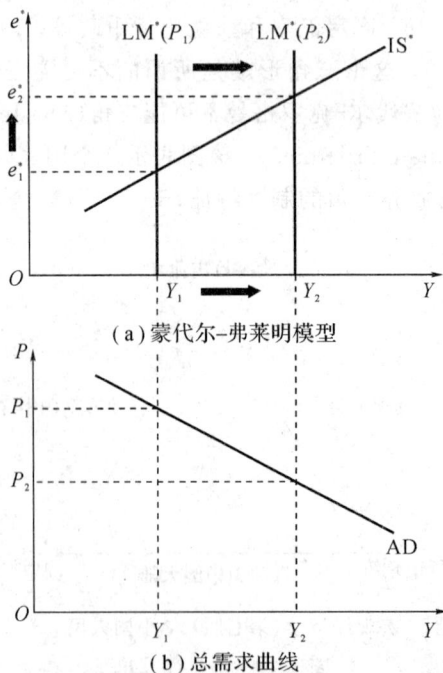

图 10.10 开放经济中的总需求曲线

*10.6 大型开放经济的 IS - LM - BP 模型

前面我们已经讨论过根本不受世界利率影响的 IS - LM 模型和国内利率等于世界利率的蒙代尔-弗莱明模型。然而，世界上有些经济虽受世界经济影响，也能影响世界经济，或是与世界存在资本流动，但又不完全，如美国和中国等，它们经济运行的情况介于 IS - LM 模型和蒙代尔-弗莱明模型之间。我们不能把封闭经济模型或小型开放经济模型直接运用于这类经济。下面建立居于上述两种模型之间的经济模型——大型开放经济模型。大型和小型开放经济在固定汇率下，政策效应相似；但是，浮动汇率下，政策效应有一定差异。因此，本节在建立大型开放经济模型基础上，着重分析浮动汇率下大型开放经济的政策效应。

1. 资本净流出

大型和小型开放经济之间的关键差别是资本流动对经济影响的程度。在小型开放经济模型中，资本以一个固定的世界利率 r^* 自由地流入或流出该经济。大型开放经济模型对国际资本流动做出了一个不同的假设。为了说明这一点，我们利用第 9 章提到的资本净流出这个概念。

在一个开放经济中，投资者既可以投资于本国，也可以投资于外国，影响他们投资决策的一个重要因素是利率。如果本国利率较高，则投资于本国的回报率较高，流入本国的资本增多，而流入外国的资本减少，资本净流出下降；相反，如果本国利率较低，则本国投资者就会倾向于将资本贷给利率较高的其他国家，于是流向外国的资本增多，而流入本国的资本减少，资本净流出上升。由于国内外投资者理性的资产选择行为，资本净流出(CF)与本国的实际利率就会呈负相关，即

$$CF = CF(r)$$

其中，$dCF/dr < 0$。在(CF, r)平面上，CF 曲线就为一条向右下倾斜的曲线。图 10.11 说明了这一点。在 0 的左边，资本净流出为负数，表示资本流入大于资本流出；在 0 的右边，资本净流出为正数，表示资本流入小于资本流出。

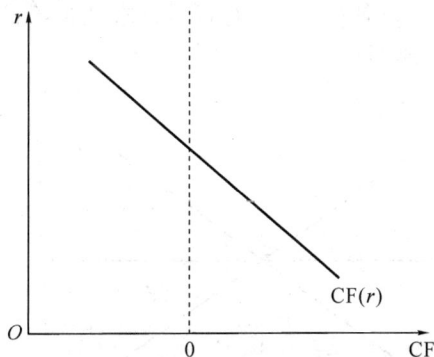

图 10.11 资本净流出

2. 国际收支平衡

国际收支差额(BP)就是净出口减去净资本流出，即 BP=NX-CF。由第 9 章的讨论可知，国际收支必须平衡，即国际收支差额等于 0，或 NX(e)=CF(r)。由于此函数与收入无

关，因此在 r-Y 平面表现为一条水平直线。

由于 NX 是 e 的递增函数，CF 是 r 的递减函数，因此当 e 提高时，BP 曲线就会向下移动。比如，在图 10.12 中，如果 e 从 e_1 提高到 e_2，BP 曲线就会从 $BP(e_1)$ 下移到 $BP(e_2)$。反之，当 e 降低时，BP 曲线会向上移动。由此可以看出，小型经济只是大型经济的一个特例，相对应的 BP 曲线是一条不会移动的水平直线，$r=r^*$。BP 曲线上方表示 BP>0，国际收支出现盈余；相反，BP 曲线下方表示 BP<0，国际收支出现赤字。

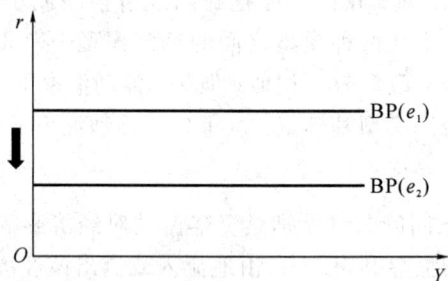

图 10.12 BP 曲线

3. IS-LM-BP 模型

假定大型开放经济模型中国内外价格保持不变，用名义汇率替代实际汇率。与小型开放经济不同之处是大型开放经济的利率并不由世界金融市场确定。在大型开放经济中，需要考虑利率与资本流动的关系，从产品和服务、货币和外汇市场的平衡去建立经济模型，即

$$Y = C(Y-T) + I(r) + G + NX(e) \quad \text{（产品和服务市场均衡）}$$
$$M/P = L(r, Y) \quad \text{（货币市场均衡）}$$
$$NX(e) = CF(r) \quad \text{（外汇市场均衡）}$$

上面三个函数投影到 (Y, r) 平面上就是三条曲线（见图 10.13）：反映产品和服务市场均衡的是 IS 曲线；反映货币市场均衡的是 LM 曲线；反映外汇市场均衡的是 BP 曲线。在 (Y, r) 平面上，IS 曲线向右下倾斜，LM 曲线向右上倾斜，BP 曲线水平。注意：当 e 提高时，会刺激净出口增长，IS 曲线向右移动；对货币需求和供给都没有影响，LM 曲线不动；导致利率下降，BP 曲线向下移动。

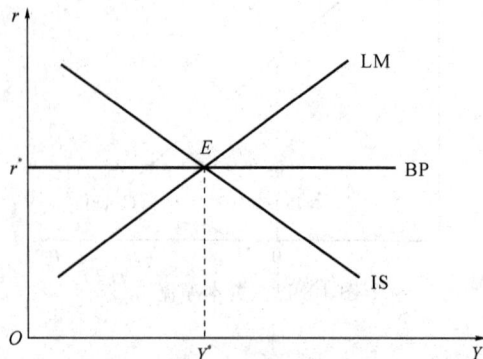

图 10.13 IS-LM-BP 模型均衡

在图 10.13 中，经济均衡处于 IS 曲线、LM 曲线和 BP 曲线三线的交点 E。E 点是产品

和服务市场、货币市场和外汇市场的均衡。Y^* 和 r^* 分别代表均衡收入和均衡利率。因为此模型是由 IS、LM 和 BP 三条曲线组成的（更确切地说，是由 IS、LM 和 BP 三张曲面组成的），所以它也被称为 IS-LM-BP 模型。

4. 浮动汇率下的财政政策

假定原来经济处于均衡，如图 10.14 所示，IS、LM 和 BP 曲线交于 A 点，这时均衡利率、汇率和收入分别为 r_1、e_1 和 Y_1。政府通过增加政府购买或减少税收刺激经济。由于这种扩张性财政政策增加了计划支出，比如，政府购买从 g_1 增加到 g_2，因此将使 IS 曲线向右移动。如果汇率不变，IS 曲线将会从 $IS(g_1, e_1)$ 移向 $IS(g_2, e_1)$，如图 10.14 所示的虚线。然而，在移动过程中，国际收支会产生盈余，引发本币升值，汇率下降，BP 曲线向上移动。汇率下降使 IS 曲线不可能移至 $IS(g_2, e_1)$，而是移至 $IS(g_2, e_2)$，与 $BP(e_2)$ 和 LM 曲线交于 B 点。$IS(g_2, e_2)$ 位于 $IS(g_2, e_1)$ 左边。此时的均衡利率 r_2 和均衡收入 Y_2 均高于 r_1 和 Y_1。与小型开放经济不同，大型开放经济在浮动汇率下的财政政策是有效的，只是效果不如固定汇率。其原因是除了挤出效应外，还有汇率下降抑制净出口的因素：当利率上升时，外汇市场上汇率降低，净出口减少。这一点与小型开放经济类似。不过，大型开放经济的汇率下降抑制效应要小得多，没有完全抵消财政购买效应。

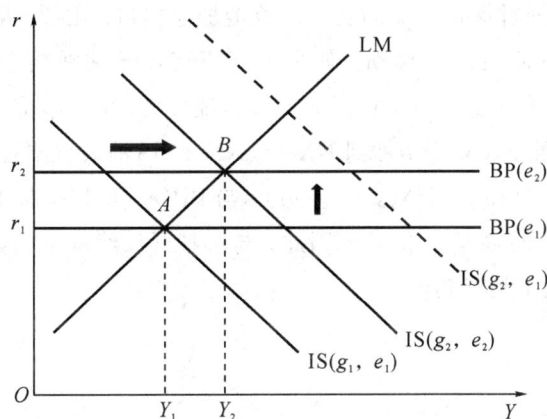

图 10.14　浮动汇率下的大型开放经济财政扩张

5. 浮动汇率下的货币政策

假定原来经济处于均衡，IS、LM 和 BP 曲线交于 A 点，这时均衡利率、汇率和收入分别为 r_1、e_1 和 Y_1。中央银行增加货币供给，例如，从公众手中购买债券。这种政策初始会使 LM 曲线向右移动，如图 10.15 所示，从 $LM(M_1)$ 移至 $LM(M_2)$，这时国际收支出现赤字；然后，本币贬值，汇率提高，BP 曲线向下移动，IS 曲线向右移动；最终，BP 曲线从 $BP(e_1)$ 移至 $BP(e_2)$，IS 曲线从 $IS(e_1)$ 移至 $IS(e_2)$，IS、LM 和 BP 曲线交于 B 点。此时的均衡利率、汇率和收入分别为 r_2、e_2 和 Y_2。扩张性货币政策使利率下降，汇率上升和收入提高。因此，我们可以看到，与小型开放经济类似，大型开放经济的货币政策也是有效的。

如图 10.15 所示，扩张性货币政策使利率下降，除了诱发投资增加外，还会使资本净流出提高，外汇市场上本币贬值，汇率上升，净出口扩大。因此，在大型开放经济中，货币传导机制有两个部分。与封闭经济中一样,货币扩张也会使利率降低,投资增长。与小型开放经济中一样,货币扩张也会导致外汇市场上本币贬值,净出口增加。这两种效应都导致收入提高。

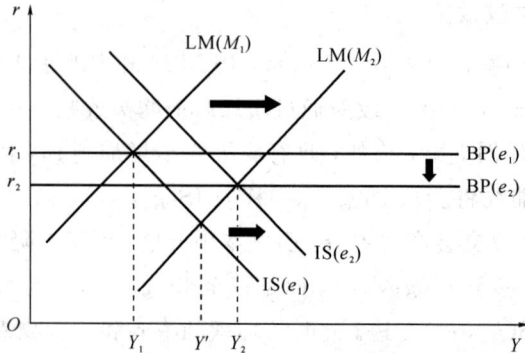

图 10.15　浮动汇率下的大型开放经济货币扩张

6. 浮动汇率下的贸易政策

假定原来经济处于均衡,IS、LM 和 BP 曲线交于 A 点,这时均衡利率、汇率和收入分别为 r_1、e_1 和 Y_1。政府通过保护主义的贸易政策增加净出口。比如,从 NX_1 增加到 NX_2,如图 10.16 所示,它使 IS 曲线向右移动。如果汇率不变,IS 曲线将会从 $IS(NX_1, e_1)$ 移至 $IS(NX_2, e_1)$。然而,在移动过程中,国际收支会出现盈余,引发本币升值,汇率下降,BP 曲线向上移动。汇率下降使 NX 只能增加到 $NX_2'(<NX_2)$,IS 曲线也不可能移至 $IS(NX_2, e_1)$,而只能移至 $IS(NX_2', e_2)$(在 $IS(NX_2, e_1)$ 左边),与 $BP(e_2)$ 和 LM 曲线交于 B 点。此时的均衡利率 r_2 和均衡收入 Y_2 均高于 r_1 和 Y_1。因此,与小型开放经济不同,在浮动汇率下,大型开放经济的贸易限制政策是有效的。

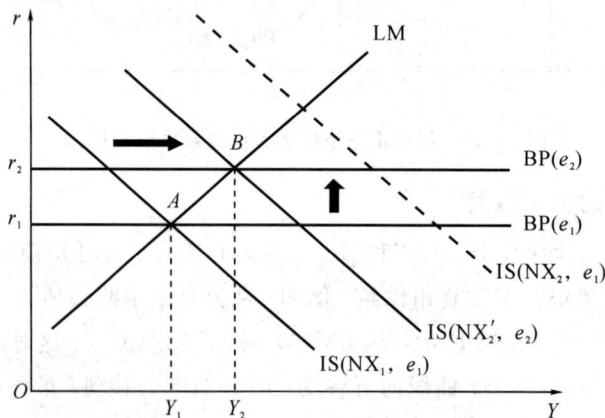

图 10.16　浮动汇率下的大型开放经济贸易保护

图 10.16 显示,与浮动汇率下的小型资本完全流动的开放经济不同,在大型开放经济中,贸易保护会使利率上升,其结果,一是投资降低,二是资本净流出减少,本币升值,净出口下降。不过,这两者加起来仍不足以使贸易限制政策无效。

习　题　10

一、选择题

1. 在浮动汇率制下的小型开放经济中，财政政策失效是因为（　　）。

A. 货币政策完全抵消财政政策

B. 汇率保持不变

C. 净出口的减少抵消了政府购买或消费的所有增长

D. 汇率将与利率增长相同数量

2. 在浮动汇率制下的小型开放经济中，货币扩张会导致以下结果，除了（　　）。

A. 降低利率 　　　　　　　　　B. 提高均衡收入水平

C. 降低汇率 　　　　　　　　　D. 增加净出口

3. 在浮动汇率制下，贸易限制不影响收入是因为（　　）。

A. 净出口增加但投资减少 　　　B. 汇率的上升抵消了净出口的初始增长

C. 进口的减少与出口的增加相同 　D. 以上全部

4. 在固定汇率制下，扩张性财政政策将（　　）。

A. 使央行增加货币供给以防止汇率降低 　　B. 增加实际收入

C. 最终使 IS^* 与 LM^* 曲线向右移动 　　D. 以上全部

5. 在固定汇率制下，如果中央银行想要增加货币供给，（　　）。

A. 国民收入不受影响

B. 如果联储保持原始的固定汇率，货币供给的初始增长将被抵消

C. $Y-e$ 图表中的 LM^* 曲线会先向右移动，再向左移动，之后回到它的初始位置

D. 以上全部

6. 如果通货贬值导致通货价值下跌，那么（　　）。

A. LM^* 曲线向右移动，净出口与收入均增加

B. LM^* 曲线向右移动，净出口减少，收入增加

C. LM^* 曲线向左移动，净出口与收入均减少

D. IS^* 与 LM^* 曲线均向右移动

7. 固定汇率制下的贸易限制政策（　　）。

A. 与浮动汇率制下的效果相同

B. 提高国民收入的均衡水平

C. 使 $Y-e$ 图表中的 IS^* 曲线向右移动，LM^* 曲线向左移动

D. 导致通货贬值

8. 在蒙代尔-弗莱明模型中，（　　）。

A. 如果汇率固定，那么财政政策与货币政策都会对国民收入有更大的影响

B. 如果汇率浮动，那么财政政策与货币政策都会对国民收入有更大的影响

C. 如果汇率固定，那么财政政策会对国民收入有更大影响；如果汇率浮动，那么货币政策会更有效果

D. 如果汇率浮动，那么财政政策会对国民收入有更大影响；如果汇率固定，那么货币

政策会更有效果

9. 浮动汇率的支持者认为浮动汇率（　　）。

A. 减少不确定因素，促进国际贸易

B. 允许货币政策用于除了维持汇率以外的其他目的

C. 减轻汇率的不稳定性

D. 以上全部

10. 假设收入的初始水平低于长期均衡水平，那么在价格水平变动的蒙代尔-弗莱明模型中，价格将（　　）。

A. 下降，IS^* 曲线向右移动　　　　　　B. 上升，IS^* 曲线向左移动

C. 上升，LM^* 曲线向左移动　　　　　　D. 下降，LM^* 曲线向右移动

11. 在蒙代尔-弗莱明模型中，如果采用固定汇率制，那么除了（　　）都会影响均衡收入。

A. 政府购买　　　　B. 税收　　　　C. 利率　　　　D. 汇率

12. 金本位制存在的一个严重问题是（　　）。

A. 因货币体系调整所引起的通胀或萧条

B. 世界上没有足够的资金作为交换媒介

C. 总是处在非均衡状态

D. 价格趋于激烈波动

13. 在金本位制下，如果美联储以每盎司 100 美元卖出黄金，英国中央银行以每盎司 50 英镑卖出黄金，那么均衡汇率将固定在（　　）。

A. 2 英镑兑 1 美元　　　　　　　　　B. 0.5 英镑兑 1 美元

C. 1.5 英镑兑 1 美元　　　　　　　　D. 5 英镑兑 1 美元

14. 在大型开放经济的短期模型中，国内利率下降将（　　）。

A. 增加资本净流出，减少净出口，降低汇率

B. 增加资本净流出、净出口，降低汇率

C. 减少资本净流出、净出口，降低汇率

D. 减少资本净流出、净出口，提高汇率

15. 财政政策想要在国民收入的均衡水平上收到最大短期效果，只有在（　　）。

A. 浮动汇率制下的小型开放经济中　　　B. 浮动汇率制下的大型开放经济中

C. 封闭经济中　　　　　　　　　　　D. 固定汇率制下的小型开放经济中

二、分析、计算题

1. 浮动汇率的小型开放经济处于衰退，且实现了贸易平衡。如果政策制定者希望达到充分就业同时保持贸易平衡，他们应选择货币政策和财政政策的什么组合？

2. 设一个经济由下述关系描述：

$$Y = C + I + G + NX$$
$$Y = 5000, \quad G = 1000, \quad T = 1000$$
$$C = 250 + 0.75(Y - T), \quad I = 1000 - 50r$$
$$NX = -500 + 500e, \quad r = r^* = 5\%$$

（1）求该经济的储蓄、投资、贸易余额以及均衡汇率；

（2）设 G 增加到 1250，求出新的储蓄、投资、贸易余额以及均衡汇率。

3．假设一个经济由下述关系描述：

$$Y = C + I + G + NX, \quad C = 80 + 0.63Y, \quad I = 350 - 20r + 0.1Y$$

$$M/P = 0.1625Y - 10r, \quad NX = -500 - 0.1Y + 100e$$

$$e = 0.75 - 0.05r, \quad G = 750, \quad M = 600$$

（1）推导总需求曲线的代数表达式；

（2）若本国价格水平 $P = 1$，求均衡时的 Y、r、C、I 和 NX。

4．假定更高的收入意味着更多的进口，从而降低了净出口。也就是说，净出口函数是

$$NX = NX(e, Y)$$

分析在以下条件下小型开放经济中财政扩张对收入和贸易余额的影响：

（1）浮动汇率；

（2）固定汇率。

5．假定货币需求取决于可支配收入，那么货币市场方程变为

$$M/P = L(r, Y - T)$$

分析在浮动汇率和固定汇率两种制度之下小型开放经济中减税对汇率和收入的影响。

6．用蒙代尔-弗莱明模型比较贸易政策在固定汇率和浮动汇率下对经济的影响。

第11章 总供给理论

为了讨论通货膨胀与失业之间的关系，当代大多数经济学家更喜欢用总需求与总供给模型（AD－AS模型）来分析GDP、失业、工资和价格等重要经济变量的短期波动。前面我们已经比较详细地考察了总需求问题，在第8章和第9章分别说明了封闭和开放经济中总需求曲线向右下倾斜的原因，以及影响总需求曲线移动的因素。由于实际产出和出清价格是由总需求曲线AD和总供给曲线AS共同决定的，其中任何一条曲线的移动和旋转都将导致产出和价格的变化，因此在分析宏观经济的短期波动时，我们必须要研究总供给曲线。本章将重点讨论总供给理论。

总供给曲线（aggregate supply curve，AS）是指反映在一个经济社会提供的产出与价格之间存在一一对应关系的曲线。与总需求曲线的情况不同，总供给曲线有长期和短期之分。下面先讨论长期总供给曲线（long-run aggregate supply curve，LAS或LRAS），再讨论短期总供给曲线（short-run aggregate supply curve，SAS或SRAS）。

11.1 古典和长期总供给曲线

古典经济学家认为产品和劳动市场都是完全竞争的，价格和名义工资（nominal wages）是弹性的（elastic）。名义工资也称货币工资（money wages），系指工人出卖劳动力所得到的货币数量。有弹性的名义工资可以使劳动市场实现唯一均衡——充分就业（full employment）。根据这样的假设，下面来考察古典总供给曲线（classical aggregate supply curve，CAS）。

假设起初这个经济在图11.1(d)中处在均衡点A，价格为P_1，名义工资为W_1，劳动市场处于充分就业N_n，产出为潜在产出Y^*。如果这个经济遭受一个正向的总需求冲击，价格上升至P_2，则造成实际工资（real wages）从W_1/P_1下降到W_1/P_2，出现超额劳动需求。由于名义工资是弹性的（为了考察方便起见，仅以名义工资弹性为例，不谈实际工资弹性问题），名义工资开始上升，直至$W_2=(P_2/P_1)W_1$，劳动市场重新处于充分就业N_n，产出回归潜在产出Y^*。这个经济处在均衡点B。联结$A(Y^*,P_1)$和$B(Y^*,P_2)$两点，即古典总供给曲线是一条垂直线。由于古典经济学假定W和P的市场调整是即时的，古典经济学不分长期和短期，因此总供给曲线是一条垂直线，$Y=Y^*$。在总供给曲线垂直的情况下，货币供给发生变化使得总需求曲线和总供给曲线之间发生相对移动，但是，并不会影响产出和就业。这种货币对实际变量的无关性称为货币中性。这也符合第5章介绍的萨伊定律——供给创造自己的需求。

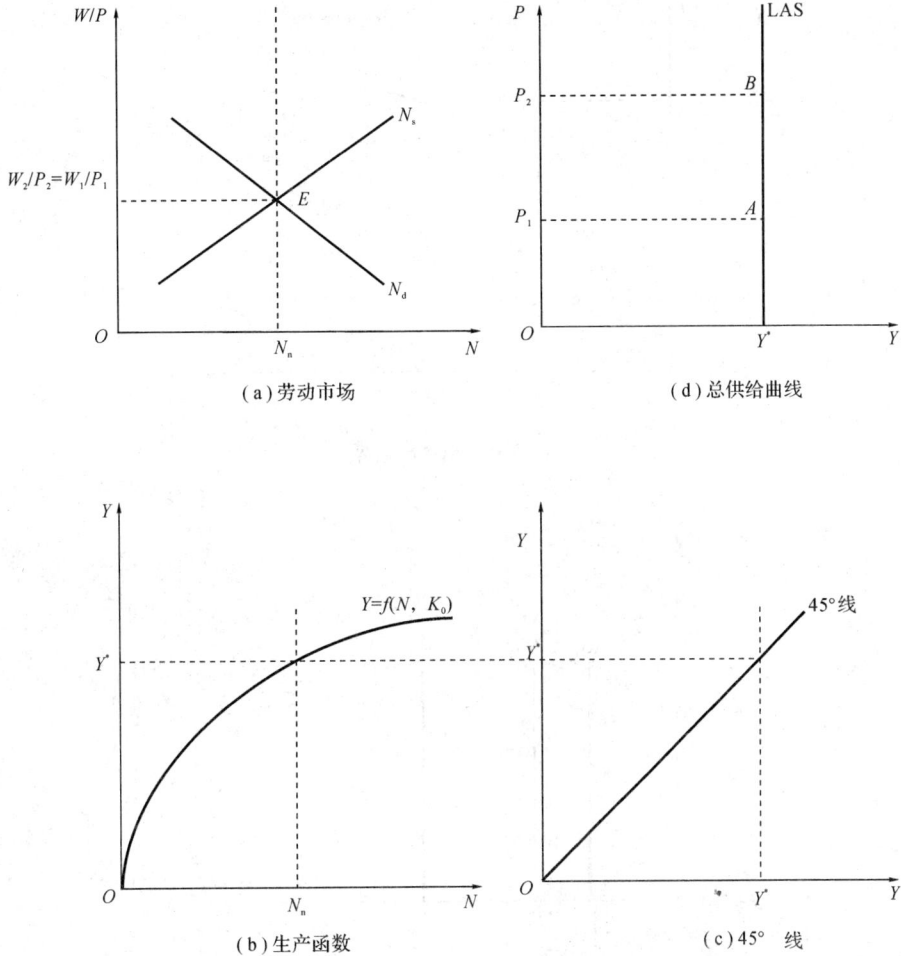

（a）劳动市场　　　　　　　　　（d）总供给曲线

（b）生产函数　　　　　　　　　（c）45°线

图 11.1　古典总供给曲线

　　虽然，现代宏观经济学家，无论是货币主义、新古典主义、凯恩斯主义，还是新凯恩斯主义并不否认市场具有调节供需平衡的功能，但是，他们认为完成市场调节需要时间和条件，只有在"长期"条件下才能充分实现市场全部调节，而在"短期"条件下则无法完成市场全部调节。从这种意义上讲，现代宏观经济学中的"长期"条件与古典经济学的市场预设完全是一致的：在"长期"条件下，市场能使价格水平和名义工资变化保持一致，而使就业和产出等保持均衡——充分就业和潜在产出。因此，长期总供给曲线与古典总供给曲线是相同的，为同一条垂直线。

　　在第 4 章我们已经学过，当经济处于增长的时候，潜在产出也在不断扩张，意味着随着时间的推移，长期总供给曲线也会持续地向右"漂移（drift）"，如图 11.2 所示。

　　图 11.2(a)表示，随着时间的推移，潜在产出从 Y_1 逐渐提高至 Y_2，Y_3，…；图 11.2(b)表示，相应的总供给曲线也会从 LAS_1 向右移至 LAS_2，LAS_3，…。

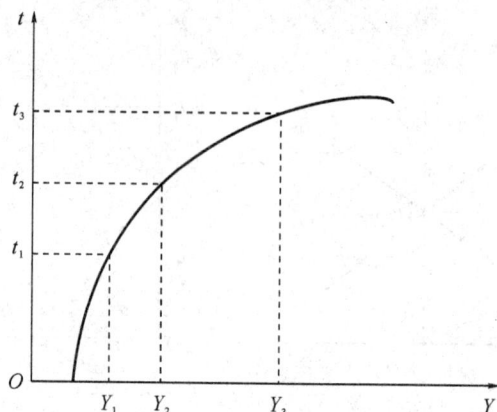

(a)潜在产出提高趋势

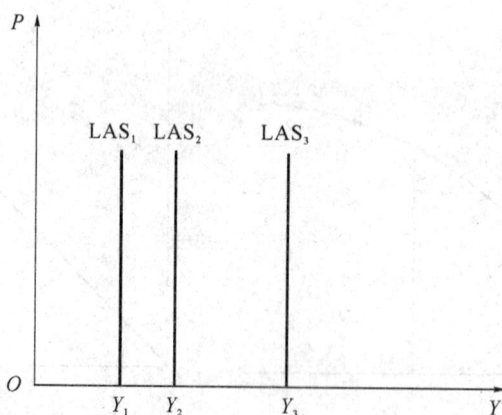

(b)不同时期长期总供给曲线

图 11.2　长期总供给曲线移动

11.2　短期总供给曲线

现实市场在"短期"内不可能具备古典经济学中的市场预设条件,通常表现为所谓的市场不完善(market imperfections)。针对市场的不完善性,即在短期内,名义工资、实际工资和价格调整过程中表现出来的黏性和不充分性,经济学家提出了诸多有关短期总供给曲线的理论模型。由于篇幅关系,这里仅考察其中具有代表性的四种模型:黏性价格(sticky price)模型、黏性工资(sticky wage)模型、加成定价(markup pricing)模型和信息不完全(imperfect information)模型。这些模型分别反映了市场诸多方面的不完善。这些不完善使得短期总供给曲线向右上倾斜,而非垂直。因此,当总需求与总供给增长不同步,总需求曲线与总供给曲线发生相对位移时,实际产出就会偏离潜在产出。一些经济学家认为这种偏离是引发经济周期的主要原因。

1. 短期总供给曲线的理论模型

1）黏性价格模型

黏性价格模型强调在不完全竞争（imperfect competition）市场上，处于垄断竞争的企业是产品价格的制定者，而非价格的接受者。但是，制定或调整价格是需要成本的。这些成本使得一些企业不能迅速地根据需求变动调整它们产品的价格，即所谓的黏性价格现象。产生这些成本的原因众多，这里考察其中比较重要的四个。

一是违约赔偿成本（liquidated damages cost）。由于签约谈判需要成本，企业与顾客之间的合同往往是长期的。在合同期内，企业一旦毁约就要支付给顾客一定的违约金。因此，当违约金大于改变价格带来的收益时，企业就不改换价格。通常要等到下次签合同时，才能再重新定价。

二是菜单成本（menu cost）。企业每次调整价格时，本身需要承担一定成本，这些成本包括研究和确定新价格的成本、编印价单目录的成本、更换价格标签的成本等，因此企业通常不会轻易变动产品价格。

三是声誉成本（reputation cost）。在信息不完全市场上，消费者对产品缺乏完全信息，往往会根据"好货不便宜，便宜没好货"的信念来购物。企业如选择弹性价格，反而会使企业声誉受损，收益下降。所以需求下降时，企业一般不会选择降价促销的策略。

四是厌恶相对损失（aversion relative losses）。在市场不确定情况下，企业普遍存在规避损失的心理，不愿轻易调整价格。根据行为经济学中的相对损失规避规律：人们强烈厌恶相对损失，即一定数量金额收益增加的效用要小于相同数量金额损失减少的效用。遇到经济衰退和繁荣时，为了避免或减少不确定情况带来的相对损失，许多企业都不太愿意变动自己产品的价格。

黏性价格理论的总供给曲线的斜率取决于黏性价格的程度，即价格没有弹性的企业比重。一种比较特殊的情况就是像凯恩斯最初在他的《通论》中所设想的那样，当经济严重萧条时，所有企业的产品价格都处于最低水平，既不会继续下降，也不会轻易上升，处于刚性（rigidity）状态（注意，这种假设在我们考察 IS－LM 模型和蒙代尔-弗莱明模型时一直在使用），总供给曲线为 $P=P_0$ 的一条水平直线，如图 11.3 所示。所以，水平的总供给曲线也称为凯恩斯主义总供给曲线（Keynesian aggregate supply curve）。

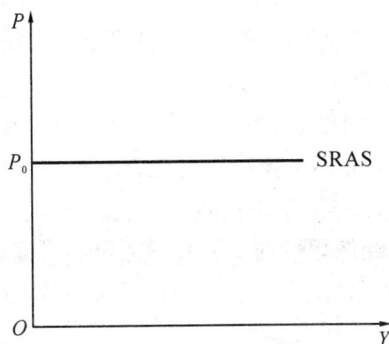

图 11.3　凯恩斯主义总供给曲线

然而，现实中更多的情况是一部分企业的价格有弹性，另一部分企业的价格没有弹性。这样，价格就会对市场需求做出调整，但又不能立即完全调整到位。下面讨论这种情况下的总供给曲线。

设那些价格有弹性的企业根据一般价格水平 P 和总收入 Y 决定企业产品价格 p_1，显然，p_1 与 P 和 Y 都正相关，我们用一个简单公式来表示这种关系，即

$$p_1 = P + a(Y - Y^*)$$

其中：参数 a 是大于 0 的常数；Y^* 是潜在产出。

那些价格没有弹性的企业根据预期价格 P_e 确定自己产品未来一段时间内的价格 p_2，即

$$p_2 = P_e$$

如果价格有弹性的企业的比例为 s，价格没有弹性的企业的比例为 $1-s$，则价格为

$$P = sp_1 + (1-s)p_2 = s[P + a(Y - Y^*)] + (1-s)P_e$$
$$= P_e + \frac{sa}{1-s}(Y - Y^*)$$

取 $b = \frac{1-s}{sa} > 0$，显然，b 是 s 的递减函数，从而有

$$Y = Y^* + b(P - P_e)$$

即总供给曲线是一条向右上倾斜的曲线。

2）黏性工资模型

黏性工资模型强调劳动市场的名义工资调整缓慢。在现实中，劳动市场往往失效。许多时候名义工资并不能迅速得到调整，于是出现了黏性名义工资现象。产生黏性名义工资的原因众多，除了第 12 章将要介绍的工资刚性（wage rigidity）外，还有企业与工人之间存在长期合同（long-run contract）和隐含合同（implied contract）等因素。

长期合同理论认为由于劳动合同谈判需要支付较高的谈判费用，因此劳动合同期限一般不会很短暂。据美国经济学家调查，在美国占有决定性的重要行业中，劳动合同的期限通常为三年。在合同期内，任何一方要求改变工资都要支付违约金。名义工资在三年合同期内不会轻易更改。劳资双方往往要等到合同期满后，才能根据当时的市场情况签订新的工资合同。因此，虽然名义工资会对劳动市场的供需情况做出调整，但是这种调整不可能非常及时。

隐含合同理论是一系列有关非正式劳资合同导致黏性名义工资的理论总称。隐含合同系指工人与企业之间在工资和就业等问题上的一些非正式协议。这些非正式协议的宗旨是保证工人享有比较稳定的收入流。

隐含合同理论认为工人是风险规避者。他们希望得到保证自己收入流稳定的"保险"合同，平稳自己的消费流。然而，他们又无法轻易地进入资本和保险市场，实现平稳收入流的愿望。于是，他们就与企业签订一份以定额收入为主的长期工资合同，而非以利润分成为主的短期工资合同。这样，在经济繁荣时，工人不能得到最高的收入，也不会轻易跳槽；在经济萧条时，工人不会得到极低的工资，也不能简单被解雇。因此，这种隐含合同导致黏性名义工资。

假定遇到经济冲击时，所有企业都保持名义工资不变。这将会导致总供给曲线向右上倾斜，如图 11.4 所示。在图 11.4(a) 中，当名义工资不变时，实际工资与价格成反比，两者

构成向右下倾斜的曲线,价格从 P_1 提升至 P_2,实际工资从 W_0/P_1 下降到 W_0/P_2。在图 11.4(b)中,向右下倾斜的劳动需求曲线表示劳动需求是实际工资的递减函数,实际工资下降导致企业的劳动需求增加,从 N_1 增至 N_2。在图 11.4(c)中,关于劳动的生产函数表示产出与劳动投入的递增关系,劳动投入增加引起总产出从 Y_1 提高到 Y_2。图 11.4(d)反映了随着价格的上升,总产出会有所提高,表示总产出是价格的递增函数,总供给曲线向右上倾斜。

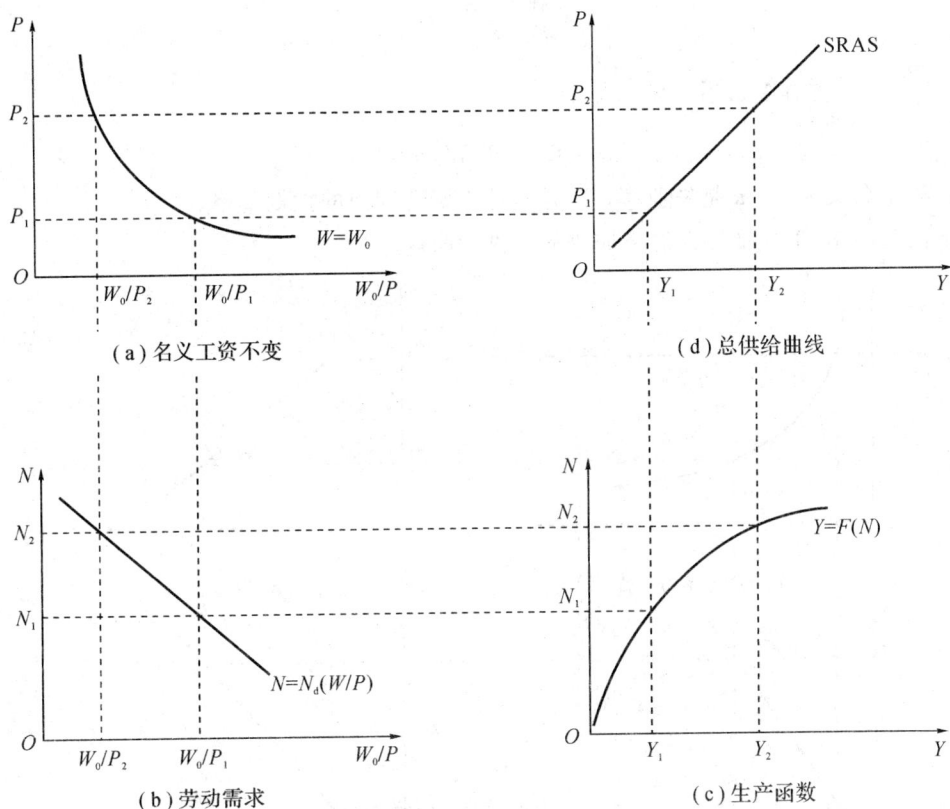

图 11.4　工资黏性总供给曲线

根据预期价格正确,现实充分就业和潜在产出的设定,则总供给曲线为
$$Y = Y^* + b(P - P_e)$$

3) 加成定价模型

加成定价模型强调产品价格往往是根据生产成本制定的。而生产成本又与工资之间存在某种固定关系。这些变量习惯性稳定联系将导致黏性实际工资。正是这种黏性造成了总供给曲线向右上倾斜。

为了推导出价格加成条件下的总供给曲线,首先,用生产函数连接劳动与产出的关系。最简单的生产函数就是产出等于劳动,即
$$Y = N$$

其中:Y 是产出;N 是劳动投入或就业量。这意味着每 1 单位劳动或劳动力将产出 1 单位产品。

其次，假定企业的产品定价遵循简单加成原则，即出售的产品价格等于实际生产成本简单加成：

$$P = (1+\mu)W$$

其中：P 是产品价格；W 是工资；μ 是利润加成，它是一个反映市场结构特征的参数，大于或等于 0。市场垄断程度越小，μ 也越小。市场完全竞争时，μ 等于 0。假定工人工资定价取决于劳动供需情况，失业率越高，企业谈判地位越高，工资越低，即

$$\frac{W}{P_e} = W(u)$$

其中，$\dfrac{\mathrm{d}W}{\mathrm{d}u} < 0$。方程变形后，有

$$W = P_e W(u)$$

其中：W 是名义工资；u 是失业率；P_e 是签订工资合同前的预期价格。

下面利用图 11.5 推导出价格加成的总供给曲线。

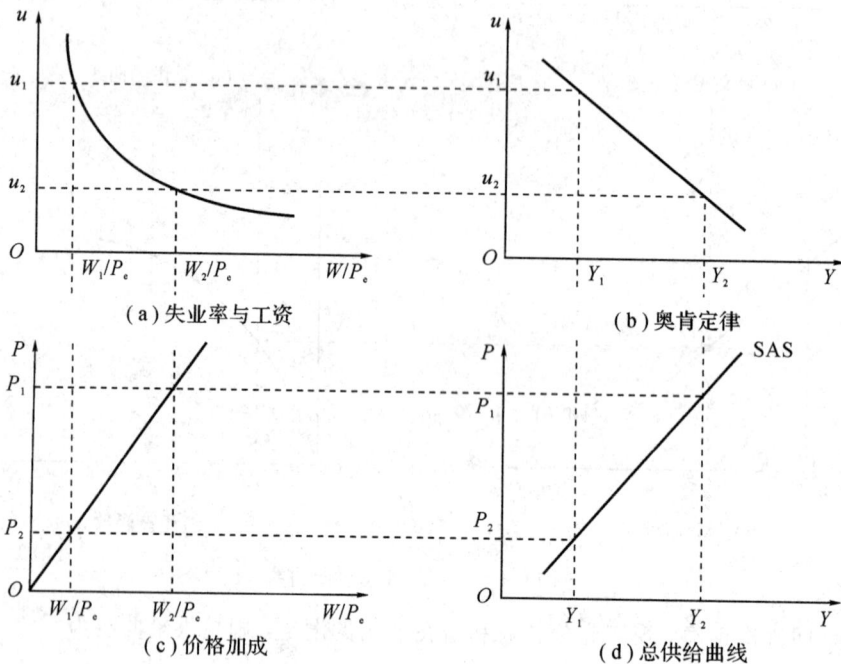

图 11.5　价格加成总供给曲线

在图 11.5(a)中，如果失业率从 u_1 下降到 u_2，则工人谈判地位提高，实际工资从 W_1/P_e 上升到 W_2/P_e。在图 11.5(b)中，当失业率从 u_1 下降到 u_2 时，由奥肯定律(其表明产出与失业率之间存在负相关关系，详细内容将在第 12 章介绍)可知，产出将会从 Y_1 增加到 Y_2。在图 11.5(c)中，当实际工资上升后，按价格简单加成原则，企业的产品定价也将从 P_1 提至 P_2。图 11.5(d)总结了价格与产出之间关系的总供给曲线。当价格从 P_1 上升为 P_2 时，产出将从 Y_1 增加到 Y_2。

根据预期价格正确、现实充分就业和潜在产出的设定，则短期总供给曲线为

$$Y = Y^* + b(P - P_e)$$

4）信息不完全模型

与黏性价格模型、黏性工资模型及加成定价模型不同，信息不完全模型假设劳动、产品和服务市场出清，即所有工资和价格都可以自由调整达到供需平衡状态。在这一模型中，短期与长期总供给曲线的不同之处在于人们对价格的预期几乎总会存在暂时性错觉。

信息不完全模型假设经济中的每个供给者生产一种单一产品或服务并消费许多产品和服务。鉴于产品和服务种类很多，供给者无法在所有时间中观察到所有产品和服务的价格，他们通常只能密切注视他们所生产的产品和服务价格，而不太关注其他产品和服务的价格，造成信息不完全。正是由于这种信息不完全，他们往往会混淆一般价格总水平的变动与不同产品和服务之间的相对价格的变动。这种混淆影响了生产者的供给决策，并导致价格与产出之间存在短期正相关关系。下面从信息不完全的设定，推导短期总供给曲线。

假设在一个经济中，n 家不同企业生产 n 种不同产品或服务。典型企业 i 生产产品或服务 i。假设在市场不确定情况下，企业 i 在决定产品或服务产出时，仅清楚自己产品或服务 i 的价格，而不知道经济整体的一般价格水平（一个经济整体的一般价格水平通常需要在事后一定时间才被有关部门统计出来）。企业 i 是根据下列理性预期（rational expectations）公式来决定产出的：

$$Y_i = h(P_i - P_{ai}) + Y_i^*$$

其中：Y_i 是企业 i 的产出；P_i 是产品或服务 i 的价格；Y_i^* 是企业 i 的潜在产出；P_{ai} 是企业 i 在已知自己产品 i 当前价格 P_i 和所有公开历史资料情况下，预测的当前一般价格水平；h 是一个正常数。但是，这个预期价格是私人信息，且因为每个企业了解到当前自己产品的市场情况也不相同，即 P_{ai} 不一定等于 P_{aj}（$i \neq j$），所以很难将其作为社会观察指标来使用。不过，我们可以通过下列公式，用一个公共信息的预期价格来替代：

$$P_i - P_{ai} = r(P_i - P_{ei})$$

其中：P_{ei} 是不知道任何当前价格情况下，仅根据所有公开的历史资料，预测的当前一般价格水平（因为每个企业都用理性的方法预测，而且掌握的公开历史资料相同，所以每家企业得到的 P_{ei} 都会相同，即 $P_{e1} = P_{e2} = \cdots = P_{en} = P_e$）；$r$ 是一个小于 1、大于 0 的常数。这个公式表示利用更多的信息预测价格的预期相对偏差会减少。也就是说，仅利用历史信息预测的结果"平均"要比利用全部能够掌握的信息预测的结果"平均"偏差要大。当然，这并不意味每次这样的预测，前者一定不如后者准确。

综上可得

$$Y_i = hr(P_i - P_e) + Y_i^*$$

方程两边，从 $i = 1$ 一直加到 $i = n$，则有

$$Y = \sum_{i=1}^{n} hr(P_i - P_e) + Y_i^* = nhr(P_i - P_e) + Y^*$$
$$= Y^* + b(P - P_e)$$

其中，$P = \dfrac{\sum_{i=1}^{n} P_i}{n}$，$Y = \sum_{i=1}^{n} Y_i$，$Y^* = \sum_{i=1}^{n} Y_i^*$，$b = nhr > 0$。

所以，短期总供给曲线也是一条向右上倾斜的曲线。

前面介绍的四个模型都从不同的市场不完善角度来说明短期总供给曲线的非垂直性。这些模型并不是相互排斥的，相反，它们是互补兼容的。正是短期总供给曲线的非垂直性才会因总需求曲线与长期总供给曲线的相对移动影响产出和就业。

2. 短期总供给曲线的变动

前面已经讨论了长期总供给曲线的漂移，现在来分析短期总供给曲线的变动。短期总供给曲线变动要比长期总供给曲线稍复杂一些，为此，先分析一种比较极端的情况。假设经济处于一个没有技术创新和制度改革的传统社会里，经济和人口也都没有增长，长期总供给曲线自然不会移动。下面以黏性价格情况为例说明短期总供给曲线在这类极端情况中的变动过程。

假设这个经济在 $t=0$ 时受到一个冲击，而在此后很长时间里没有受到任何冲击。这个经济拥有生产技术完全相同的 n 个企业，每月只有一个企业的产品销售合同到期，允许其根据需求情况重新确定产品价格。根据假定，$t=0$ 时，所有企业将以前长期的市场价格作为预期价格定价，总供给曲线为

$$P = P_e$$

那么，在遇到冲击后第 1 个月，有 1 个企业根据市场产品需求情况调整自己产品的价格，在遇到冲击后第 2 个月，有 2 个企业根据市场产品需求情况调整自己产品的价格……在遇到冲击后第 t 个月，有 t 个企业根据市场产品需求情况调整自己产品的价格($0 \leqslant t \leqslant n$)，这些调整价格企业的比例为 $\frac{t}{n}$，产品价格为 $p = P + a(Y - Y^*)$，而其余没有调整价格企业的比例为 $\frac{n-t}{n}$，产品价格为 $p = P_e$。

这个经济在冲击后第 k 个月的一般价格水平为

$$P = \frac{t}{n}[P + a(Y - Y^*)] + \frac{n-t}{n}P_e$$

移项整理后，得到第 t 个月的总供给曲线：

$$Y = Y^* + \frac{n-t}{at}(P - P_e) \quad \text{或} \quad P = P_e + \frac{at}{n-t}(Y - Y^*)$$

由此式可以看出，随着 t 的增大，短期总供给曲线的斜率也在不断增大，最后($t=n$)斜率趋向无穷大，即短期总供给曲线垂直，与长期总供给曲线重合。也就是说，在短期总供给曲线变动过程中存在一个由水平向垂直逆时针旋转的过程，这个过程就是短期总供给曲线向长期总供给曲线的"恢复"过程。

图 11.6 中，SAS_0 表示 $t=0$ 时的短期总供给曲线，SAS_1 表示 $t=1$ 时的短期总供给曲线……SAS_n 表示 $t=n$ 时的短期总供给曲线，LAS 表示长期总供给曲线。图 11.6 表示短期总供给曲线会逆时针旋转变动。如果长期总供给曲线静止不动，那么短期总供给曲线最终会与长期总供给曲线重合。

然而，现实经济要比上述情况复杂得多，经济不时受到各种冲击。短期总供给曲线一方面要随长期总供给曲线(只是一种理论的虚构)平移，另一方面又要向相对应的长期总供给曲线"恢复"。由于经济始终处在增长中，因此长期总供给曲线几乎不停地向右移动，这意味着经济会不断地受到由供给与需求增长不同步而引发的冲击，短期总供给曲线很难恢

复到垂直的水平。也就是说，虽然短期总供给曲线始终存在一种向长期总供给曲线恢复的趋势，但是由于经济不断受到各种冲击，这种短期总供给曲线的恢复过程很难全部实现。因此，现实经济的短期总供给曲线总是一条向右上倾斜的曲线，而且几乎不停地向右漂移。

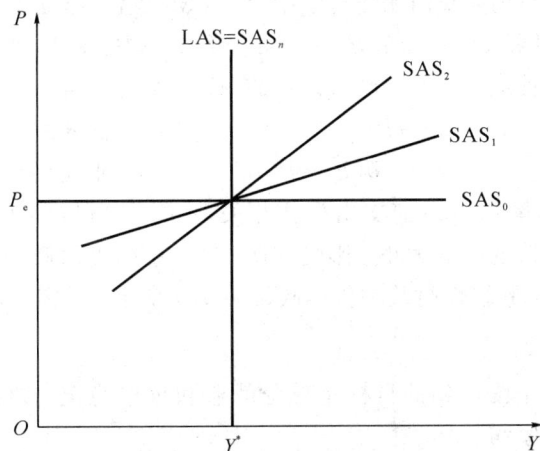

图 11.6　长期总供给曲线不变时的短期总供给曲线的变动过程

图 11.7 中，SAS_1 和 LAS_1 分别表示 $t=1$ 时的短期总供给曲线和长期总供给曲线，SAS_2 和 LAS_2 分别表示 $t=2$ 时的短期总供给曲线和长期总供给曲线……不同时期的短期总供给曲线斜率也并不一定相等。不同时期的总供给曲线斜率大小反映了相应时期的市场完善程度。斜率大，说明相应的冲击弱，市场调节能力强和完善程度高；斜率小，说明相应的冲击强，市场调节能力弱和完善程度低。另外，不同时期的预期价格也不相同，如图 11.7 中 $P_{e1} \neq P_{e2}$。一般总供给曲线中的预期价格往往是一个外生的变量。

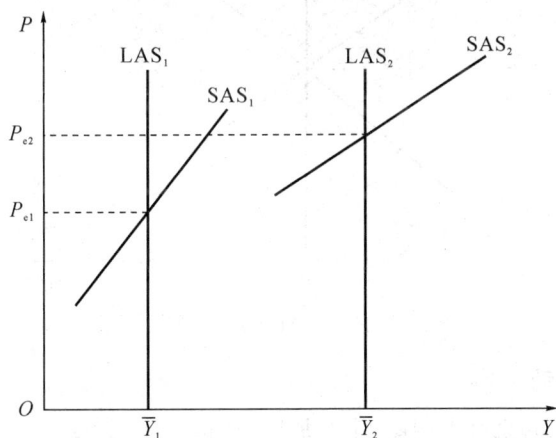

图 11.7　长期总供给曲线移动时的短期总供给曲线的变动过程

通常当经济增长和长期总供给曲线右移时，收入会提高，总需求曲线也会右移。但是，由于收入分配制度和消费者心理等方面的原因，总需求曲线的移动速度未必与长期总供给曲线的一致，在非垂直短期总供给曲线的影响下，将会引发通货膨胀，或提高失业率。这方面的讨论将在第 15 章中详细介绍。

11.3 AD - AS 模型

当讨论价格变动问题时，我们无法再使用 IS - LM 模型或者蒙代尔-弗莱明模型了，但是可以用 AD - AS 模型来说明一个经济在产品、货币、国际和劳动等四个市场上的均衡。如果将第 8 章的总需求曲线线性化，则有以下的 AD - AS 模型：

$$Y = a - cP \qquad \text{（AD 曲线）}$$
$$Y = Y^* + b(P - P^*) \qquad \text{（AS 曲线）}$$

其中，$a(>0$，与货币存量 M 和政府支出 G 正相关）、$b(\geqslant 0)$ 和 $c(\geqslant 0)$ 均为常数。

需求调控政策都会改变 a 的大小，影响均衡产出。扩张性财政和货币政策会使 a 增大，总需求曲线右移；相反，紧缩性财政和货币政策会使 a 变小，总需求曲线左移。

1. 宏观经济目标

短期宏观经济管理企图达到的目标是充分就业和价格稳定，即：不存在非自愿失业，同时也没有通货膨胀和紧缩。

图 11.8 表明，当总需求曲线（AD）和总供给曲线（AS）相交于 E_0 点时，产出（Y）处于潜在产出的水平（Y^*），价格为 P^*，此时，价格既不会上升，也不会下降。

然而，现实中，只有在偶然的情况下，AD 和 AS 才能相交于 E_0 点。经济中的许多因素都会影响 AD 和 AS 之间的相对位置，使二者的交点脱离 E_0。下面分别论述总需求曲线（AD）和总供给曲线（AS）发生相对移动的情况。

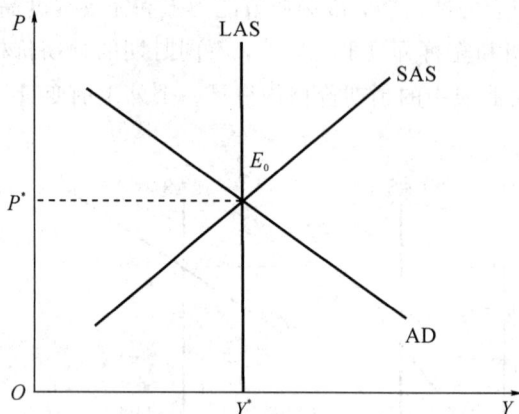

图 11.8 AD - AS 模型

2. 总需求曲线移动

总需求曲线移动的后果可以用图 11.9 加以说明。

图 11.9 显示，在某一时期，AD_0 和 AS 相交于代表充分就业的均衡 E_0。E_0 代表的产出为潜在产出 Y^*，价格为 P^*。这时，如果总需求减少，则 AD 向左移动到 AD_1，AD_1 和 AS 相交于 E_1，产出减少到 Y_1，价格降低到 P_1，经济陷入萧条；反之，情况相反，经济出现景气。

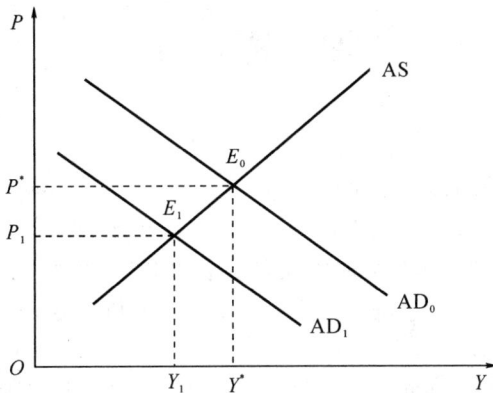

图 11.9　AD 曲线移动的后果

3. 总供给曲线移动

总供给曲线移动的后果可以用图 11.10 加以说明。

图 11.10 说明，在某一时期，AD 和 AS_0 相交于代表充分就业的均衡 E_0。E_0 的产出为潜在产出 Y^*，价格为 P^*。这时，如果总供给减少，则 AS 向左移动到 AS_1，AD 和 AS_1 相交于 E_1，产出减少到 Y_1，价格上升到 P_1，经济陷入所谓的滞胀；相反，AS 向右移动，产出增加，价格下降。不过，这类情况在现实中很少出现。

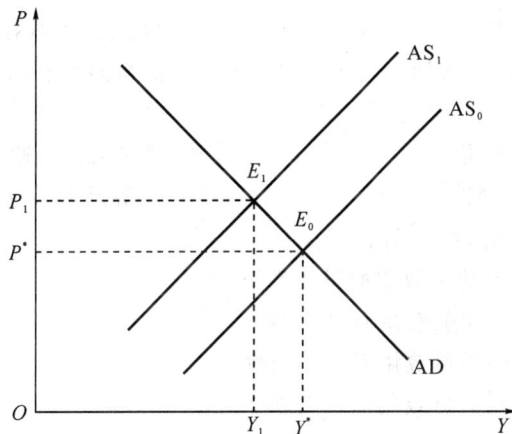

图 11.10　总供给曲线移动的后果

滞　胀

所谓滞胀（stagflation），是指经济处于较高通货膨胀与较低经济增长（或负增长）交织并存的状态。滞胀是从 20 世纪 70 年代初开始出现的一种新的经济现象。当时在石油危机的冲击下，西方发达国家一方面经济增长缓慢或停滞，由此引起大量失业；另一方面通货膨胀加剧，价格持续快速上升。20 世纪 70 年代末 80 年代初，西方国家的滞胀现象十分猖獗，因此滞胀问题逐渐受到人们的普遍关注。

习 题 11

一、选择题

1. 黏性工资模型中的黏性要素是( )。

A. 实际工资 　　　　B. 名义工资 　　　　C. 产出 　　　　D. 通货膨胀

2. 黏性工资模型中，当 GDP 增加但没有供给冲击时，实际工资将( )。

A. 上升 　　　　B. 下降 　　　　C. 保持不变 　　　　D. 不确定

3. 黏性工资模型预测( )。

A. 短期总供给曲线是垂直的 　　　　B. 短期总供给与价格水平无关

C. 企业沿着固定的劳动力需求曲线移动 　　　　D. 以上全都不对

4. 黏性价格模型中，( )。

A. 所有企业都不时地调整价格以回应需求的变化

B. 没有企业不时地调整价格以回应需求的变化

C. 一些企业不时地调整价格以回应需求的变化，但另一些并不这样

D. 产出是不变的

5. 如果经济中所有企业都有短期固定价格，则( )。

A. 短期与长期总供给曲线相同 　　　　B. 短期总供给曲线垂直

C. 短期总供给曲线水平 　　　　D. 以上全都不对

6. 在总需求与总供给的短期均衡中，如果短期总供给曲线右移，在总需求曲线不变的情况下，会出现( )。

A. 经济停滞，通货紧缩 　　　　B. 经济繁荣，通货紧缩

C. 经济停滞，通货膨胀 　　　　D. 经济繁荣，通货膨胀

7. 短期劳动力供给函数( )。

A. 由于不断增加的劳动负效用而呈正斜率

B. 由于不断减少的劳动负效用而呈负斜率

C. 由于不断减少的闲暇负效用而呈正斜率

D. 由于不断增加的闲暇负效用而呈负斜率

8. 实际 GDP 与潜在 GDP 的关系是( )。

A. 总是相等的

B. 实际 GDP 总是低于潜在 GDP

C. 实际 GDP 总是高于潜在 GDP

D. 实际 GDP 可以大于也可以小于或者等于潜在 GDP，一般情况下，实际 GDP 小于潜在 GDP

9. 当( )，古典总供给曲线存在。

A. 产出水平是由劳动力供给等于劳动力需求的就业水平决定时

B. 劳动力市场的均衡不受劳动力供给曲线移动的影响时

C. 劳动力需求和劳动力供给立即对价格水平的变化做出调整时

D. 劳动力市场的均衡不受劳动力需求曲线移动的影响时

10. 如果总供给曲线垂直，那么决定价格的主导因素是（　　）。

A. 供给　　　　　　　B. 需求　　　　　　C. 产出　　　　D. 就业

11. 假定经济实现了充分就业，总供给曲线为正斜率，那么减税会使（　　）。

A. 价格上升，实际产出增加　　　　　B. 价格上升，实际产出不变

C. 实际产出增加，价格不变　　　　　D. 名义和实际工资都上升

12. 长期总供给曲线是一条垂直线的原因在于（　　）。

A. 供给总是趋于过剩的

B. 需求的限制

C. 产出不取决于物价水平

D. 由价格、资本、劳动力和能获得的技术决定

13. 总需求的决定因素不包括（　　）。

A. 价格　　　　　　　　　　　　　B. 预期

C. 财政政策和货币政策　　　　　　D. 技术进步

14. 如果（　　），总供给与价格水平正相关。

A. 摩擦性与结构性失业存在

B. 劳动力供给立即对劳动力需求的变化做出调整

C. 劳动力需求立即对价格水平的变化做出调整，但劳动力供给却不受影响

D. 劳动力供给立即对价格水平的变化做出调整，但劳动力需求却不受影响

15. 总供给曲线右移可能是因为（　　）。

A. 其他情况不变而厂商对劳动需求增加　　B. 其他情况不变而所得税增加

C. 其他情况不变而原材料涨价　　　　　　D. 其他情况不变而劳动生产率下降

二、简答题

1. 简述影响总需求曲线移动的因素。

2. 如何正确理解总供给曲线斜率为正？

3. 古典总供给曲线为什么是垂直的？

三、证明题

1. 作图证明：如果总供给曲线垂直，则货币中性。

2. 证明：如果价格黏性，则短期总供给曲线向右上倾斜。

第 12 章 失 业

在传统农业社会中，人们从来没有听说过"失业"这个词。失业是一个现代工业化社会才出现的社会问题。在经济学范畴中，一个人愿意并有能力为获取报酬而工作，但尚未找到工作的情况，即认为是失业。失业也许是最能够给人以切身影响的宏观经济变量。如果毕业时正处在经济景气期，失业水平低，那么找到报酬丰厚、专业对口和条件优越的工作就比较容易。相反，如果毕业时正处在经济衰退期，失业水平高，工作就比较难找，我们可能会安于做一份与自己理想不相符并且工资也不高的工作。本章主要介绍一些关于现代社会失业形成的原因，以及降低失业率的经济政策。

12.1 失业的类型

失业大致归为 4 类：被解雇、自动离职、刚进入劳动市场尚未被雇用以及回归劳动市场尚未重新被雇用，相对应的失业者被称为丧失工作者、离职者、新进入劳动市场者和重新进入劳动市场者。

丧失工作者：曾经工作过，但后来被解雇了。如我国 20 世纪 90 年代的下岗工人，他们往往由于种种原因年青时候没有接受良好教育，学习新知识和掌握新技术的能力较差，难以适应熊彼特所说的创造性毁灭。比如，当数字相机替代传统相机后，如果胶卷厂不能创新出新产品，就会倒闭，工人就要失业。

离职者：曾经就业过，后来辞职了。如大部分裸辞者，他们往往是工作不久的年轻人，他们在探索自己擅长什么工作，或喜欢什么工作，或通过工作积累了一定经验，寻求更好的工作。一般来说，开始工作的 2 至 3 年是年轻人换工作的频繁期。

新进入劳动市场者：多指应届毕业生，在中国，通常还包括新进城的农民工。在世界各国，这部分失业者是失业的主力军。经济学家认为，其原因有三点：一是他们劳动技能低下，工作经验少，很难被用人企业重视；二是他们的才华尚未被用人企业发现；三是他们自己创业需要时间准备。

重新进入劳动市场者：曾经工作过，但后来由于种种原因失去工作，且离开了劳动市场，现在又打算重新找工作。比如，妇女养育小孩期间离开了劳动市场，小孩长大后又要重新开始找工作。

12.2 失业生成理论

由于失业生成原因的复杂性，不同经济学家对这一现象的解释就会有很大差异，本节主要介绍三种非常不同，但是彼此之间又相互兼容和补充的失业生成理论：工作搜寻、工资刚性和经济周期。

1. 工作搜寻和摩擦性失业

在微观经济学中，消费者通常会把自己的时间用于两种不同的活动：工作和闲暇。然而，失业是一种不同于工作和闲暇的经济活动，它是一种搜寻活动。由于劳动市场的信息不完全，劳动力在不同地区和企业之间流动也不是即刻能够完成的，一个暂无工作的人找到一份合适的工作往往需要一定的时间。在这段时间内，他就是一个失业者。这种由于寻找合适工作需要时间所产生的失业称为摩擦性失业(frictional unemployment)。因此，一般来说，摩擦性失业都是短期性失业。所谓短期性失业，就是一个失业者失业的持续时间小于 6 个月。

说明摩擦性失业发生的模型就是所谓的工作搜寻(job search)模型。它假定劳动力人口是稳定的，即每月加入劳动力的人数等于每月退出劳动力的人数。同样，在就业者中每月会有一部分人失去工作或自动离职，成为新失业者。而在失业者中每月也会有一部分人找到工作，成为新就业者。当新失业者的数量等于新就业者的数量，失业者总量保持不变时，我们就称劳动市场稳定。

我们可以用图 12.1 说明这种就业与失业的转换关系。

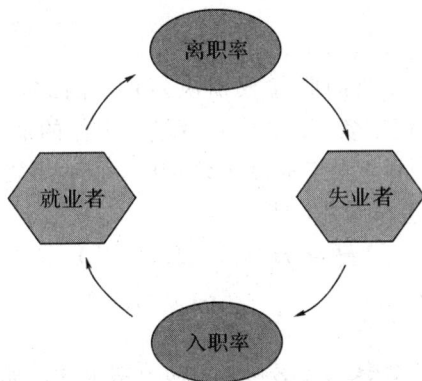

图 12.1　就业与失业的转换

图 12.1 中：离职率(rate of job separation)就是每月失去或离开自己工作的就业者比例，用 s 表示；入职率(rate of job finding)就是每月找到工作的失业者比例，用 f 表示。如果劳动市场处于稳定状态，失业率没有变化，那么离职人数就要等于入职人数，即

$$sE = fU$$

将 $E = L - U$ 代入(E 为就业人数，U 为失业人数，L 为劳动力)，得到

$$s(L - U) = fU$$

两边同除 L，就有

$$s\left(1 - \frac{U}{L}\right) = f\frac{U}{L}$$

即

$$s(1 - u^*) = fu^*$$

其中，$u^* = \dfrac{U}{L}$ 为劳动市场稳定时的失业率。整理后，有

$$u^* = \frac{s}{s+f}$$

图 12.2 中，$s(1-u^*)$ 和 fu^* 两线交点的横坐标 u_0^* 就是劳动市场稳定的失业率。

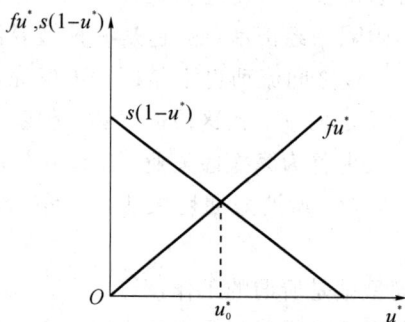

图 12.2　劳动市场稳定的失业率

入职率取决于以下两方面因素：一是工作机会率(job offer rate) p，它是指在一段时间内，失业者获得工作机会的频率(也就是说，在所有失业者中，有 p 比例的失业者得到工作机会)；二是工作接受率(receive job rate) H，它是指失业者对工作机会接受的比例。因此，有

$$f = pH$$

工作接受率是由就业与失业的收益权衡决定的。因此，它是保底工资(reservation wage) ω 的递减函数。所谓保底工资，是指失业者接受工作的最低工资。当失业救济金 b 提高时，保底工资也将上升；同样，当工资税 T 增加时，保底工资也将上升。所以，工作接受率是失业救济金和工资税的递减函数，即

$$H = H(\omega) = H(b, T)$$

其中，$\dfrac{\mathrm{d}H}{\mathrm{d}\omega} < 0$，$\dfrac{\partial H}{\partial b} < 0$ 和 $\dfrac{\partial H}{\partial T} < 0$。

当失业救济金提高时，工作接受率会降低，而劳动市场失业率会上升。

在图 12.3 中，当失业救济金从 b_1 提高到 b_2 时，工作接受率就会从 $H(b_1, T)$ 下降到 $H(b_2, T)$，直线 $pH(b_1, T)u^*$ 顺时针旋转到 $pH(b_2, T)u^*$，劳动市场稳定的失业率从 u_1^* 上升到 u_2^*。同样，当工资税提高时，劳动市场失业率同样也会上升。类似地，离职率 s 下降，劳动市场失业率也会下降。

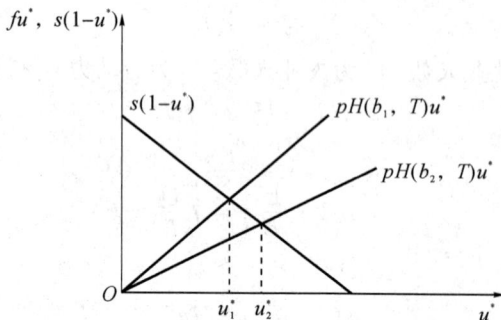

图 12.3　失业救济金提高

在图 12.4 中，当离职率从 s 下降到 s'，直线 $s(1-u^*)$ 逆时针旋转到 $s'(1-u^*)$ 时，劳动市场稳定的失业率就会从 u_0^* 下降到 u_1^*。注意，工资税和失业救济金提高会增加摩擦性失业，但是这并不意味是一件坏事。税收提高可以促进政府公共产品供给水平增加，扩大政府财政转移的规模。失业救济金提高能够保证失业者在失业期间足够的福利水平，有充足的时间选择工作，使劳动力与工作职位更为匹配。

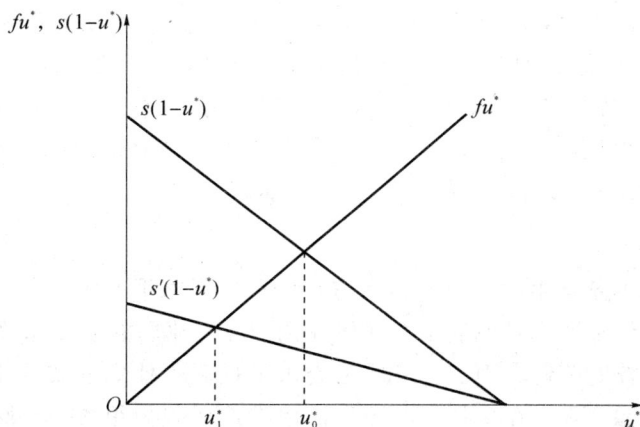

图 12.4 离职率下降

2. 工资刚性与结构性失业

凯恩斯在《通论》中谈到劳动市场不完全性时，特别强调了工资刚性对失业的影响。当劳动市场的工资 w_1 高于劳动力出清工资 w^* 时，就会出现劳动市场供需不匹配（rationing），即劳动供给数量大于劳动需求数量，见图 12.5。这种因工资刚性引起劳动市场供需不匹配，从而造成的失业，称为结构性失业（structural unemployment）[①]。

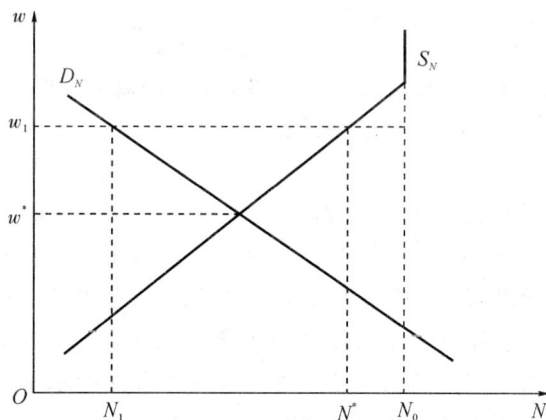

图 12.5 劳动力供需不匹配

图 12.5 中：横轴为劳动；纵轴为实际工资；D_N 是劳动的需求曲线；S_N 是劳动的供给曲线；w_1 是工资；w^* 是劳动出清工资；N_1 是企业在工资 w_1 下打算雇用的劳动；N^* 是劳动力

---

① 这种结构性失业定义选自曼昆《宏观经济学（第七版）》（中国人民大学出版社）。国内许多教材中将结构性失业定义为"因劳动力的技能与职位不匹配造成的失业"。

在工资 w_1 下准备提供的劳动；$N^* - N_1$ 是结构性失业量，由于这部分失业者愿意接受工资 w_1 的工作机会，却没有找到工作，所以也称非自愿失业(involuntary unemployment)量；N_0 表示劳动力人口；$N_0 - N^*$ 是自愿失业(voluntary unemployment)量，这部分失业者不愿意接受工资 w_1 而没有得到工作。

如果一般产品市场上出现价格高于出清价格，产品供给大于需求时，在市场力量驱动下，产品价格会逐渐下降，趋于产品出清价格。然而，劳动市场的特殊性导致工资刚性(wage rigidity)。在一定时间内，市场难以通过工资下降，纠正工作配给。这种工资刚性引起工作配给，由此产生的失业就是结构性失业。结构性失业往往是一些超过 6 个月的长期性失业。劳动市场的特殊性主要有三个方面：最低工资法(Minimum wage laws)、效率工资(efficiency-wage)和内部人与外部人(insider-outsider)。

1) 最低工资法

为了保障工人的基本生活需要和做人尊严，不少国家都制定了最低工资法。对大多数劳动者而言，最低工资法对他们不起任何作用，因为他们的工资水平远远高于这一水平，但是对某些非技能劳动者而言，最低工资水平提高了他们的实际工资水平，从而使企业对他们的需求量下降。在中国，由于生活水平地区差异很大，最低工资标准是由各地政府有关部门制定的，标准的差异也很大，2016 年全日制最低工资标准在每月 1150～2190 元之间不等。如果最低工资提高，可能会使工资水平提高，企业雇用工人数量会沿劳动需求曲线向左移动，而希望被雇用劳动力的数量会沿劳动供给曲线向右移动，从而失业量增加。

在世界各国青年劳动力往往是失业率最高的年龄群体。这主要与最低工资有关，因为很多青少年没有技能和经验，企业愿意付给他们的工资很低。最低工资的规定可能会造成他们失业。

2) 效率工资

效率工资理论认为，高工资使工人的生产率更高。削减工资可以减少企业的工资支付，但是更会降低工人的生产率和企业利润。因此，即使在劳动市场上存在超额劳动供给，企业也不愿意削减工资。

经济学家关于效率工资提出了众多理论，归纳起来有以下四类：

第一种效率工资理论认为工资高于出清工资可以改善工人的营养和健康水平，提高工作效率。在贫穷的发展中国家，劳动市场劳动出清工资很低，但是，这样的工资水平很难让工人吃得起营养食品。营养缺乏会造成工人身体素质低劣，工作效率不高。为了保证工人的身体健康，企业愿意将工资提高到让工人吃得起营养食品的水平。这样可以提高工人效率和企业利润。这种效率工资理论适用于贫穷的发展中国家。

第二种效率工资理论认为工资高于出清工资有助于减少培训费用，增加企业利润。当经济衰退，面临产品需求萎缩时，企业通常不会采取降低工资策略，而仍将工资保持在原有水平。因为从长期来看，这是一桩划算的决策。如果企业削减一部分熟练工人的工资，这部分减薪的工人就有可能被其他企业高薪挖走。等经济复苏时，企业就要再到市场上招收新人，为此企业不得不支付一笔额外的培训费用，才能将新人培养成熟练工人，当这笔培训费用高于经济萧条时期高薪支付给熟练工人额外增加的费用时，企业就会高薪养人，于是劳动市场的工资就会高于出清工资。

第三种效率工资理论认为工资高于出清工资能够让企业便于选拔人才，提高生产效率。因为在劳动市场上存在信息不对称问题，企业很难对将要招聘工人的工作能力做出客观评价。如果按劳动市场出清工资雇用工人，那么一些工作能力强的人就不会来应聘，因为这些人知道自己的劳动价值要高于出清工资水平。相反，来应聘的人往往都是工作能力弱的人。因为这些人知道自己的劳动价值要低于或等于出清工资。于是，企业设计了一种自我选择机制诱导工人显示自己的能力，比如，计件工资制。工资与劳动产出成正比。这样工作能力强的工人因计件工资较高，总工资高于出清工资水平，就会选择继续留在企业工作。而工作能力弱的工人因计件工资较低，总工资低于出清工资水平，就会选择离开企业。最终企业的工资水平高于出清工资。

第四种效率工资理论认为工资高于出清工资可以激励工人努力工作，避免怠工。在大多数合同中，只有极少的合同会在合同条款中说明工人在生产过程中的操作细节。即使是计件工资，也因为确定计件标准的困难而使计件工资变得不精确。这样就给工人留下了较大的怠工空间。企业对怠工者的惩罚只能是解雇。然而，如果企业给工人的工资只是出清工资，解雇并不会对怠工者构成实质性威胁。因为他在此处被解雇，可以按同样的工资水平在其他地方应聘上岗。相反，如果企业给工人支付足够高于出清工资的工资，那么工人再因怠工而被开除后，就很难找到同样高工资的职位了。因此，解雇对怠工者构成了一种实质性威胁，从而高薪鼓励了工人在生产过程中不偷懒，避免了磨洋工。如果所有企业都这样考虑问题，那么劳动市场的工资就会高于出清工资。

虽然这四种效率工资理论在细节上有所不同，但是它们有一个共同的观点：企业向工人支付高于出清水平的工资能提高其利润，结果市场工资高于出清工资，造成结构性失业。

3）内部人与外部人

内部人（insider）是指已经被雇用的工人，或暂时被解雇但仍与工会保持联系的人。外部人（outsider）是指长期游离于工会之外的失业者，或短期打工的临时工。外部人很难影响企业资产的价值，在谈判中没有什么影响力。相反，由于企业资产价值在一定程度上受内部人控制，内部人在工资和雇人谈判上有一定影响力，因此企业要解雇内部人的成本变得很高，形成一种准劳方垄断的劳动市场。劳资谈判变成了内部人与企业的谈判，而内部人更关心的是工资高低，而非就业率的高低。谈判结果自然是工资高于出清工资，失业高于自然水平。

3. 自然失业率

一个经济的失业率会受到经济周期的影响，处在时而忽高时而忽低的变动中。与产出波动类似，失业率波动也是围绕一个基准水平运行的，这个基准水平就是自然失业率（natural rate of unemployment）。也就是说，自然失业率是失业率的长期平均值。

自然失业率概念的演化

自然失业率最早是菲尔普斯 1967 年和弗里德曼 1968 年在解释经济预期对菲利普斯曲线影响和西方国家经济滞胀问题时提出的一种假说。弗里德曼将自然失业率看作是在没有货币因素干扰情况下，劳动和商品市场处于均衡时的失业率。总需求波动无法对自然失业率产生影响。当货币冲击或其他冲击改变总需求时，实际失业率会偏离自然失业率。但是，随着通货膨胀的预期调整，实际失业率又会回到自然失业率水平。因此，它可以被理解成充分就业时的失业率，或没有通货膨胀（或紧缩）时的失业率。不过，由于自然失业率和充分就业等概念存在循环定义的问题，从计量的角度看，上面定义的自然失业率很难用实际经济统计数据进行估算。鉴于经济长期状态、货币中性、产出不受货币存量变化影响的原因，像曼昆这样的经济学家更愿意将自然失业率看作是经济处于长期状态时的失业率。具体地说，自然失业率就是实际失业率的长期平均值。美国劳动部就是按某个月前后10年各个月失业率进行平均估算，求出该月的自然失业率。所以，自然失业率随时间变动而变动。但是这种变动是和缓的并且与短期经济波动无关。图12.6就反映了美国实际失业率与自然失业率之间的关系。

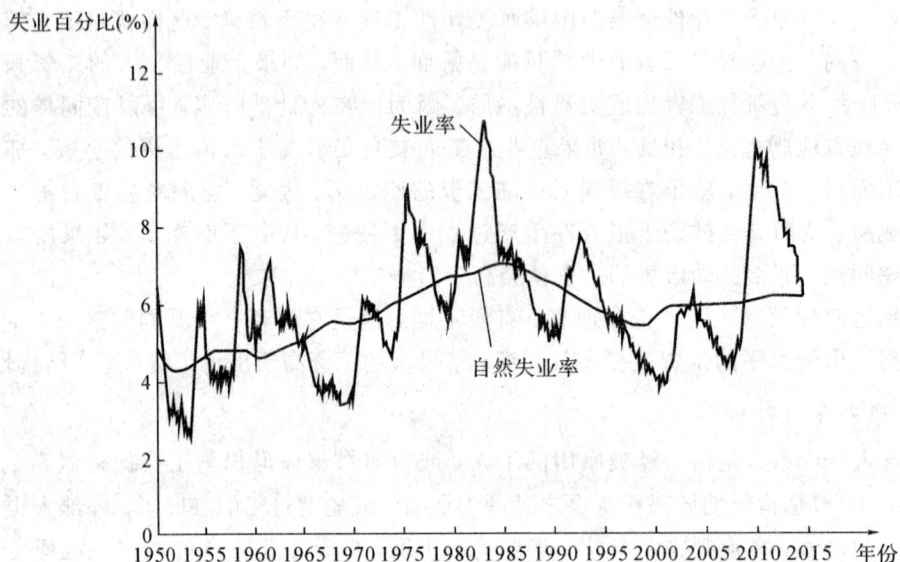

（资料来源：曼昆，《宏观经济学(第九版)》，中国人民大学出版社，2016年）

图12.6　美国失业率与自然失业率

　　自然失业率是由摩擦性失业和结构性失业共同引起的。由于人口结构的变化、技术的进步、人们的消费偏好改变和劳动市场信息不完全等因素，社会上总会存在摩擦性失业和结构性失业。所以，自然失业率总是大于0。经济学家认为失业率保持在自然失业率时的就业就是充分就业。与自然失业率相联系的一个概念是自然就业率，自然失业率和自然就业率之和等于1，知道两者中的一个，就能推知另一个。在不会产生混淆的情况下，一些文献将它们统称为自然率。

4. 失业"滞后"

　　20世纪80年代欧洲长时期持续高失业率现象(见图12.7)，这使一些经济学家改变了对自然失业率假说的信任。他们认为，失业还存在一种"滞后（hysteresis[①]，也译为"回滞"）"现象，即失业率存在自相关性。20 世纪 80 年代经济衰退产生的周期性高失业率对随后年份的失业有着长期而持续的影响。因此，自然失业率并非是一个相对稳定的变量，它会受短期经济波动的影响。

失业百分比(%)

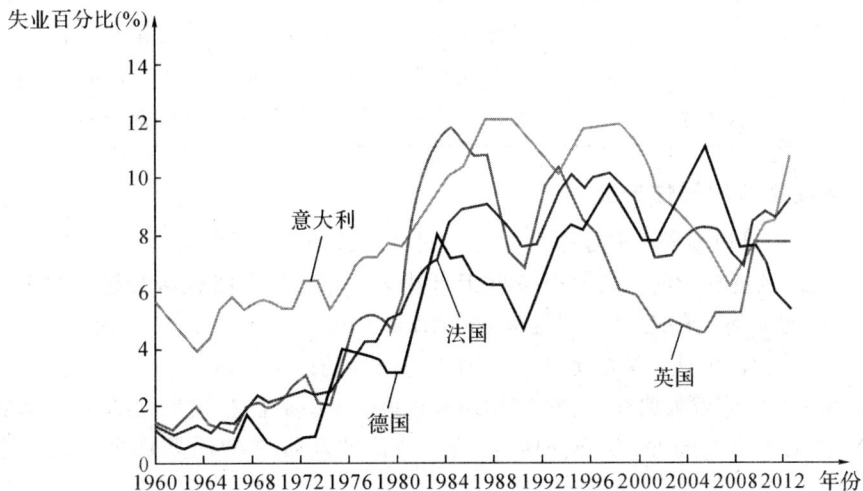

(资料来源：曼昆，《宏观经济学(第九版)》，中国人民大学出版社，2016年)

图 12.7　欧洲失业率

　　对滞后现象的解释大致有三种理论。一是人力资本折旧理论，该理论认为工人在就业时可以通过"干中学"方式积累劳动技能。在失业率比较低的情况下，劳动力的平均技能可以得到提高，从而降低结构性失业，自然失业率就会降低。相反，在失业率比较高的情况下，当大量劳动力长期处于失业状态时，他们就会慢慢失去劳动技能，出现人力资本的大幅度折旧，这会增加他们再就业难度，自然失业率就会升高。二是内部人—外部人理论，该理论认为高失业率会增加长期失业人员，而这些人在工资谈判中几乎不能施加任何影响，在劳动市场上处于劣势地位，这同样也将提高自然失业率。所以，经过经济大衰退后，往往会有较高的自然失业率和实际失业率。三是期望理论，该理论认为从劳动力供给方面看失业者经过长期失业后，挫折感增强，认为找到工作的机会有限，逐渐失去继续寻找工作的勇气。即使经济开始复苏，这些失业者仍没有意愿去找工作。从劳动需求方面看，经济复苏初期，前景往往不够明朗，投资存在较高不确定性，企业更愿意在现有条件下进行调整，延长工人劳动时间，而不愿意招聘新工人，从而导致复苏期失业率仍不下降，自然失业率升高。自 2009 年第三季度开始，美国和欧洲经济已经走出衰退，步入正增长区间，但同时失业率仍在继续升高。总之，滞后理论认为经济大衰退会对失业率，乃至整个经济产生永久性影响。

[①] 滞后是指那些发生较晚的结果。该词源自希腊语，指发生在后面的事件。根据因果关系，滞后作用是指在最初的原因消失之后，结果才逐渐显现。

20世纪80年代欧洲的失业问题

在20世纪60年代，欧洲国家的失业率曾经一直处在2%～3%的低水平，基本上维持了充分就业。但自70年代以来，欧洲各国的失业率一直持续上升。1980—1983年间，欧洲遭受严重经济危机，失业率突升，不少国家失业率高达两位数。在1983年底走出危机之后，欧洲国家仍然不同程度地为严重的失业问题所困扰。直到1986年经济复苏的第三个年头，失业率仍高于危机前水平。其严重程度在"二战"之后是十分罕见的。这种现象很难用自然失业率是不受短期经济波动影响的假说来解释。

5. 经济周期与周期性失业

从图12.8中可以看到，失业率会受经济周期的影响：当经济衰退时，失业率会高于自然失业率；而当经济繁荣时，失业率会低于自然失业率。我们将经济衰退时失业人口高出自然失业人口的那部分称之为周期性失业(periodic unemployment)。从成因上讲，周期性失业还是属于结构性失业，是由劳动供需曲线逆向移动产生的。

图12.8中，劳动需求曲线向左移动到D_N'，就业人口从自然就业人口N_1下降到N_2，其中N_1-N_2就是周期性失业。长期而言，经济周期波动带来的周期性失业情形总会消弭无踪。

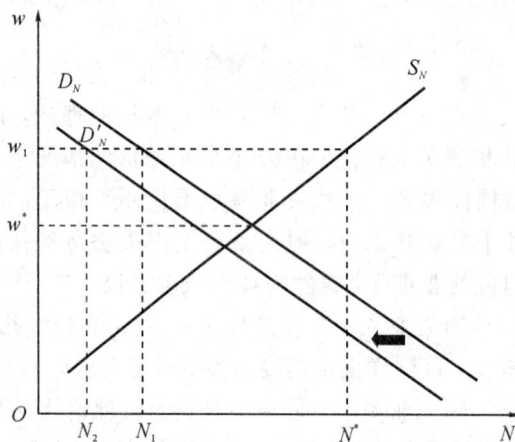

图12.8　周期性失业

12.3　失业危害

失业会给一国的经济发展造成严重的阻碍，从而危及整个社会的稳定，这主要体现在以下几个方面：

（1）产出和收入减少。这是失业所造成的危害中最显著的一个。原先本应在各自岗位上工作的工人却无所事事，这对产出和收入带来的损失是不言而喻的。由奥肯定律估计，失业率每上升1个百分点，就会导致GDP增长率下降2～3个百分点。

（2）人力资本流失。失业有时候会损害失业者的事业发展并侵蚀人力资本。人力资本指的是个人所受的教育和所掌握的技能的价值。举例来说，一个在失业高峰期毕业的计算机系学生迫于生计找了一份快递公司送货员的工作，几年后，因计算机开发工具进化，他发现自己的知识已老化，而无法与新一届的计算机系毕业生竞争，从而他只能继续停留在原先的岗位上，他作为一个计算机程序员的人力资本也就流失了。

（3）犯罪率上升。高失业率常常导致高犯罪率。形成这种联系有三方面的原因：一是当人们无法通过合法途径赚钱时，往往会转而采用非法的手段，诸如偷窃或抢劫；二是低收入带来的家计困难易于诱发家庭暴力，诸如殴打孩子、虐待妻子、自杀等；三是持续失业会使失业者疏远社会，甚至转向卖淫和吸毒等犯罪活动。

（4）人格尊严丧失。长期失业给个人带来的挫折感和经济窘困是难以承受的，会极大地损伤个人的自尊。长期失业也会影响失业者的身体健康。据调查，失业者比常人更易患高血压和心脏病。

（5）社会动乱。高失业率常常导致社会动乱。高失业率容易引发社会动乱的原因有两方面：一是面临激烈的就业竞争，一部分失业者对通过正常途径获取工作感到失望，对社会产生强烈不满，引发制造动乱的冲动；二是失业大大降低了动乱活动参与者的机会成本。失业者比任何人都有更多的时间用于从事动乱活动。无论是"阿拉伯之春"，还是"伦敦骚乱"和"占领华尔街"，都与高失业率，特别是青年高失业率有关。这种无法以一个常规统计数字衡量的损伤同样是十分严重的，可能正是因为这一点，失业问题才具备了如此高度的政治和社会重要性。

12.4　治理失业的供给政策

与前面需求政策不同，治理失业的供给政策主要体现在激励人力资本投资、降低劳动市场摩擦和保护失业者福利等方面。这些供给政策包括：加强人力资本投资、完善劳动力市场、改革税收制度和建立更合理的失业救济金制度。

1. 加强人力资本投资

政府通过培训、加强教育等手段来提高劳动力质量，提高劳动者的技能水平、熟练程度、文化素质，以适应劳动力市场的需求，促进就业。特别是加强青年劳动力的职业培训，让他们有能力承担报酬较高的工作，从而提高工作接受率和减少摩擦性失业。西方国家建立了庞大的社会开放式的人才培训系统，为青年提供实践机会以获取工作经验。20 世纪 60 年代，美国联邦政府通过一系列立法干预、引导高等教育的发展。德国规定"不培训就不能就业"的劳动力市场准则。

2. 完善劳动力市场

首先，政府建立人才市场和就业指导中心，以减小劳动力市场摩擦。其次，政府就业总管理部门及时公布工作职位空缺信息，以提高失业者的工作机会率，降低摩擦性失业。在西方市场经济国家，就业服务体系是连接劳动力供需双方的中介。这些就业中介帮助劳动者克服转换职业、减少寻找新职位的盲目性，从而达到合理调节劳动力流向、改善就业布局、减少失业现象，使劳动力供求双方尽可能趋于平衡的目的。第三，协助劳动力异地流动，在更大的范围内促进劳动力的优化配置。美国政府在 20 世纪 70 年代以来，就十分重视农村经济发展和新兴产业的成长，由政府提供迁移费补贴、住房补贴、职业培训等，使劳动力形成合理的流动,优化了劳动力的配置。在中国可以放宽公民的子女读书和社会福利享用等方面的户籍限制。第四,限制工会权力过度。通过修改部分过于偏袒工会的工资法、工会法和就业法,打破劳动市场的劳方垄断,控制工资增长速度,缩小工资与出清工资之间的差距,降低结构性失业。降低最低工资标准,使技能水平较低的劳动者能够获得就业机会。这一政策主要适用于工会组织发达、社会福利偏高的欧美国家。

3. 改革税收制度

降低或免除低收入工人的工资税。通常被失业者拒绝的工作职位是一些低收入、低福利和劳动条件艰苦的职位。如果在某些场合下,这些职位的税后收入还不及失业救济金,那么这些职位难以吸引失业者。降低或免除低收入工人的工资税可以提高工作接受率,减少摩擦性失业。

4. 建立更合理的失业救济金制度

有些经济学家提议,通过立法执行百分之百经验定律,即要求解雇工人的企业承担全部工人的失业救济金,这样可以降低离职率和摩擦性失业。

建立合理的失业保障制度,对于任何政府来说都是一件相当困难的事情。失业保障水平的提高一方面可以减轻失业的经济困难,帮助失业者寻找更为合适的工作岗位,提高社会福利;另一方面也可能增加失业者的道德风险,提高摩擦性失业的数量。所以,社会保障要建立在社会能够承受的水平之内。

习 题 12

一、选择题

1. 零失业是一个不现实,可能也不可取的政策目标,这是因为如下事实,除了(   )。

A. 工作和工人匹配需要时间

B. 强迫年老的人工作是不人道的

C. 最低工资法限制了工作机会

D. 一些失业工人不愿意在提供给他们的岗位上工作

2. 自然失业率的主要决定因素是(   )。

A. 离职率和就业率　　　　　　　　B. 失业平均持续时间

C. 劳动力规模　　　　　　　　　　D. 离职率

3. 设 L 等于劳动力规模,E 等于就业工人人数,U 等于失业工人人数,则失业率等于(   )。

A. $(L-E)/L$　　　　　　　　　　B. U/L

C. $1-(E/L)$　　　　　　　　　　D. 以上全部

4. 设 s 表示离职率,f 表示入职率。如果劳动市场处于稳定状态,那么自然失业率等于(   )。

A. $1/s$　　　　　　　　　　　　　B. $1/(s+f)$

C. $s/(s+f)$　　　　　　　　　　D. $f/(s+f)$

5. 由于经济萧条而形成的失业属于(   )。

A. 摩擦性失业　　　　　　　　　　B. 结构性失业

C. 周期性失业　　　　　　　　　　D. 永久性失业

6. 由于劳动市场工资过高，企业劳动需求减少而形成的失业属于（　　）。

A. 摩擦性失业　　　　　　　　　　B. 结构性失业

C. 周期性失业　　　　　　　　　　D. 永久性失业

7. 如果某人刚刚进入劳动力队伍尚未找到工作，则这种失业属于（　　）。

A. 摩擦性失业　　　　　　　　　　B. 结构性失业

C. 周期性失业　　　　　　　　　　D. 永久性失业

8. 小张是一个演员，目前尚未找到合适角色，没有工作，这种失业属于（　　）。

A. 摩擦性失业　　　　　　　　　　B. 结构性失业

C. 周期性失业　　　　　　　　　　D. 永久性失业

9. 下列选项中，会增加摩擦失业率的政府政策是（　　）。

A. 扩充工作培训计划　　　　　　　B. 增加失业保障金

C. 降低最低工资　　　　　　　　　D. 发布关于空缺职位的信息

10. 下列选项中，不会出现摩擦性失业的是（　　）。

A. 经济中出现部门转移

B. 一些公司倒闭

C. 工人们离开当前工作，寻找新的职业

D. 工人们一起离开当前工作，并停止找工作

11. 下列选项中，会出现结构性失业的是（　　）。

A. 工资具有完全弹性　　　　B. 大量传统行业企业破产

C. 在当前工资水平下，劳动供过于求　　D. 劳动市场完全竞争

12. 经济学家认为工资刚性可由（　　）引起。

A. 工会　　　　　　　　　　　　　B. 最低工资法

C. 后效率工资　　　　　　　　　　D. 以上全部

13. 根据各种效率工资理论，高工资可以使工人们工作效率更高，这可以归于以下所有原因，除了（　　）。

A. 使工人们买得起更有营养的饮食

B. 吸引高素质的工人

C. 可以通过失业成本提高增加工人的努力程度

D. 将人们置于更高的税级，所以他们不得不努力工作，以取得同样的税后收入

14. 据对失业滞后性的假设，一个长期衰退将（　　）。

A. 提高自然失业率　　　　　　B. 降低自然失业率

C. 对自然失业率没有影响　　　　D. 永远不会发生

15. 当经济中只存在（　　）时，该经济被认为实现了充分就业。

A. 摩擦性失业和季节性失业　　　　B. 摩擦性失业和结构性失业

C. 结构性失业和季节性失业　　　　D. 需求不足型失业

二、简答题

1. 简述失业的类型。

2. 摩擦性失业与结构性失业有什么不同？

3. 什么是回滞？

4. 高失业率有哪些社会危害？

三、计算题

设某经济某一时期有 1.9 亿成年人，其中 1.2 亿人有工作，0.1 亿人在寻找工作，0.45 亿人没工作但也没在找工作。试求：

(1) 劳动力人数；

(2) 劳动力参与率；

(3) 失业率。

第13章　通货膨胀

　　失业和通货膨胀都是现代社会的厌恶品，但两者是不同的。失业不是每个人都会经历的事情，而通货膨胀则是每个人一生中会多次经历的事情。与失业相比，通货膨胀要古老得多，我国最早记载的通货膨胀发生在 2000 多年前的新朝。我们讨厌它的理由很简单，就是它让我们的财富在不断地缩水。我们会有这样的感受：随着时间的推移，许多东西变贵了，房价涨了，肉价涨了，学费涨了，汽油费涨了，火车票涨了，……，价格有时也会有回落，但那是短暂的和偶然的。打开一本统计年鉴，我们会发现，价格变化的总趋势是持续上涨。如果父母还是按我们中学时代的标准给我们生活费，现在肯定是不够花了。为何价格一直在上涨？微观经济学里学过的知识告诉我们是需求的增长超过了供给的增长。也就是说，我们手头上钱的增长速度超过了我们生产的增长速度。"钱多了"造成价格持续上涨的现象就是通货膨胀。本章主要介绍通货膨胀形成的原因、危害，及其治理措施。

13.1　通货膨胀的类型

　　出于不同的研究需要，宏观经济学有多种通货膨胀分类标准，这里列举最常用的三种：一是根据通货膨胀程度分类；二是根据通货膨胀形成原因分类；三是根据预期程度分类。

1. 根据通货膨胀程度划分

　　根据通货膨胀程度的不同，通货膨胀可分为爬行的通货膨胀（creeping inflation）、温和的通货膨胀（moderate inflation）、奔腾的通货膨胀（galloping inflation）和超速的通货膨胀（hyper inflation）。

　　(1) 爬行的通货膨胀：年度价格水平上涨幅度不超过 2% 或者 3%（即 $\pi \leqslant 2\%$ 或者 3%）。我国 2000—2004 年前后的通货膨胀就属于爬行的通货膨胀。

　　(2) 温和的通货膨胀：年度价格水平上涨幅度不超过 10%（即 2% 或者 $3\% < \pi \leqslant 10\%$）。目前，许多国家都存在着这种温和类型的通货膨胀。

　　(3) 奔腾的通货膨胀：年度价格水平上涨幅度达到两位百分数（即 $10\% < \pi \leqslant 100\%$）。这时，货币流通速度提高而货币购买力下降，并且均具有较快的速度。

　　(4) 超速的通货膨胀（也称恶性通货膨胀）：年度价格水平上涨幅度达到三位百分数或者更高（即 $\pi > 100\%$）。发生这种通货膨胀时，价格持续猛涨，人们都尽快地使货币脱手，从而大大加快了货币流通速度。其结果，货币完全失去信任，货币购买力猛降，各种正常的经济联系遭到破坏，使货币体系和价格体系最后完全崩溃。在严重的情况下，还会出现社会动乱。第一次世界大战后，1923 年的德国曾出现一个月内价格上涨 2500% 的通货膨胀，马克的价值降至原来价值的亿万分之一。"二战"后的希腊、匈牙利以及解放前夕的旧中国都发生过这样的通货膨胀。2009 年，津巴布韦也发生了恶性通货膨胀。

2. 根据通货膨胀形成原因划分

根据通货膨胀形成原因的不同，通货膨胀可分为需求拉动型通货膨胀(demand-pull inflation)、成本推进型通货膨胀(cost-push inflation)、结构性通货膨胀(structural inflation)和输入型通货膨胀(imported inflation)等。

(1) 需求拉动型通货膨胀：总需求过度增长超过了现有价格水平下的商品总供给，引起了价格普遍上涨。总需求的过度增长表现为由于投资膨胀和消费膨胀所导致的持续的货币供应量超过社会商品可供量的增长，因此需求拉动型通货膨胀又称过量需求通货膨胀。

(2) 成本推进型通货膨胀：成本上升而引起的价格普遍上涨。导致成本上升的因素有两个：一是物耗增多，或原材料价格上涨；二是工资的提高超过劳动生产率的增长。

(3) 结构性通货膨胀：社会经济部门结构失衡而引起的价格普遍上涨。这种类型的通货膨胀一般在发展中国家较为突出。主要表现为三种情况：一是国内某些部门，甚至某些大宗关键产品需求过多而供给不足，导致价格猛涨，并且只涨不跌，进而扩散到其他部门产品的价格，从而使一般价格水平持续上涨；二是国内各部门劳动生产率发展不平衡，导致劳动生产率提高较快的部门工资增长后，其他部门的工资也会随之增长，造成生产率提高慢于工资增长，从而使一般价格水平普遍上涨；三是开放型经济部门的产品价格受国际市场价格水平影响而趋于提高时，会波及非开放型经济部门，从而导致一般价格水平的上涨。

(4) 输入型通货膨胀：进口商品价格上涨，或大量资本输入而引起国内商品价格的普遍上涨。这种类型的通货膨胀是通过国际贸易和国际资本流动等途径进行传播的。经济开放的小国发生这类通货膨胀的可能性较高。

3. 根据预期程度划分

根据预期程度的差异，通货膨胀可分为可预期的通货膨胀(expected inflation，或者 anticipated inflation)和未预期的通货膨胀(unexpected inflation)。

(1) 可预期的通货膨胀：基本上能让大多数人预期到通货膨胀率的通货膨胀。一般来说，通货膨胀率较低时，通货膨胀率容易被人们预期，属于可预期的通货膨胀。

(2) 未预期的通货膨胀：不能让大多数人预期到通货膨胀率的通货膨胀，特别是通货膨胀率超过人们预期的通货膨胀。一般来说，通货膨胀率较高时，通货膨胀率不容易被人们预期，属于未预期的通货膨胀。

13.2 通货膨胀税

为了购买公共产品(如国防和司法)和转移支付(如贫困补助)，政府需要筹资。政府筹资有三种途径：一是税收筹资；二是政府举债筹资；三是增发货币筹资。下面重点考察增发货币筹资的情况。

当增发的货币进入流通领域后，政府就能得到相关数量的经济资源，获取收益。然而，这必然会引起通货膨胀。政府通过这种方式筹资收益犹如增收相关数量的税收收益。所以，增发货币获取的收益被称为铸币税，或通货膨胀税(inflation tax)。"铸币税"的英文为 seigniorage，是从法语 seigneur 演变而来的，意为"封建领主"。在中世纪，领主拥有在自己的领地铸造货币的排他性的权力。

按现代经济学的理解，通货膨胀税由两部分组成。一是政府直接从用增发货币购买产品和服务中获得的收益，即传统意义上铸币税＝增发货币的价值－增发货币的费用。增发货币的费用，在硬币时代包括铸造硬币所消耗的金、银等金属的费用和支付铸币劳动的费用；在纸币时代包括印刷纸币所支付的原材料和劳动费用。随着电子货币时代的来临，增发货币的费用会不断下降，直至可以忽略不计的程度。二是通货膨胀间接增加的税收。在实行累进税制的国家里，由于通货膨胀的影响，人们的名义货币收入增加，导致纳税所得自动地划入较高的所得档次，从而按较高的税率纳税。这种由通货膨胀造成的实际税收增加部分也属于通货膨胀税。为了方便起见，下面以传统铸币税为例，说明铸币税与通货膨胀率之间的关系。

在产出 Y 不变的情况下，根据前面货币流通速度 V 在短期内保持稳定的假设，对货币数量方程式 $MV=PY$ 两边取导数，有

$$M\dot{V} = Y\dot{P}$$

移项可得

$$\dot{M} = \frac{Y}{V}\dot{P} = \frac{\dot{P}}{P}M = \pi M$$

$$S = \frac{\dot{M}}{P} = \pi \frac{M}{P} = \pi m = \pi L(Y, r+\pi)$$

其中：π 是通货膨胀率；S 是铸币税。

从上式可以看出，影响铸币税的因素有两个：一是通货膨胀率；二是实际货币余额。随着通货膨胀率的升高，个人和企业的持币成本将会增加。个人持币数量减少，银行超额准备金下降，这些会导致实际货币余额降低。也就是说，实际货币余额是通货膨胀率的递减函数。通货膨胀率为 0 时，铸币税自然也就为 0。随着通货膨胀率的上升，铸币税开始大于 0，且上升。但是，随着通货膨胀率的继续上升，实际货币余额就会急剧下降，最终导致铸币税下降。因此，在这期间，必然存在一个转折点 C，在其左边，铸币税将随通货膨胀率递增；在其右边，铸币税将随通货膨胀率递减。C 点就是铸币税的极大点(见图 13.1)。

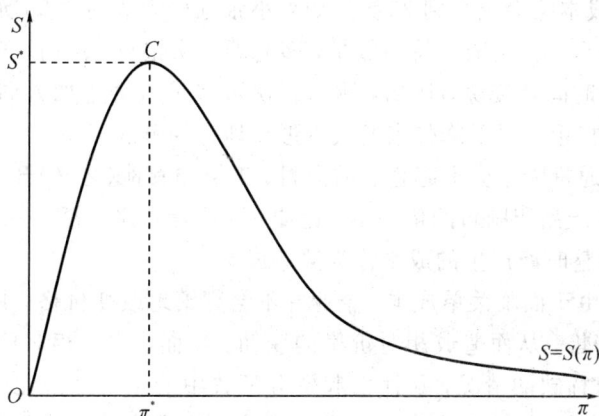

图 13.1　铸币税

图 13.1 表明政府通过增发货币筹资是有限度的，不能超过 S^*。从理论上讲，在 $0\sim\pi^*$

之间，政府提高通货膨胀率，就能增加收入。但是，政府通常还是希望将通货膨胀率保持在较低水平，否则，会给社会和政府本身带来较大的损失。

政府通过增发货币获得的收益在各国之间差异很大，像美国这个数额很小，不足 3%，相反，在一些经历恶性通货膨胀的国家，如前几年的津巴布韦，铸币税往往成为政府的主要收入来源。

13.3　通货膨胀的成本与益处

与失业不同，通货膨胀并不直接影响生产，对经济活动的影响主要发生在流通领域。这种影响也是有利有弊的。其中弊端就是增加了经济运行的成本。不同的通货膨胀，其成本构成也是有差异的。最重要的区别是恶性通货膨胀和非恶性通货膨胀。在非恶性通货膨胀中还要区分可预期的通货膨胀和未预期的通货膨胀。

1. 可预期的通货膨胀

如果一个经济长期经历着固定的通货膨胀率，如 3% 的通货膨胀率，那么这个经济的通货膨胀就是可预期的。在可预期的通货膨胀中，人们能比较准确地预期通货膨胀率，比如 3%。这样，在签订所有经济合同时，人们会考虑通货膨胀率为 3% 的因素。偿还货款时，名义利率要比没有通货膨胀时的高 3%。签订工资合同时，要每年额外提高 3% 的工资。这样的通货膨胀并不会影响实际产出。但是，货币不断贬值的事实还是会影响人们的日常经济生活，产生相应的成本。这些成本包括：

（1）鞋底成本（shoe-leather cost）。如果某人将钱存入银行，则意味着这个人持有了一份生息的资产；如果将钱放在身边用于日常生产和生活，则意味着这个人放弃了一份生息的资产。也就是说，持币是需要成本的。这个成本就是货币的利息。通货膨胀会增加名义利率和持币成本，从而降低人们的持币数量。比如，小张的客户每月会给他的银行账户打入一笔 3 万元的钱，如果没有通货膨胀，月（名义）利率为 0.1%，他每月只到银行取一次钱（每次取 3 万元），则他的持币成本为 30 元；如果有通货膨胀，月利率上升到 0.2%，他每月只到银行取一次钱，则他的持币成本上涨到 60 元。小张考虑分两次取钱（每次取 1.5 万元），这样他的持币成本又减少到 30 元。如果小张觉得为节约这 30 元持币成本而多跑一趟银行是值得的，那么他就会减少持币数量，多光顾一次银行。然而，光顾银行也是有代价的，它会消耗人们的时间和资源。比如，跑银行次数多了就会增加人们的鞋子磨损和折旧程度。所以，人们将持币数量下降带来的成本形象地称为鞋底成本。

（2）菜单成本。通货膨胀会引起企业的原料、工资和其他（名义）开销频繁上涨，迫使企业要经常地为自己的产品印刷新的价格单。比如，因通货膨胀，餐厅要不停地印刷新菜单。所以，人们将价格调整时所产生的成本称为菜单成本。

（3）效率损失。由于面临菜单成本，企业并不会频繁地改变价格。其中一些企业往往会在次优价格上进行销售，从而造成相对价格的变动。然而，这种相对价格的变动并不能完全反映各种资源相对稀缺的情况，从而引起资源配置中的微观经济无效率。例如，当一种产品的生产成本上涨时，却因为有较高的菜单成本，造成这种产品的价格无法及时调整，仍然保持原价，使其相对价格变得低廉，销量增加，最终导致短缺。

（4）计算成本。在一个价格水平变动的世界里，人们在从事贸易活动时，会涉及许多复杂的金融计算，掌握和运用这些复杂的计算会花费人们的时间和资源。这些与通货膨胀计算有关的费用就是计算成本。

2．未预期的通货膨胀

如果一个经济经常遭受意外冲击，通货膨胀率忽高忽低，那么人们很难预测通货膨胀率。难以预料的通货膨胀会增加经济的不确定性，增加经济运行成本。未预期的通货膨胀除了上述各种通货膨胀的社会成本外，还有以下一些成本。

（1）预期错误成本。错误预期通货膨胀率会造成财富不合理再分配，或资源配置低效率。首先，未预期的通货膨胀会扭曲税收。如果税则没有预期通货膨胀的因素，往往会造成不合理的税收。假定税则制定时没有通货膨胀，税则规定征收个人所得税的最低收入标准为年收入 34 000 元，此时小张的年薪为 30 000 元，自然属于低收入阶层，无需交纳个人所得税。但是，一年后出现了 20% 的通货膨胀，公司决定每年给小张 6000 元作为通货膨胀的补偿。这样，在小张实际收入没有发生改变的情况下，仅仅由于年名义收入的上涨，就需要交税了。通货膨胀歪曲了税则制定时所包含的公平原则。其次，未预期的通货膨胀会扭曲债权人和债务人之间的利益分配。债权人和债务人预期通货膨胀率与实际通货膨胀率不同，债务人向债权人的实际支付也会不同于预期支付。当实际通货膨胀率高于预期通货膨胀率时，债务人将会获益，而债权人就要受损。相反，当实际通货膨胀率低于预期通货膨胀率时，债权人将会获益，而债务人就要受损。比如，工人和企业通常在工人退休时（或者甚至更早一些）就固定的名义养老金达成协议。由于养老金是延期支付的收入，因此工人在本质上是向企业或社会提供贷款：工人在年轻时向企业提供劳动服务，但在老年之后才得到全部报酬。与任何一个债权人一样，当实际通货膨胀率高于预期通货膨胀率时，工人受到损失。与任何一个债务人一样，当实际通货膨胀率低于预期通货膨胀率时，企业或社会会受到损失。

（2）纠错成本。未预期的通货膨胀会造成财富不合理再分配，或资源配置低效率，而这些往往会产生因重新签订各种合同所支付的费用。比如，当退休工人发现实际通货膨胀率大大超过他们退休时的预期通货膨胀率时，他们就会找企业或社会要求增加退休金。这种增加退休金的谈判往往会让双方支付大量的谈判成本。如果谈判未果，退休工人可能会上街游行抗议，让整个社会承担更高的摩擦成本。

3．恶性通货膨胀

在恶性通货膨胀下，物价飞涨，人们失去存放和储蓄货币的意愿，使货币失去其价值。除了上述各种通货膨胀的社会成本外，恶性通货膨胀还有以下一些成本。

（1）仓库成本。当发生恶性通货膨胀时，为了防止财产贬值，人们会大肆囤积商品，这种商品囤积会占用大量场地，同样也会消耗大量人力、物力，这些都属于仓库成本。广义地讲，仓库成本是指大肆囤积商品过程中所产生的费用。

（2）替代通货成本。当发生恶性通货膨胀时，货币失去其作为价值储藏手段、计价单位和交换媒介的作用，以物换物交易变得更为普遍，或者人们寻求商品货币（如金银），或者用外币替代本国法定货币。这些交易额外产生的费用就是货币替代成本。

（3）社会动乱成本。恶性通货膨胀实际上起到消灭中产阶级的作用，使社会收入结构向"蜂腰型"方向发展，导致社会的严重不稳定，大大提高了社会维持正常秩序的成本。

4. 恶性通货膨胀的原因

恶性通货膨胀为什么会开始，又如何结束呢？可以在不同层次上回答这个问题。

最明显的答案是，恶性通货膨胀是由于货币供给过度增长造成的。当中央银行发行货币时，价格水平上升。当中央银行以足够快的速度发行货币时，就会导致恶性通货膨胀。为了制止恶性通货膨胀，中央银行必须降低货币增长率。

但是，这个回答并不完全，因为它引来的一个问题是：在恶性通货膨胀的经济中，中央银行为什么选择如此快地发行货币。为了解决这个深层次的问题，我们必须把注意力从货币政策转向财政政策。大多数恶性通货膨胀是从政府税收收入不足以支付其支出开始的。虽然政府可能倾向于通过发行债券来为这种预算赤字融资，但它可能发现无法借到钱，这也许是因为债权人认为政府有不良信贷风险。为了弥补赤字，政府转向它能支配的唯一一种机制——印发钞票。结果是货币增长迅速，导致恶性通货膨胀。

一旦发生恶性通货膨胀，财政问题会更加严重。由于税收支付的滞后，随着通货膨胀的上升，实际税收收入会减少。这样，政府对金（银）币铸造税依赖的需要会自我加强。迅速的货币制造引起恶性通货膨胀，恶性通货膨胀又引起更大的预算赤字，更大的预算赤字又引起更快的货币制造。

恶性通货膨胀的结束总是与财政改革并行的。一旦问题严重到显而易见，政府会决心减少政府支出并增加税收。这些财政改革减少了对金（银）币铸造税的需要，从而允许降低货币增长速度。因此，通货膨胀在任何地方都是一种货币现象，而恶性通货膨胀的结束通常却是一种财政现象。

旧中国通货膨胀——恢复商品货币

抗战期间，因军费突增，税收萎缩，国民党政府财政赤字增加，货币（法币）发行量急剧上升，引发了比较严重的通货膨胀。抗战胜利后，国民党政府企图迅即消灭共产党，于是积极扩充军力，军费开支浩繁，财政赤字猛增，货币发行量继续直线上升，最终引发恶性通货膨胀。

有人根据国民党政府主计处统计局的价格统计、重庆市政府的价格月报、上海市政府的价格统计，对法币和金圆券的贬值作了一个形象化的分析：法币 100 元的购买力，在 1937 年值二头黄牛，1938 年值一头黄牛，1939 年值一只猪，1941 年值一袋面粉，1943 年值一只鸡，1945 年值两个鸡蛋，1946 年值六分之一块固本肥皂，1947 年值一个煤球，1948 年值 2.416×10^{-3} 两（按每斤合十六两算）大米，1949 年值 1.85×10^{-10} 两大米，即一粒米的千万分之二点四五。十二年的恶性通货膨胀，使中国人民遭受了一场空前的大浩劫。最终人民放弃了法币和金圆券，选用银圆和铜钱等商品货币。

俄罗斯通货膨胀——美国香烟当通货

1992 年，叶利钦、盖达尔政府全面贯彻"休克疗法"改革方案，各项措施相继出台。不计后果的市场化改革导致了国民经济滑向深渊。首先，计划经济向市场经济迅速转轨，旧的生产组织方式全部废弃，新的生产组织方式尚未形成，生产出现大滑坡，这一年俄罗斯 GDP 下降 14.5%。其次，在物价放开后，原来物资短缺造成的隐性通货膨胀显性化。第三，俄罗斯私有化方案具体做法是把国有企业折合成一定价值，以债券凭证方式平均分配给国民，直接导致货币流通量和流通速度增大。诸多因素导致恶性通货膨胀。1992 年当年的通货膨胀率即达到 2508.8%。价格指数 1991 年上升 168%，1992 年上升 2508.8%，1993 年上升 844%，1994 年上升 214%，1995 年上升 131.49%，转轨 5 年，价格上涨了近 5000 倍，81% 的居民已经没有储蓄存款。卢布大幅贬值：美元与卢布比价 1991 年为 1∶59，1992 年为 1∶222，1993 年为 1∶933，1994 年为 1∶2205，1995 年为 1∶4562，1998 年跌到 1∶6000。价格飞涨中，万宝路牌香烟曾一度成了莫斯科市民手中的货币。

津巴布韦通货膨胀——美元化

津巴布韦地处非洲东南部内陆，地理环境优越，矿产和土地资源十分丰富。1980 年获得独立后，经济曾经发展较快，被视为非洲经济发展的样板。农业相当发达，素有"南部非洲粮仓"之称。

然而，2000 年政府开始实行"无偿式土改"。到 2002 年 10 月，政府几乎无偿征收了 980 万公顷的白人土地，安置了 20 万黑人农民。土改一方面迫使大批白人农场主出走和撤资，而获得土地的黑人农民又不善于管理土地，加上连续遭遇旱灾，粮食严重歉收；另一方面招致西方国家的经济制裁，造成许多商品奇缺。结果导致物价迅速上涨，政府开支和财政赤字加大。无奈之下，政府开始不断增发货币，弥补赤字。但是这样进一步加深了通货膨胀和财政赤字，最终陷入恶性通货膨胀的泥潭。2008 年 7 月官方宣布的通货膨胀率为 231 000 000%（其他观察家认为通货膨胀率甚至更高）。2009 年 3 月，津巴布韦政府放弃了本国货币，美元成为该国的官方通货。该国的恶性通货膨胀宣告结束。

5. 通货膨胀的益处

通货膨胀的多种成本使得许多经济学家认为货币政策制定者们应该以零通货膨胀率为目标。然而，通货膨胀也有其另一面。一些经济学家认为爬行的通货膨胀（比如每年通货膨胀率为 2%～3%）对经济运行是有益处的。

由于名义工资下调存在刚性，因此当经济遇到不利冲击时，名义工资往往无法做出充分调整。如果没有通货膨胀，实际工资只能停留在高于均衡水平之上，增加结构性失业。相反，存在一定程度的通货膨胀可以起到削减实际工资，减轻或消除结构性失业的作用。比如，在一个每年通货膨胀率为 3% 的经济中，一年不加薪就意味着实际工资下降 3%。尽管有通货膨胀不加薪起到调节工资的效果与无通货膨胀减薪一样，但是，实际操作起来要方便得多。所以，有些经济学家认为轻微通货膨胀是劳动力市场的润滑剂。凯恩斯在《通论》中曾说过"只有愚蠢之徒才会挑选有伸缩性的工资政策，而不挑选有伸缩性的货币政策"。

通货膨胀的第二个益处是政府低成本筹资。通货膨胀本质上是一种税收。由于货币幻觉的影响，与增加税收相比，人们更不会反对政府采用通货膨胀率。因此，通过适度通货膨胀的政府筹资是一种低成本的集资。

通货膨胀的第三个益处是保证货币政策的灵活性。有一定正的通货膨胀率可以让中央银行选择负的实际利率。我们设想有两个实际利率都等于 2% 的经济。第一个经济的通货膨胀率为 4%，名义利率为 6%。第二个经济的通货膨胀率为 0，名义利率为 2%。假定这两个经济遭遇同样强度的负向冲击时，第一个经济的中央银行可以将名义利率从 6% 调低至 0。在预期通货膨胀率没有立即发生变化，仍然保持在 4% 的水平上时，实际利率就会从 2% 下降到 -4%，这对经济复苏会起到较大作用。相反，第二个经济的中央银行只能将名义利率从 2% 调低至 0，货币政策调控空间要小得多，对经济复苏的刺激作用也会小得多。

13.4 通货膨胀、失业与菲利普斯曲线

政府管理经济的两大目标是低通货膨胀和低失业，但是，这两个目标在实际经济管理中往往是冲突的。为控制通货膨胀，政府采取紧缩性经济政策，但在降低通货膨胀的同时会导致失业率的提高；相反，为解决失业问题，政府选择扩张性经济政策，但在减少失业的同时会提高通货膨胀。这种经济管理中的冲突主要受到菲利普斯曲线（Phillips Curve）的约束。

1. 菲利普斯曲线的历史

1958 年，在英国伦敦经济学院工作的菲利普斯根据英国 1867—1957 年间失业率和货币工资变动率的经验统计资料，发现名义工资变化率与失业率之间的负向关系的曲线。这一曲线就被称为菲利普斯曲线。它表明当失业率较低时，货币工资增长率较高；反之，当失业率较高时，货币工资增长率较低，甚至是负数，如图 13.2 所示。不久，菲利普斯的同事李普西从劳动市场供需状况解释了菲利普斯曲线。

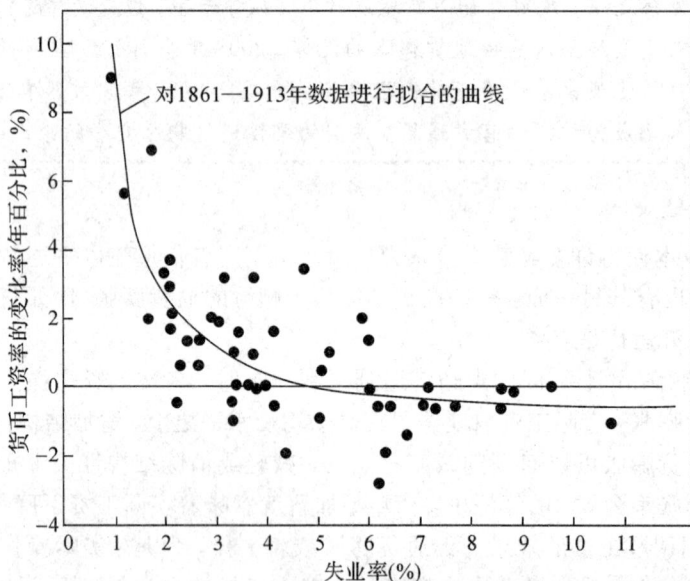

（资料来源：多恩布什等，《宏观经济学（第十二版）》，中国人民大学出版社，2017年）

图 13.2 原始菲利普斯曲线

1960 年美国经济学家萨缪尔森和索洛对菲利普斯曲线作了修正。他们通过对美国经济历史数据分析，发现通货膨胀率与失业率之间也存在类似的负相关关系，并为 20 世纪 60 年代美国宏观经济数据所拟合，如图 13.3 所示。这种修正建立起了菲利普斯曲线和经济政

策之间的关系，并把其作为新古典综合理论的一个重要组成部分，看成 IS - LM 模型的补充。菲利普斯-李普西和萨缪尔森-索洛的菲利普斯曲线都称为传统菲利普斯曲线。

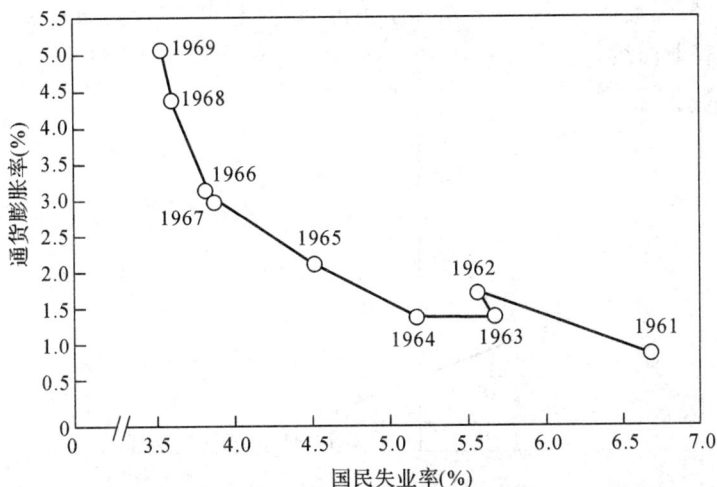

（资料来源：多恩布什等，《宏观经济学（第十二版）》，中国人民大学出版社，2017 年）

图 13.3　1961—1969 年美国的通货膨胀与失业

菲尔普斯和弗里德曼分别在 1967 年和 1968 年独立提出了自然失业率假说，并且将预期概念引入宏观经济学分析中。他们认为传统菲利普斯曲线分析存在一个严重缺陷，即忽略了人们对通货膨胀率的预期。弗里德曼指出，企业和工人关注的不是名义工资，而是实际工资。当劳资双方谈判新工资协议时，他们都会对新协议期的通货膨胀率进行预期，并根据预期的通货膨胀率相应地调整名义工资水平。根据这种说法，人们预期的通货膨胀率越高，名义工资增加越快。由此，弗里德曼等人提出了附加预期的菲利普斯曲线的概念。附加预期的菲利普斯曲线就是预期的通货膨胀率保持不变时，反映通货膨胀率与失业率相互交替关系的曲线。

20 世纪 70 年代以后，传统的菲利普斯曲线已经无法吻合美国的宏观经济数据，出现了菲利普斯曲线崩溃现象，如图 13.4 所示。

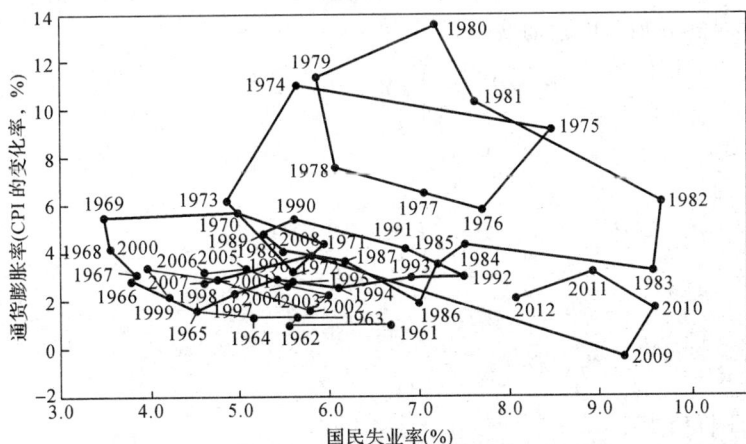

（资料来源：多恩布什等，《宏观经济学（第十二版）》，中国人民大学出版社，2017年）

图 13.4　美国 1960 年以来的通货膨胀与失业

相反，菲尔普斯和弗里德曼关于菲利普斯曲线会随着人们预期的通货膨胀率变化发生移动的猜想却能够为 20 世纪 70 年代以后美国的宏观经济数据所拟合（用附加预期的菲利普斯曲线来拟合实际数据）。图 13.5 给出了美国 20 世纪 60 年代初期和 80 年代初期的（附加预期的）菲利普斯曲线。

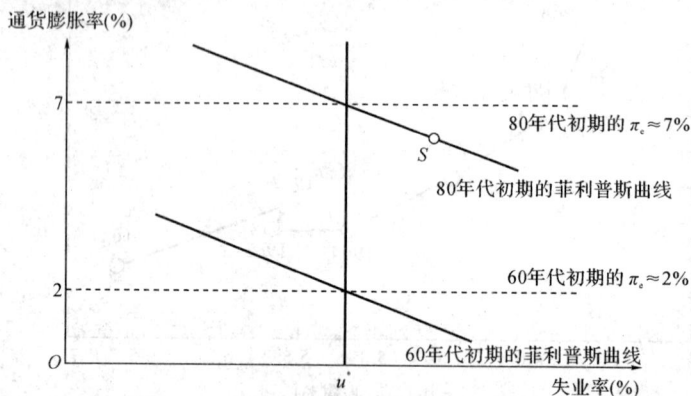

（资料来源：多恩布什等，《宏观经济学(第十二版)》，中国人民大学出版社，2017年）

图 13.5　通货膨胀预期与短期菲利普斯曲线

另外，一些凯恩斯主义经济学家也用供给冲击项来说明 20 世纪 70 年代石油危机对菲利普斯曲线移动的影响。因此，现代菲利普斯曲线可以表示为

$$\pi = \pi_e - \beta(u - u^*) + v$$

式中：π 为实际通货膨胀率；π_e 为预期通货膨胀率；u 为实际失业率；u^* 为自然失业率；v 为供给冲击；β 为衡量通货膨胀率对周期性失业的反应程度的参数。

2. 菲利普斯曲线、奥肯定律和总供给曲线

菲利普斯曲线、奥肯定律和总供给曲线都用来描述经济周期中总产出、就业和通货膨胀之间的关系。它们本质上是相容的，既可以从菲利普斯曲线和奥肯定律推出总供给曲线，也可以从总供给曲线和奥肯定律推出菲利普斯曲线，或从总供给曲线和菲利普斯曲线推出奥肯定律。这里仅举从总供给曲线和奥肯定律推出菲利普斯曲线一例，其余留作读者自己证明。

如果考虑供给冲击，则总供给曲线可以写为

$$P = P_e + \frac{1}{\alpha}(Y - \overline{Y}) + \varepsilon$$

其中，ε 为供给冲击。

因此，可以得到

$$\frac{P - P_{-1}}{P_{-1}} = \frac{P_e - P_{-1}}{P_{-1}} + \frac{Y - \overline{Y}}{\alpha P_{-1}} + \frac{\varepsilon}{P_{-1}}$$

即

$$\pi = \pi_e + \frac{Y - \overline{Y}}{\alpha P_{-1}} + \frac{\varepsilon}{P_{-1}}$$

其中，P_{-1} 为上一年价格水平。

根据奥肯定律，$\dfrac{Y - \overline{Y}}{\overline{Y}} = -b(u - u^*)$，得到

$$\pi = \pi_e + \frac{-b(u-u^*)\overline{Y}}{\alpha P_{-1}} + \frac{\varepsilon}{P_{-1}}$$

取 $\beta = \dfrac{b\,\overline{Y}}{\alpha P_{-1}}$，$v = \dfrac{\varepsilon}{P_{-1}}$（仍为供给冲击），则有

$$\pi = \pi_e - \beta(u-u^*) + v$$

3. 长期的菲利普斯曲线

菲尔普斯和弗里德曼否定了通货膨胀与失业之间存在长期的相互替代关系。因为他们认为在长期中，工人将根据实际发生的情况不断调整自己的预期，工人预期的通货膨胀率与实际通货膨胀率最终会要求改变名义工资，以使实际工资不变，从而较高的通货膨胀就不会起到减少失业的作用。因此，长期的菲利普斯曲线(long run Phillips Curve, LRPC)是一条垂直线。在图 13.6 中，假定某一经济处于自然失业率为 u^*、通货膨胀率为 4% 的 A 点，如果这时政府采取扩张性经济政策，使得失业率下降到 u_0，通货膨胀率提高到 8%。由于长时间通货膨胀率保持在 8% 水平，人们对通货膨胀率的预期就会从 4% 调整到 8%，此时，菲利普斯曲线就从预期通货膨胀为 4% 的水平上升到 8% 的水平，经济达到 B 点，失业率重新回归自然失业率 u^*。因此，从长期来看，失业率仍为一个常数。

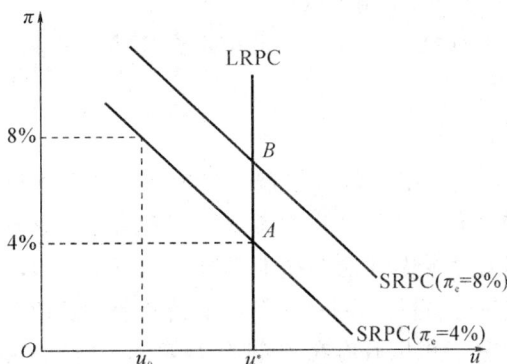

图 13.6　短期和长期菲利普斯曲线

13.5　菲利普斯曲线与通货膨胀治理

经过萨缪尔森和索洛修正后，菲利普斯曲线可以直接应用于宏观经济管理，成为新古典综合宏观经济学政策分析的一块基石。它表明，当社会不堪忍受高通货膨胀时，政府可以牺牲就业率，采用紧缩性经济政策降低通货膨胀率；当社会不满意高失业率时，政府可以以提高通货膨胀率为代价，选择扩张性经济政策减少失业率。无论控制高通货膨胀，还是治理高失业，都会给社会带来一定的代价。代价的强度就是所谓的牺牲率。反通货膨胀的牺牲率就是每降低一个百分点的通货膨胀率所损失 GDP 的百分点或增加失业的百分点。相反，解决失业的牺牲率是指每降低一个百分点的失业率所增加通货膨胀率的百分点。据美国经济学家对美国 1981—1985 年间的反通货膨胀(GDP)的牺牲率估算，约为 2.8%。

然而，菲尔普斯和弗里德曼提出的附加预期的菲利普斯曲线却预示：只有当实际通货膨胀率的增长率超过人们预期的通货膨胀率的增长率时，通货膨胀率的提高才会降低失业

率。相反，当实际通货膨胀率的增长率小于或等于人们预期的通货膨胀率的增长率时，通货膨胀率的提高就不会降低失业率，甚至还会增加失业率。但是，从长期来看，通货膨胀率总会回归自然率。不过，对此有些经济学家却持有异议。他们认为反高通货膨胀政策实践带来的伤害往往是永久性的，即会提高失业的自然率。20 世纪 80 年代初，欧洲经过反通货膨胀后，长期平均失业率比原先有了明显上升，这就是所谓的反通货膨胀滞后作用。造成滞后作用的原因可能有以下一些：长期失业造成工人失去有价值的工作技能，降低了他们寻找工作的能力；长期失业可能改变一个人对工作的态度和降低他寻找工作的愿望；严重的经济衰退造成局内人人数大幅度下降，从而使局内人利益集团更加努力地去争取集团利益，增加实际工资，而非提高就业率。滞后作用提高了牺牲率，因为在反通货膨胀时期结束以后还会有产出损失。

13.6　通货膨胀治理的收入政策

前面所介绍的治理通货膨胀的政策主要是刺激需求方面的宏观经济政策，下面介绍一些有关通货膨胀治理的收入政策。收入政策是指政府为了影响货币收入或价格水平过快上升而采取的强制性或非强制性的限制工资和价格的措施，其目的通常是降低价格的上涨速度。这些政策包括：制定工资-价格指导线、冻结工资-价格、权威性劝说、基于税收的收入政策和工资指数化等。

1. 制定工资-价格指导线

工资-价格指导线是指政府根据经济发展的情况，制定一个与经济增长相适应的工资增长率和价格增长率，然后出面协调劳资双方就工资和价格达成相关协议，并且运用经济方法，或劝说与宣传的策略去指导工会与企业领导人执行。例如，1962 年美国肯尼迪政府就提出了"非膨胀性工资与价格行为指标"，规定全国的平均货币工资增长率必须与劳动生产率的增长率保持相同水平。英国政府在 1964 年规定的工资-价格指导线把货币工资增长率确定为 3.0%～3.5%。现在这种做法已被西方国家广泛运用，并起到了一定的作用。

2. 冻结工资-价格

工资-价格冻结是指政府用法律手段禁止工资与价格上升，或者规定工资与价格的增加必须得到负责工资和价格管理部门的批准。这种方法一般在战争或自然灾害发生等特殊时期采用，当然，在通货膨胀相当严重时也可以采用。例如，1971 年 8 月，尼克松总统上台后，针对当时两位数的通货膨胀率，曾宣布冻结工资与价格，并强制实行。这种方法可以迅速而有效地制止通货膨胀，但是不能经常或长期使用。因为冻结手段会使价格失去调节经济的功能，从而引发资源配置失当，生产效率低下，产出下降。从长期看，不仅不能制止通货膨胀，反而会引起需求拉上的通货膨胀。

3. 权威性劝说(或施压)

所谓权威性劝说就是政府不是强制性地控制名义工资和产品价格，而是巧妙地通过劝说或施加压力的方法告诫厂商和工会不要提高产品价格和试图要求增加工资。一般情况是政府劝说工会和企业遵守已经制定的工资-价格指导线，鼓励雇员和雇主在较低的工资增长率水平上达成和解，以减轻通货膨胀压力。在劝说难以奏效的时候，政府也会通过某种方式给企业施加压力，比如，用永不购买该企业的产品来威胁那些不听从劝告的企业。20世纪 60 年代初，肯尼迪总统曾因担心美国钢铁公司提价会引起通货膨胀，而通过对钢铁公司施加压力的方式，成功地使钢铁公司放弃了提价的企图。权威性劝说（或施压）方法能够奏效的主要原因是这种方法可以改变人们对通货膨胀的预期。

4．基于税收的收入政策

"基于税收的收入政策"就是政府以税收作为惩罚或奖励手段来限制工资增长。对于工资增长率保持在政府规定界限以下的企业，以减少税收的方式进行奖励；对于工资增长率超出政府规定界限的企业，则以增加税收的方式加以惩罚。这种形式的收入政策，仅仅以最一般的形式尝试过。例如，1977—1978 年英国工党政府曾经许诺，如果全国的工资适度增长，政府将降低所得税。

5．工资指数化

工资指数化是指根据通货膨胀率来调整货币工资，把货币工资增长率与物价上涨率联系在一起，使它们同比例变动。这种做法一般称为"生活费用调整"。具体做法是，在签订劳动合同时，明确雇员的工资要随着消费价格指数（CPI）的增长同步或逐步调整。20 世纪 20 年代，比利时开始实行工资指数化制度。1952 年意大利在全国实行了统一的挂钩物价指数，俗称"工会指数"，1975 年通过国家立法在全国实行统一的滑动工资制度。在美国，最早是 1948 年通用汽车公司与工会之间达成这一协议，以后逐渐被广泛采用。在现实中，这种调整有完全性调整（即完全按通货膨胀率调整货币工资），也有部分调整。

此外，对退休金、养老金、失业补助、贫困补助等社会保险与福利支出也实行类似的指数化政策。

西方各国学者对工资指数化问题有不同的看法。有人认为"工资指数化"是保证工资不受通货膨胀影响的有效途径，它的正确实施不仅有助于降低通货膨胀率，而且可使消费者形成稳定的预期。有人认为"工资指数化"往往只能局部补偿，不能完全补偿通货膨胀带来的损失。加上具体实施过程中有一系列的技术性难题无法解决，货币工资的调整往往具有滞后性，落后通货膨胀率的变动。更主要的是，"工资指数化"仍然有可能导致"工资-价格螺旋式上升"，从而加速（而不是控制）通货膨胀。

习　题　13

一、选择题

1．可预期的通货膨胀损害（　　）。

A．货币持有者　　　　　B．债权人　　　　　C．饭店所有者　　　　　D．以上全部

2．根据费雪效应，更高的通货膨胀率会导致（　　）。

A．更高的实际货币余额　　　　　　　B．更高的实际利率

C．更高的名义利率　　　　　　　　　D．以上全部

3．（　　）不包括在 M_1 中。

A．通货　　　　　B．活期存款　　　　　C．储蓄存款　　　　　D．旅行支票

4．根据费雪方程式，名义利率（　　）。

A. 等于实际利率加上通货膨胀率　　　　B. 等于实际利率减去通货膨胀率

C. 总是比实际利率高　　　　　　　　　D. 不变

5. 如果通货膨胀从 6％ 下降到 4％，其他都保持不变，那么根据费雪效应，（　　　）。

A. 名义利率和实际利率都下降 2％　　　B. 名义利率和实际利率都不变

C. 名义利率下降 2％，实际利率保持不变　D. 名义利率不变，实际利率下降 2％

6. 菲尔普斯和弗里德曼认为长期菲利普斯曲线是（　　　）。

A. 水平直线　　　　　　　　　　　　　B. 向右下倾斜的曲线

C. 垂直直线　　　　　　　　　　　　　D. 向右上倾斜的曲线

7. 在通货膨胀时期，持有货币的成本等于（　　　）。

A. 名义利率　　　　　　　　　　　　　B. 事前实际利率加上预期通货膨胀率

C. 事后实际利率　　　　　　　　　　　D. A 和 B 都对

8. 实际货币余额需求的数量取决于（　　　）。

A. 事前实际利率　　　　B. 名义利率　　　　C. 实际收入　　　　D. B 和 C

9. 在未预期的通货膨胀时期，债权人受害，而债务人得益，因为（　　　）。

A. 事后实际利率超过事前实际利率　　　B. 事后实际利率低于事前实际利率

C. 实际利率下降　　　　　　　　　　　D. 名义利率下降

10. 在充分就业的情况下，下列因素中最可能导致通货膨胀的是（　　　）。

A. 进口增加　　　　　　　　　　　　　B. 工资不变，但劳动生产率提高

C. 出口减少　　　　　　　　　　　　　D. 政府支出不变，但税收减少

11. 控制需求拉上的通货膨胀，应该（　　　）。

A. 控制货币供应量　　　　　　　　　　B. 降低工资

C. 解除托拉斯组织　　　　　　　　　　D. 减税

12. 根据菲利普斯曲线，通货膨胀率取决于（　　　）。

A. 预期通货膨胀　　　　　　　　　　　B. 失业的实际水平与自然率的差别

C. 供给冲击　　　　　　　　　　　　　D. 以上全对

13. 当失业率低于自然率时，通货膨胀上升，这被称为（　　　）。

A. 需求拉动型通货膨胀　　　　　　　　B. 成本推动型通货膨胀

C. 供给冲击　　　　　　　　　　　　　D. 滞胀

14. （　　　）出现时，菲利普斯曲线立即向上移动。

A. 通货膨胀率上升　　　　　　　　　　B. 失业率下降

C. 逆向供给冲击，比如石油价格上涨　　D. 以上全部

15. 人们估计典型的牺牲率大约为 5，因此如果要使通货膨胀率降低 2％，我们必须放弃的一年的实际 GDP 是（　　　）。

A. 2％　　　　　　B. 2.5％　　　　　　C. 5％　　　　　　D. 10％

二、分析、计算题

1. 在一个经济中，货币流通速度是不变的。若实际 GDP 每年增长 5％，货币存量每年增长 14％，名义利率是 11％，那么实际利率是多少？

2. 一些经济史学家注意到，在金本位时期，黄金的发现在长期通货紧缩之后最可能出现（1896 年的发现是一个例子）。为什么这种观察可能是正确的？

3. 在第二次世界大战期间，德国和英国都有纸币武器的计划：它们各自印制对方国家的通货，试图用飞机大量空投。为什么这可能是一种有效的武器？

4. 假定一个经济的菲利普斯曲线如下：

$$\pi = \pi_{-1} - 0.5(u - 0.06)$$

（1）求自然失业率；

（2）为了使通货膨胀率减少 5%，必须有多少周期性失业？用奥肯定律计算牺牲率。

5. 假定一个经济的菲利普斯曲线是

$$\pi = \pi_{-1} - 0.5(u - u^n)$$

自然失业率是过去两年失业的平均数：

$$u_n = 0.5(u_{-1} + u_{-2})$$

（1）为什么自然失业率可能取决于最近的失业（如前面方程中所假设的那样）？

（2）这个经济中的牺牲率是多少？请解释。

（3）这些方程对通货膨胀与失业之间的短期和长期取舍关系意味着什么？

*第14章 政府债务

关心国际时事的人们经常会听到、看到各类有关政府债务（government debt）危机和相关社会动荡的消息。因为涉及社会动荡，政府债务往往给人们留下一种厌恶品的印象。然而，现实中为什么许多政府还要大量举债呢？显然，政府债务还是有有用之处的。在前面的章节里，我们已经提到的一个观点就是政府大幅度增发货币会引发恶性通货膨胀，乃至宏观经济运行的恶性循环。那么，政府债务对经济有何影响呢？本章将回答这一问题。

14.1 预算赤字和政府债务的衡量

学习完前面的章节后，我们会有一种对现实社会经济问题开处方的冲动。如果遇到2008年那场金融危机，经济出现萧条的话，我们往往会给经济开一张"扩张性财政政策"，或"扩张性货币政策"，或两者兼而有之的处方。扩张性财政政策无非是加大政府支出和减免社会税收等两种方式。然而，这两者都有可能引起预算赤字（budget deficit）。所谓预算赤字，就是政府的财政收入（主要是税收）小于财政支出和政府当前债务的利息支付之和的差额。为了弥补预算赤字，政府有两种处理方式：一是增发货币；二是增加政府债务。也就是：

预算赤字＝中央银行增加发行的货币量＋公开市场新增出售的政府债券

政府债务也称公共债务，简称公债，一般系指中央政府的债务（也称国债），是政府为筹集财政资金而举借的一种债务。政府举债的目的就是弥补预算赤字。与直接通过中央银行增发货币相比，发行国债对即时经济，特别是通货膨胀影响较小，所以，举债弥补赤字的方式受到人们一定的青睐。历史上，政府债务作为一种政府收入形式，要比税收晚得多。它是政府职能扩大、支出飙升、税收难以满足的产物。然而，作为债务总是要偿还的，自然会加重未来政府的财政负担。如果政府债务，尤其是外债过多，政府无力还债，或必须延期还债，政府债务就会发展成为所谓的债务危机（debt crisis）了。

与失业和通货膨胀等宏观经济问题相比，政府债务平时很少受人注意和关心。然而，如果政府债务控制不力，带来的问题往往比失业和通货膨胀更令人头痛。2009年以后，欧元区债务危机给全球经济带来的持续冲击着实给各国政府敲响了警钟。

政府债务发展成为债务危机的原因众多，其中最关键的一条是有关国家的政府没有掌控好一个"质"与"量"的问题。衡量政府债务负担轻重，或者政府债务规模大小一般可以使用债务-GDP比率（debt-GDP ratio）和预算赤字率（deficit ratio）两个指标。

债务-GDP比率又称国债负担率，或称国民经济承受能力，是指国债累计余额占国内生产总值（GDP）的比重，即

$$债务\text{-}GDP比率＝\frac{累计国债余额}{年度国内生产总值}\times100\%$$

债务–GDP 比率反映了国家累计债务的总规模，是研究债务规模和防止出现债务危机的重要依据。一个国家的国债负担率越小，则国债的发行空间越大。我国的国债负担率一直低于 20％，远小于《马斯特里赫特条约》(Maastricht Treaty)要求欧盟国家的 60％。

预算赤字率是指财政赤字占国内生产总值的比重，即

$$预算赤字率 = \frac{财政赤字}{年度国内生产总值} \times 100\%$$

预算赤字率反映了国家当年债务的变化情况，也是研究债务趋势和防止出现债务危机的重要依据。按照国际上通行的《马斯特里赫特条约》标准，一般将预算赤字率 3％设为国际公认的安全线。我国预算赤字率 2018 年为 2.6％。

不过，也有一些经济学家认为用债务–GDP 比率和预算赤字率两个指标并不能完全反映政府的财政状况和未来国家的纳税负担。因为这两个指标没有考虑政府资产存量变化和公务员养老金等问题，而且债务–GDP 比率和预算赤字率也不是反映引发债务危机风险的关键指标。像日本债务–GDP 比率很高，2009 年达到 217.6％，居发达国家之首，远远高于爆发债务危机的希腊、西班牙和意大利等国。但是，日本的政府债务绝大部分是内债，政府对债务货币拥有控制权。增发货币可以作为解决政府债务的最后手段。从历史经验看，债务危机只会发生在政府无法控制债务货币的情况下。比如，政府借贷是外债，且超过了政府自身的清偿能力，造成无力还债或不得不延期还债。因此，衡量债务危机发生风险的一个主要指标是外债偿还率(external debt service ratio)。外债偿还率是外债余额与出口收入的比率，即

$$外债偿还率 = \frac{外债余额}{出口收入} \times 100\%$$

在债务国没有外汇储备或不考虑外汇储备时，外债偿还率是一个衡量外债负担和外债风险的主要指标。外债偿还率的国际公认安全标准是小于 20％。

当然，欧元区国家与美国是例外。欧元区中，每个国家政府都失去了独立的货币发行权，政府无法随意通过增发货币来弥补预算赤字，政府债务很难按传统意义的外债和内债来区分。而美国也有一定外债，但是所有债务都以美元计算，政府对债务货币拥有控制权，除非国会不让政府增发货币，才会引发债务危机，但出现这种事件的可能性很小。

欧洲债务危机

2002 年欧元正式取代欧元区中各国通货成为欧元区中唯一的货币。欧元区中各国之间的货币汇率始终固定在 1∶1 水平上。这样，商人不必再担心汇率风险，国际贸易得到了较快发展。但是，欧元带来的代价是欧元区中各国失去了独立的货币政策。比如，经济衰退只发生在一个国家，而没有发生在周围其他国家。那么，这个国家就无法应用货币政策应对衰退。遇到预算赤字，政府也无法用铸币税来弥补。

欧元区中的一些国家的政府为了赢得选举，取悦于民，执行过高标准的福利政策，造成长期预算赤字。这些国家为了进入欧元区，通过各种方式隐瞒了许多预算赤字。其中，希腊在高盛投资银行的帮助下，利用所谓的金融创新，隐瞒了高达 10 亿美元的预算赤字。进入欧元区后，在失去对债务货币控制权的情况下，这些国家继续执行高福利和扩张性财政政策，大量举债维持居民的高消费，债务–GDP 比率节节攀升。

2009 年 10 月，希腊政府宣布前任隐瞒了大量财政赤字。同年 12 月，全球三大评级公司下调希腊主权债务评级。随即引发市场恐慌，投资者纷纷抛售一些欧洲国家国债，爱尔兰、西班牙和意大利等国的国债收益率大幅上扬，欧洲债务全面爆发。随后全球评级公司又进一步下调相关欧洲国家主权债务评级，这些国家的国债收益率又再次上扬，最后陷入恶性循环。债务危机严重影响到居民的消费与投资，导致经济下滑。

拉美债务危机

20 世纪初，在西方发达国家经济增长的带动下，拉美国家充分利用土地和矿产资源丰富的优势，重点发展初级产品生产，国民经济取得了长足的进步。然而，到了 20 世纪 30 年代，由于受西方发达国家经济大萧条的影响，重点发展初级产品的拉美国家经济遭遇严重的挫折。其后，为了解决增长瓶颈，拉美国家普遍选择了"进口替代"经济发展战略，大举向国外借债，发展本国的制造业。然而，大量举债发展起来的制造业缺乏国际竞争力，外债偿还乏力，债务水平不断升高。不过，这些并没有影响一些拉美国家执行宏大经济发展计划的雄心。20 世纪 70 年代中期，相关拉美国家又利用国际，特别是美国金融市场利率较低的机会，大量借入外债，继续大力执行政府的经济发展战略。不幸的是，他们不久就受到美国里根政府高利率政策影响，外债利率不断升高，同时出口又受到初级产品价格暴跌的影响，收入不断下滑，债务雪球越滚越大。1982年 8 月，不堪重负的墨西哥政府终于宣布无力偿还 810 亿美元的贷款利息。随后，巴西、秘鲁等国政府也相继宣布延期偿还外债，进而全面爆发拉美债务危机。

14.2　政府债务的发展

政府债务最早可追溯到 12、13 世纪的威尼斯、热那亚和米兰等意大利北部商业城邦。当时这些城邦都处于战争状态中，急需大量战争费用。与农业城邦不同，这些商业城邦无法通过课重税来解决战争经费（因为这样商人会移民他国），于是这些城邦的政府就发明了政府债务，用它来解决巨额预算赤字的燃眉之急。其后，这种有效的战争集资方式逐渐传播至其他欧洲国家。经过几个世纪的传播和完善，到了 17 世纪，英国政府推出了统一的政府债券。由于这种债券带有金黄边，且信誉极高，故称之为金边债券（Gilt-edged Bond）。到了 18 世纪，政府债务就成了绝大多数欧洲国家筹集战争经费的主要手段之一。事实上，当时的政府债务也几乎都是用来筹措战争费用的。这与古典经济学的公债哲学有关。古典经济学认为政府账户与个人或私人企业账户之间没有本质上的区别。借款是取得收入的一种手段，它使借款人得以推迟或延缓偿付。它是一种调整开支需要的手段，目的是使不同时间的开支流量与收入流量相适应。实际上政府举债是依据时间上的权衡来进行的。因此，只有在需求是非周期性的或非经常性的条件下，或者说只有在公共开支的需要是暂时性的条件下，才能诉之举债之途。历来这些需要都是和战争的紧急开支相联系的，财政审慎原则要求一旦这些紧急开支的需求过去以后，战时累积下来的债务就要偿还。除了这些额外开支可以依靠借款的道理之外，按正统标准，政府也可举债兴办真正生产性的资本项目，类似私人企业所做的资本投资。当资本支出由政府举债支持时，原则上应有一个债务清偿计划，使还债时期与从投资资产产生收入的时期相适应。

不过，凯恩斯在《通论》中批判了古典公债哲学，凯恩斯认为政府账户上的债务与个人账户上的债务是完全不相同的。只有当政府进行公共项目的投资时，社会资源才有可能被充分利用，否则，整个社会的资源是不会得到充分利用的。当政府通过发行公债获得资金并将资金投资于武器生产时，同时期的私人部门便要放弃生产某些东西，而不是等到以后才要求私人部门放弃生产。因此，发行公债只是在同一时期产生了公共部门与私人部门之间的替代，而不会产生这一时期与下一时期的生产替代。也就是说，公债负担是不可能向下一代人转移的。政府债务的公共支出不仅可以促进经济高涨，增加就业，还可以刺激私人经济部门的发展。

当凯恩斯主义经济学逐渐普及后，凯恩斯的公债哲学也就成为政府宏观经济决策依据。20 世纪 60 年代后，财政赤字发生了本质性变化，永久性举债弥补赤字的制度诞生了。政府债务的雪球越滚越大。下面以美国为例说明这种变化。图 14.1 是美国 1790 年以来的债务－GDP 比率变迁情况。

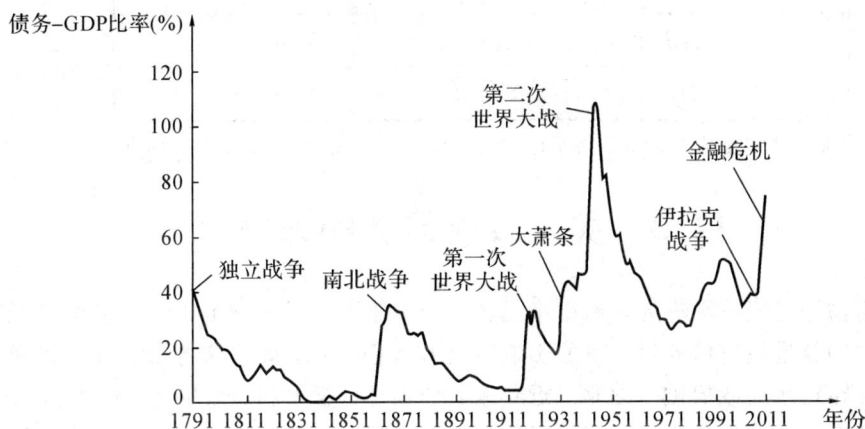

(资料来源：曼昆，《宏观经济学(第九版)》，中国人民大学出版社，2016年)

图 14.1　1791 年以来美国政府债务－GDP 比率变化情况

从图 14.1 中可以看出，美国的政府债务的变动是从 19 世纪 30 年代接近于 0，到 1945 年最多占 GDP 的 107％。历史上，美国政府债务规模增加的主要原因是战争。在重要的战争期间，债务－GDP 比率都会急剧上升，而在和平时期又缓慢下降。许多经济学家认为这种历史模式是实施财政政策的适当方法。和平时期政府债务大幅度增长的一个例子发生在 20 世纪 80 年代和 90 年代初，这个时期，美国政府为了刺激经济，屡次大力刺激经济，造成了巨额预算赤字，即使在和平时期债务－GDP 比率也居高不下。在 20 世纪 90 年代中期，美国联邦政府开始使其预算赤字得到控制。支出削减、经济和税收迅速增长使债务－GDP 比率开始逐渐下降。但是，2001 年"9·11"事件后，美国又发动阿富汗和伊拉克两场战争，导致债务－GDP 比率又重新上升。

当今西方国家普遍奉行凯恩斯政府债务哲学，预算赤字常态化，政府债务规模也与美国一样呈上升趋势。只是由于在这期间，其他西方国家经历的战争次数相对较少，其他西方国家政府债务的波动不如美国这样大。当前，西方各国都有较高的政府预算赤字率和国债负担率。许多国家已超出《马斯特里赫特条约》标准。表 14.1 显示了 10 个西方国家 2014 年政府债务的国债负担率情况。

表 14.1　部分西方国家 2014 年政府债务的国债负担率　%

国　　家	债务 - GDP 比率
日本	142.9
意大利	120.4
希腊	125.3
美国	85.5
加拿大	40.9
法国	70.9
德国	42.4
英国	64.2
西班牙	73.3
葡萄牙	99.8

(资料来源：曼昆，《宏观经济学(第九版)》，中国人民大学出版社，2016 年)

14.3　关于政府债务的评价

有关政府债务对经济影响的争论由来已久，溯源于不同的公债哲学。这种争论长期存在的另一个原因就是政府债务对经济的影响不易被人们实证。政府债务既有使美国顺利立国之举，也有导致冰岛政府破产之例。近年来，葡萄牙、意大利、爱尔兰、希腊、西班牙，这五个欧洲国家的政府债务危机传闻此起彼伏，屡屡重击全球金融市场和经济复苏。从历史经验看，政府债务对经济影响是利还是弊，关键在于政府债务的实际运作。美国第一任财政部长汉密尔顿曾讲过"国债如果不过分的话，对我们将是全国的幸运"。相反，美国第四任总统麦迪逊则认为"公债是公共祸害"。

在经济学中，从凯恩斯主义诞生起，关于政府是否需要举债的问题一直就是它与古典经济学和新古典经济学争论的焦点之一。我们从凯恩斯主义经济学中已经获知通过发行国债筹资再进行扩张性财政政策可以克服有效需求不足，刺激经济复苏。IS - LM 模型、蒙代尔 - 弗莱明模型和 IS - LM - BP 模型等的结论是：在封闭经济中，有效；在开放经济中，浮动汇率下，小国无效，大国有效；固定汇率下，都有效。

凯恩斯主义认为，政府采取减税(更严格地说，是"税改债")政策后，尽管消费者用了一部分收入去购买公债，但是他们并不觉得这是在替未来交税，而是认为这是储蓄的一部分。因此，他们会觉得减税使自己的可支配收入增加，从而会去进行更多的消费活动。而古典和新古典经济学家则认为如果消费者完全理性的话，他们就会意识到政府是非生产性的，它的主要收入来自于税收，将来要偿还这部分债务的支出也是未来税收的一部分。这就意味着，政府将来要从自己(或子孙)多收这部分税收来偿还这部分债务。因此，他们会将购买的公债的支出视为提前支付的将来税收，不会将其看作可支配收入。在他们看来，真实可支配收入是扣除税收和购买公债后的收入。所以，减税政策并不会改变自己的消费支出。例如，小王年收入 30 000 元，他的边际消费倾向为 0.8，原来他 1 年纳税 3000 元。这样，他的可支配收入为 27 000 元，消费为 21 600 元，储蓄为 5400 元。现在政府宣布减税计划，小王被免税，但是他需要购买 3000 元公债。按照凯恩斯主义观点，小王会将 30 000 元收入全部视为可支配收入，购买的 3000 元公债为他储蓄的一部分，他会消费 24 000 元，比减税前多消费 2400 元。除了购买 3000 元公债外，他还会另外储蓄 3000 元。相反，按古典和新古典经济学的观点，小王会将购入的 3000 元公债视为提前支付的税收，因此他会将减税带来的额外可支配收入全部收入银行或购买国债，而消费仍然保持与减税前一样水平。从上面的分析，我们可以看出，与古典和新古典经济学家理论相比，凯恩斯主义经济学家理论中设想的普通消费者的眼光要短浅得多，经济决策会受到眼前减税政策的影响，支付更多的消费。

上述古典和新古典经济学关于政府债务等价于未来税收的观点最早是由 19 世纪著名古典经济学家李嘉图提出的，故将相关理论称为李嘉图等价定理（Ricardo equivalence theorem，RET）。

李嘉图等价定理表明，只要给定政府的支付路径，政府收入或融资的方式不会影响人们的经济行为。也就是说，政府无论是通过课税还是举债来进行融资，都不会改变人们消费和投资的安排。如果李嘉图等价定理成立，就意味着凯恩斯主义政府刺激经济的财政政策失效。

14.4 李嘉图等价定理证明

虽然李嘉图早在 19 世纪就提出了李嘉图等价定理，但是由于一些假设比较脱离实际，该理论很难为经济学界所接受，甚至李嘉图本人也怀疑人们的理性和远见是否足以完全前瞻到他们未来的税收负担。1974 年巴罗在一篇有重要影响力的论文《政府债券是净财富？》中有力地说明了一个类似于李嘉图等价定理的命题——债务中性（neutrality of debt）的重要性和在制定经济政策中的实践意义。因此，这一论断也被称为李嘉图-巴罗命题（Ricardo-Barro proposition）。

在证明李嘉图等价定理时，巴罗提出了以下三条假设：一是消费者是完全理性的，能够意识到政府举债本质上只是延期征税，而非取消征税；二是现在减税人与将增税人（或增税人子孙）利益一致；三是不存在时间上（或代际间）的借款约束。当然，代际间不存在借款约束这条假设离现实世界太远了，世界上几乎没有哪个银行会以一个未成年小孩未来的收入作抵押借款给他的父亲。不过，巴罗对此作了一个代际间借款约束不紧的修改假设。他认为不少人具有血缘利他主义倾向，他们的效用不仅取决于自己的消费，还取决于后代的消费。因此，他们会像关心自己的消费一样，关心后代的消费。他们将不会在死前将自己的财产全部消费掉，甚至还欠下债务，而是打算将正的净资产留给后代。因此，他们的跨代际消费均衡点不会受到代际间借款约束的影响。下面我们将巴罗的证明简化为父子两代没有借款约束的跨代际消费均衡问题。

假定父亲老张的收入为 Y_{LZ}，政府向他征收的税收为 T，他的效用函数为 $U=U(C_{LZ}, C_{XZ})$，

《宏观经济学》

其中 C_{LZ} 和 C_{XZ} 分别是老张和他儿子小张的消费。再设 B_T 是老张留给小张的遗产，则小张的消费为 $C_{XZ}=(1+r)B_T+Y_{XZ}$，其中 r 是利息。老张的消费约束为

$$C_{LZ}+B_T=Y_{LZ}-T \quad \text{和} \quad C_{LZ} \leqslant Y_{LZ}$$

其中，第一个约束等价于：

$$C_{LZ}+\frac{C_{XZ}}{1+r}=Y_{LZ}+\frac{Y_{XZ}}{1+r}-T$$

如果代际间借款约束不紧，约束 $C_{LZ} \leqslant Y_{LZ}-T$ 失效。

现在再设想政府不向老张征税，而让他购买公债 $D=T$。这时，老张给小张的遗产就为 $B_D=(1+r)(Y_{LZ}-C_{LZ})$。然而，为了偿还欠老张的政府债务，政府就要向小张征 $(1+r)T$ 的税，小张的消费 $C_{XZ}=(1+r)B_D+Y_{XZ}-(1+r)T$。由于约束 $C_{LZ} \leqslant Y_{LZ}-T$ 失效，因此约束 $C_{LZ} \leqslant Y_{LZ}$ 也将失效。老张的消费约束仅为 $C_{LZ}+B_D=Y_{LZ}$，等价于：

$$C_{LZ}+\frac{C_{XZ}}{1+r}=Y_{LZ}+\frac{Y_{XZ}}{1+r}-T$$

这表明：对老张来说，购买公债与征税具有相同的跨代际预算约束，因此，两者的消费均衡也相等，即 $C_{LZT}^*=C_{LZG}^*$。由此可知，减税不可能改变老张的消费。

在图 14.2 中，横轴为老张的消费 C_{LZ}，纵轴为小张的 C_{XZ}。老张被征收的税收与购买政府债务的跨代际预算约束线 l_T 和 l_G 重叠为 $C_{LZ}+\frac{C_{XZ}}{1+r}=Y_{LZ}+\frac{Y_{XZ}}{1+r}-T$。$I$ 为张家的跨代际消费的无差异曲线（相应的无差异曲线也重叠）。老张在两种情况下的均衡消费相等，即 $C_{LZT}^*=C_{LZG}^*$。

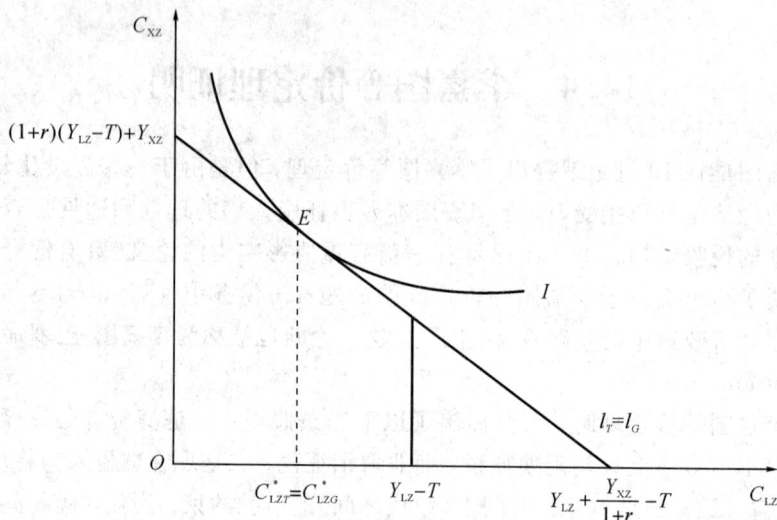

图 14.2 代际间借贷不紧情况下李嘉图等价定理

李嘉图等价定理表明，在一定条件下，政府改变征税的时间安排，只是将公共储蓄转化成私人储蓄，不改变国民储蓄总量。因此，政府的财政政策对实际宏观经济变量或消费者的福利不会产生任何影响。李嘉图等价定理还暗示消费函数不是凯恩斯式的，而是弗里德曼式的，或是莫迪利亚尼式的。消费不仅取决于当期收入，而且还会受到将来收入的影响。李嘉图等价定理的重要含义是，政府减税实质上是推迟交税。

· 196 ·

14.5　李嘉图等价定理的异议

针对前面李嘉图等价定理的证明，经济学家托宾和曼昆等人则从消费者的眼光短浅、借款约束、代际财富分配、增减对象错位、税收扭曲、确定性收入增加和人口增长七个方面，分析了现实中李嘉图等价定理不成立的原因。

首先，消费者的眼光短浅。由于理性是有限的，在做出消费和储蓄决策时，人们的眼光经常是短浅的。一些人在选择储蓄多少时可能遵循一种简单而并非完全理性的概算规则，往往将购买政府债务也看作储蓄的一部分，会将剩余的钱更多地用作消费。征税情况则完全不同。人们决不会将征走的那部分收入看成是储蓄，会将剩余的钱更多地用作储蓄。因此，减税将导致增加消费并减少国民储蓄。

其次，借款约束。对那些面临借款约束的消费者来说，现期收入比永久收入更重要。现期消费完全受到现期收入约束，减税政策至少可以提高他们现期收入，从而增加他们现期消费。比如，一个人知道自己未来能够挣到许多钱，打算现期消费大于收入。但是，他现在借不到足够的钱实现这种消费。现期消费只能受制于现期收入。这时，如果政府给他减税，增加现期收入，那么他就会提高现期消费。

第三，代际财富分配。人们所具有的是普遍的利己主义行为动机。举债代表一种财富的转移，是从下一代人向当代人的转移。当代人的利己主义倾向会以下一代人消费减少为代价而增加自己的消费。所以，减税时，人们并不会从现期收入中扣除将来子孙要多交的税收增加遗产，而是更多地将其用作消费。

第四，增减对象错位。对于整个社会而言，债务等于未来税收是成立的。但是，对某个具体家庭来说，这种等价关系就未必成立了。比如说，这次免税对象是 A 类家庭，下次增税对象可能是 B 类家庭，那么 A 类家庭就没有必要视这次购买的政府债券为未来税收，可以放心消费这次免税带来的收入。

第五，税收扭曲。如果一个国家实行全面所得税，利息收入也需要纳税，那么会产生税收扭曲效应。由于当前的消费无需纳税，而现在储蓄将来的消费却要被课税，减税就会降低现在消费和未来消费的跨期相对价格，刺激人们增加当前消费，扭曲人们的储蓄决策。

第六，确定性收入增加。对于任何消费者来说，未来收入都是不确定的，而当前的收入都是确定的。人们的确定性收入比重增加可以减少预防性储蓄。因此，当前政府暂时性的减税计划可以起到增加确定性收入的实际效果，从而降低储蓄和增加消费。

第七，人口增长。由于人口增长，未来税收被更多的人负担。如果政府税收不变，未来的人均税负要比当前的人轻。因此，完全可以通过永久性减税平均代际间税负。这种减税计划自然会增加消费。

李嘉图等价定理能否成立完全取决于人们的预期。如果人们普遍都相信今年的税收减少会被明年税收等幅度的增加所抵销，那么现在的减税政策对消费的影响可能会很小。由于预期到明年的税收更高，许多消费者会将从减税政策获得的大部分金额，甚至全部金额储蓄起来，应对未来的增税。如果把未来的间隔变小，比如，把"年"换成"月"，甚至"周"，人们预期到未来增税的信念就会变得更为普及，李嘉图等价定理的影响就会显现出来。

但是，现实中，减税之后，政府很少会在一年之后就宣布要增加税收。消费者不得不猜测税收何时会增加，以及增加多少。尽管这一事实自身并不能证明李嘉图等价论断是无效的：无论税收何时增加，政府预算约束都意味着将来税收增加的现值一定等于现在税收减少的现值。然而，只要将来的税收增加显得更为遥远，它们的时间显得更不确定，消费者就有可能忽略它们。这可能是事实，因为消费者希望在死亡之前税收不增加，或者可能因为他们根本就没有想象未来。无论是哪种可能的情况，李嘉图等价定理都可能失效。

因此，我们可以放心地说，预算赤字对经济活动有重大的影响，尽管可能比我们在运用李嘉图等价模型之前预期的影响力要小些。从短期来看，越大的赤字将可能导致越高的需求和产出。从长期来看，政府债务越高，对资本积累和产出的降低也越多。

小布什所得税扣除的实验

1992 年初，小布什总统实施了一种新颖的财政政策来对付美国徘徊已久的衰退。通过行政命令，他暂时减少了从工人工资中扣除的所得税额。不过，这项命令并没有减少工人应付的所得税额，只是延迟了交纳时间。1992 年期间工人得到了更多能拿回家的工资。但是，到 1993 年 4 月，工人却将交纳更高的所得税，或获得更少的税后收入。

这种政策对美国经济会有什么影响呢？根据李嘉图等价定理的逻辑，消费者应该认识到他们一生的资源并没有变，因此，他们 1992 年会把拿回家的额外工资储蓄起来以应付未来增加的应付税款。但小布什宣称他的经济政策将提供"人们可以用来支付买衣服、交学费或买一辆新汽车的钱"。这就是说，他相信，消费者会支出额外的收入，从而刺激总需求，并有助于经济从衰退中复苏。看起来小布什已假定消费者目光短浅，或者面临必须履行的借贷约束。

要用总体数据来测量这一政策的实际效应是十分困难的，因为在这一时期里，美国经济发生了许多其他事情。但是，从两位美国经济学家在政策宣布后很短时间内进行的调查中，我们可以找到一些证据。这个调查问人们想如何使用他们额外的收入。57% 的回答者说，他们将把钱储蓄起来，用它偿还债务，或调整他们的扣税额，以便抵消布什的行政命令的影响。而 43% 的回答者说，他们将花掉增加的额外收入。因此，对这一政策变动，大部分人计划像李嘉图理论所断言的那样行事。但是，小布什的判断却是部分正确的：尽管许多人知道下一年的税单金额会更多，但他们仍计划花掉额外的收入。

习 题 14

一、选择题

1. 政府的预算赤字等于（　　）。

A. $G-T$ 　　　　B. G/T 　　　　C. $G+T$ 　　　　D. $G \times T$

2. 政府的债务存量等于（　　）。

A. 政府当前的预算赤字 　　　　B. 政府未偿还的债务

C. 该国所有个人债务的总和 　　　　D. 政府支出减去税收收入

3. 许多经济学家认为预算赤字应该衡量(   )的变化。

A. 名义债务 B. 实际债务

C. 财政赤字 D. 财政收入

4. 通货膨胀期间，预算赤字的官方测度(   )。

A. 夸张地描述政府实际债务的变化 B. 保守地描述政府实际债务的变化

C. 等于政府实际债务的变化 D. 应该等于预期的通货膨胀率

5. 一些经济学家指出预算赤字的官方测度是政府总债务变化的一种不完全衡量，因为它(   )。

A. 衡量名义债务的变化而不是实际债务的变化

B. 没有考虑政府资产价值的任何变化

C. 忽略了未来必须为政府人员支付的养老津贴的增长

D. 以上全部

6. 在经济衰退期间，(   )。

A. 实际预算赤字将小于对周期调整的预算赤字

B. 实际预算赤字将大于对周期调整的预算赤字

C. 实际预算赤字将等于对周期调整的预算赤字

D. 对周期调整的预算赤字总是为正

7. 根据对政府债务的传统观点，税收的减免会导致以下各项在短期中的变化，除了(   )。

A. 消费增加 B. 私人储蓄增加

C. 投资增加 D. 公共储蓄减少

8. 根据对政府债务的凯恩斯主义观点，税收的减免会导致以下各项在长期中的变化，除了(   )。

A. 公共储蓄减少 B. 国民储蓄减少

C. 净出口减少 D. 外汇汇率下降

9. 根据李嘉图的政府债务观点，消费者会将当前的减税看作(   )的增加。

A. 家庭财富 B. 当前与未来预期收入的总数

C. 公共储蓄 D. 未来税收和当前可支配收入

10. 根据李嘉图的政府债务观点，消费者对当前减税的反应是(   )。

A. 增加当前的消费 B. 增加相当于减税总额的私人储蓄

C. 增加未来的消费 D. 减少相当于减税总额的私人储蓄

11. 根据李嘉图的政府债务观点，当前的减税将(   )。

A. 减少公共储蓄 B. 增加私人储蓄

C. 对国民储蓄没有影响 D. 以上全部

12. 根据李嘉图的政府债务观点，相关决策单位是(   )。

A. 无限个家庭 B. 有限个家庭

C. 有限个个人 D. 无限个世界居民

13. 较高的预算赤字可能(   )。

A. 过分鼓励扩张性货币政策 B. 增加政府拖欠债务的风险

C. 降低一国在世界范围的政治影响力　　　D. 以上全部

14. 如果较高的预算赤字和政府债务加剧了人们对政府拖欠债务的担心，那么（　　）。

A. 国内利率将上升　　　　　　　　B. 外汇汇率将上升

C. 资本可能发生外逃　　　　　　　D. 以上全部

15. 20 世纪 80 年代早期，美国税收大幅度减少，国民储蓄减少。这个事实似乎在说明（　　）。

A. 对政府债务的凯恩斯观点　　　　　B. 李嘉图的政府债务观点

C. 两种对政府债务的观点都不对　　　D. 政府债务是中性的观点

二、简答题

1. 说明影响政府预算赤字衡量的有关问题。

2. 你认为传统的政府债务观点还是李嘉图的政府债务观点更可信？为什么？

3. 凯恩斯消费函数与弗里德曼消费函数哪个支持李嘉图等价定理？为什么？

4. 在哪些情况下，李嘉图等价定理不成立？

5. 在哪些情况下，凯恩斯主义有关政府债务的观点不成立？

第15章　再论经济周期与治理

前面的许多章节中已经用了 IS - LM 模型和 AD - AS 模型讨论了经济周期问题。然而，这些模型只是研究经济周期问题众多模型中的一小部分，只是局部对经济周期的理解。经济周期的形成机理颇为复杂，目前人们还无法完全理解它。本章对一些现代经济周期理论作进一步分析，主要介绍三类存有争议且相互分歧的经济周期理论。

*15.1　经济周期理论

在宏观经济学中，对经济周期现象的解释有三大类不同的观点：需求冲击论、供给冲击论和协调失效论。需求冲击论认为总供给基本上是稳定的，经济周期主要是由总需求冲击引起的。供给冲击论则认为总供给是不稳定的，经济波动主要是由总供给冲击引起的。协调失效论认为经济有众多均衡，经济在不同均衡之间转换形成了经济周期。

1. 需求冲击论

严格地说，需求冲击论不是宏观经济学学派提出的理论，而是在许多方面全然对立的松散群体提出的学术观点。需求冲击论者认为虽然总需求冲击和总供给冲击都可以引起经济周期，但是总需求冲击是主要的。由于市场存在一些不足和缺陷，比如，价格判断错觉，价格、工资，甚至利率不能及时得到充分地调整，因此会造成总供给曲线向右上倾斜（或水平）。由于总供给曲线非垂直，随机的总需求冲击就会引发产出和就业等经济变量的波动。

在图 15.1 中，有 3 条总供给曲线：垂直的 AS_1、向右上倾斜的 AS_2 和水平的 AS_3。当经济受到一个总需求冲击（这里不妨设其为负向）时，总需求曲线就会发生移动，从 AD_0 向

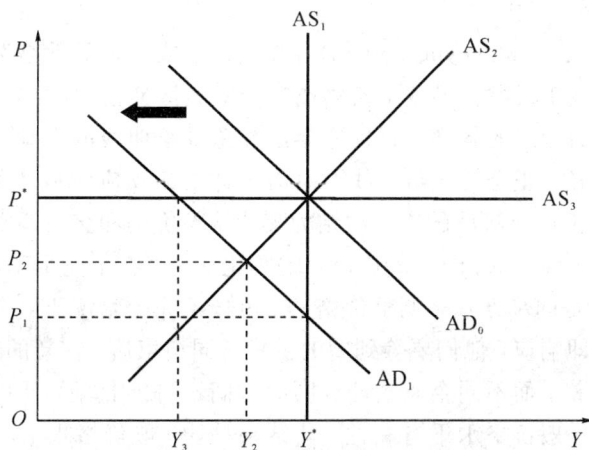

图 15.1　需求冲击论的经济周期

左移动到 AD_1。如果价格完全弹性，可以充分得到调整，总供给曲线垂直，则产出保持不变，仍然等于 Y^*，而价格从 P^* 下降到 P_1；如果价格完全刚性，所有企业产品的价格都不能调整，总供给曲线水平，则产出从 Y^* 下降到 Y_3，价格保持不变；如果价格部分黏性：一部分企业能调整，另一部分企业不能调整，一般价格水平调整不充分，总供给曲线向右上倾斜（详细讨论参见第 11 章），则价格从 P^* 下降到 P_2，产出从 Y^* 下降到 Y_2。从图 15.1 中还可以看到，当遇到需求冲击时，价格弹性越小，总供给曲线斜率越小，产出减少的幅度（如 AS_1、AS_2 和 AS_3 相对应的减少幅度分别为 0、Y^*Y_2 和 Y^*Y_3）越大，与产出相关的一系列经济变量（如就业、消费和投资等）波动的幅度也越大。因此，随着总供给曲线斜率的增大，经济波动的程度——方差会变小。

现代宏观经济学中，需求冲击论主要有理性预期学派和新凯恩斯主义两大主流。

1) 理性预期学派

理性预期（rational expectations）学派十分强调用新古典优化选择理论构建的宏观经济学理论微观基础。这一微观基础在瓦尔拉一般均衡的理论框架之中。理性预期学派关于经济波动的理论突出了货币供给不稳定的影响（有关信息不完全造成总供给曲线非垂直的讨论参见第 11 章），所以也称之为货币经济周期模型（monetary business cycle model），或均衡经济周期模型（equilibrium model of the business cycle）。在理性预期学派的经济波动分析当中，对于信息不充分或不完全问题给予了十分重要的地位。理性预期学派认为，信息不充分或不完全的工人和企业，在面对未预见的总需求冲击主要来自于未预见的货币供给的冲击时，往往会错误地将一般价格的变化当作相对价格的变化，并且通过改变劳动和产出的供给做出各自的反应，从而导致就业和产出背离了其长期均衡水平（如自然率或潜在产出）。但是，随着时间的推移，人们掌握同一冲击的有关信息会逐渐充分起来，这种预期的偏差也会慢慢缩小，产出和就业就会重新接近或回归长期均衡的水平。如果这种未预见的冲击越频繁，经济就越不稳定。

此理论在 20 世纪 70 年代中期以后的宏观经济数据检验中表现出来的拟合性不理想，因此 80 年代中期后逐渐让位于实际经济周期理论和新凯恩斯周期理论。

2) 新凯恩斯主义

一些新凯恩斯主义（new Keynesianism）者强调价格或工资黏性是造成经济周期的关键因素。他们认为价格或工资黏性导致了价格或工资对经济冲击（主要来自需求方面）反应滞后，不但影响了总供给曲线的斜率，而且还会延缓总供给曲线的变动，造成短期总供给曲线不能"及时"恢复到位。正是总供给曲线对总需求冲击的反应滞后才引发了经济周期。这些经济学家将产生这类反应滞后的原因归结为交错调整价格和交错调整工资两类。

交错调整价格（staggered price adjustment）理论认为，在不完全竞争的市场中，企业通常采用交错方式而不是同步方式来调整价格。在市场不完全情况下，企业面对市场上的需求变动，未必都会立即响应，他们要等到旧的供货合同结束后，在新的供货合同签订时，才能调整自己产品的价格。而不同企业签订合同的时间不可能相同，从而使市场形成交错或异步调整价格，导致一般价格水平有黏性。其结果是，一般价格水平不可能对总需求的变动做出迅速的反应。因此，当面临总需求的冲击时，经济就会产生较大的波动。

交错调整工资（staggered wage adjustment）理论认为，现代经济中企业与工人的工资合同是长期的(比如两年),而且合同签订时间是不一致的(比如,一半工人合同今年到期,而另一半要到明年才到期)。所以,工资调整的决策一般也是交替做出的。在一段时期内,不同企业形成一个交替调整工资的系列。交错调整工资导致工资黏性,以及产出容易受总需求冲击的影响。工资合同期越长,名义工资水平就越稳定,名义工资黏性也就越大,产出和就业也就越不稳定,从而经济波动越大。

2. 供给冲击论

当代宏观经济学中,能与需求冲击论相抗衡的就是实际经济周期理论(real business cycle theory)。实际经济周期理论认为诱发经济波动的最重要的冲击来自供给方面——技术冲击。即使在一个没有货币、政府,甚至没有市场的鲁滨逊世界里,仅仅由于"技术"的不稳定也会引起经济周期。需要指出,实际经济周期理论使用的"技术冲击"一词是广义的,泛指各种导致生产率发生显著变化的冲击。技术冲击包括以下几个方面。

(1)对农业产出产生不利影响的物质环境变化。这一类冲击包括地震、干旱、洪水之类的自然灾害。

(2)初级产品,特别是能源价格的明显变化,比如 20 世纪 70 年代的石油危机。

(3)破坏现存经济运作和结构的战争、政治动乱,或者劳工骚乱,比如伊拉克战争。

(4)政府管理体制的显著变迁,比如 20 世纪 70 年代末以来的中国经济体制改革。

(5)资本和劳动输入的质量变化、新的企业管理方式实践、新产品的开发,以及新的生产技术的引进所产生的生产率冲击。

其实,实际经济周期理论并不排斥现代经济中受到需求冲击的影响,只不过被认为需求冲击对经济周期的影响是次要的。即使总需求与总供给同步增长,也会由于总供给本身,特别是技术进步增长速度的不稳定诱发经济周期,而且技术冲击对经济周期影响还相当大。基德兰德和普雷斯科特估算出技术冲击造成的经济周期约占 70%。

实际经济周期理论认为经济波动是按照下列方式产生的:假定存在一个正向的技术冲击(如发明一种新生产方法)。这种新生产方法提高了劳动生产率,从而提高现行的实际工资水平。在冲击发生时,这个发明者就要判断这种冲击是暂时性的还是持续性的。如果发明者认为这种冲击是暂时性的,那么他会认为与未来的实际工资相比,现在的实际工资较高,他就用劳动替代闲暇,从而刺激他现期提供更多的劳动,由此导致现期产出增加,经济处于上升阶段。当闲暇的跨时替代效应较大时,即使微小的生产率冲击也会导致相对较大的产出效应。如果他认为这种冲击是长久性的,他就会进行新的资本投资,扩大生产。由于从投资增加资本再到产量增加之间需要一定的时间,因此产出会在初始冲击发生后的相当长时间内继续增加,直至冲击的影响消失。在这个过程中,如果不存在进一步的技术冲击,他迟早会发现,与保持稳定状态的增长所需要的资本相比,他所持有的资本存量太多,必将会降低投资率,直到资本折旧使经济恢复到稳定增长路径。在投资率下降的过程中,就业和产量就会发生相应的波动。

根据实际经济周期理论,我们经济中遇到的周期类似于鲁滨逊经济中的周期,对生产产品与服务的能力的冲击(就像鲁滨逊岛上天气和周边海况的变化)改变了经济自然就业率与潜在产出。这些冲击并不一定是我们合意的,但是它们却是不可避免的。一旦经济出现了这些冲击,GDP、就业和其他实际宏观经济变量做出反应所产生的经济波动一定也是合意的。

鲁滨逊世界的经济周期

经济学家曾借用作家笛福的《鲁滨逊漂流记》中的主人公鲁滨逊讲述了一个实际经济周期的故事。

鲁滨逊是一个搁浅在荒岛上的海员。为了使事情简化，设想鲁滨逊只从事少数几种活动。鲁滨逊把自己的一些时间用于享受闲暇，也许是在他这个岛的海边游泳或散步。他把其他时间用于工作，既可以是捕鱼，也可以是收集藤蔓编织渔网。这两种工作形式都生产了有价值的产品：鱼（用于消费）和渔网（用于投资）。如果要计算鲁滨逊的岛上的 GDP，我们可以把捕到的鱼的数量和织成的渔网的数量加在一起（根据某种"价格"加权来反映鲁滨逊对这两种产品的相对评价）。

鲁滨逊根据自己的偏好和他得到的机会把自己的时间分配于游泳（或散步）、捕鱼和织渔网上。假设鲁滨逊选择实现最优化是合理的。也就是说，给定自然带来的限制，他选择对自己最好的闲暇、消费与投资量。

随着时间的推移，鲁滨逊的决策会随着对他的生活的冲击而改变。例如，有一天一大群鱼游过这个岛。鲁滨逊的经济中 GDP 会由于两个原因而增加。第一，鲁滨逊的生产率提高了。由于海里有大量鱼群，鲁滨逊单位时间里捕获鱼的数量将会增多。第二，鲁滨逊的就业增加了。也就是说，他决定暂时减少自己的闲暇享受，以便努力工作，利用这个不寻常的机会捕鱼。鲁滨逊的经济处于繁荣中。

同样，假设有一天暴风雨来临。由于暴风雨使室外活动变得困难，生产率下降了，单位时间里生产（如捕鱼或织渔网）带来的产出减少了。鲁滨逊对此的反应是决定把较少时间用于工作，并在茅屋中等待暴风雨过去。鱼的消费和渔网的投资都减少了，因此，GDP 也减少了。鲁滨逊的经济处于衰退中。

假设有一天鲁滨逊受到土著人的攻击。在他保卫自己时，鲁滨逊享受闲暇的时间少了。因此，防卫需求的增加刺激了鲁滨逊经济中的就业，特别是"防卫产业（比如制作弓箭，修建围墙）"中的就业。在某种程度上，鲁滨逊用于消费的捕鱼和用于投资的织网时间都减少了，因为把这些工作放一段时间也无关紧要。因此，防卫支出挤出了投资。由于鲁滨逊把更多时间用于工作，GDP（现在包括防卫的价值在内）提高了。鲁滨逊的经济经历着战时繁荣。

这个繁荣与衰退的故事值得注意之处在于它的简单性。在这个故事中，产出、就业、消费、投资和生产率的波动都是个人对其环境不可避免的变动做出的自然而合意的反应。在鲁滨逊经济中，经济波动与货币政策、黏性价格，或任何一种市场失灵机制都无关。

3. 协调失效论

除了市场不完全性外，凯恩斯在《通论》中还提出了另一种引起经济周期的原因——协调失效（coordination failure）。凯恩斯认为消费者和企业家并非完全理性，而是具有"动物精神"的常人。他们的心理变化，即乐观情绪和悲观情绪交替将会导致经济周期，从而使经济在"好的"和"坏的"经济状态之间徘徊。经济衰退源于协调失效，即整个社会选择了"坏的"经济状态。在大萧条的时候，一方面大量机器厂房处于闲置状态，另一方面大批工人却在失业挨饿，这就是一个协调失效的典型例子。

现代经济学家用博弈论的方法分析了这类协调失效的现象,认为由于经济中许多产品具有互补性或替代性,每家企业产品的需求量不仅取决于自己产品的价格和产量,还取决于其他企业产品的价格和产量,这样就构成了不同企业间定价博弈。定价博弈往往有众多均衡。在这些均衡中间,自然有"好的"均衡,也有"坏的"均衡。好坏均衡之间的转换就产生了经济周期。

为了加深了解协调失效导致经济衰退的机理,我们来考察下面的故事。假设一个经济有两个分别生产两种完全互补的中间产品。当最终产品需求下降时,每家企业有两种可供选择的策略:"降价"和"不降价"。

图 15.2 是两家企业进行定价博弈的支付矩阵。它表示两家企业的利润如何取决于它们行为的互动。如果两家企业都不降价,则产量幅度下降较大,每家企业的利润为 30 万元。如果两家企业都降价,且降至最优水平,则产量下降幅度较小,每家企业的利润为 60万元。如果一家企业"降价",另一家企业"不降价",由于产品互补,"降价"企业产品的需求量与"不降价"企业的一样,产量幅度下降较大,"降价"企业的利润为 15 万元,"不降价"企业的利润仍为 30 万元。

<table>
<tr><td></td><td></td><td colspan="2">企业 2</td></tr>
<tr><td></td><td></td><td>降价</td><td>不降价</td></tr>
<tr><td rowspan="2">企业 1</td><td>降价</td><td>60, 60</td><td>15, 30</td></tr>
<tr><td>不降价</td><td>30, 15</td><td>30, 30</td></tr>
</table>

图 15.2 价格制定与协调失效

利用博弈论中的纳什均衡原理预测这个经济的运行结果是:要么两家企业都降价,要么两家企业都不降价,存在两个纳什均衡。显然,在这两个均衡中,两家企业都选择"降价"是"好的"均衡,是协调成功的例子;两家企业都选择"不降价"是"坏的"均衡,是协调失效的例子。如果可以协调,两家企业都选择"降价",得到好的均衡结果。然而,在现实经济中,涉及调整价格的企业数量众多,这种协调将会变得异常困难。如何应用宏观经济信号来实现这种协调就成了宏观经济学要研究的课题。

均衡选择涉及人的"动物精神",因而,经济周期往往取决于一些与基本经济因素(如技术、偏好和禀赋等)完全无关的事情。所以,一些经济学家将这些与基本经济因素无关的事情称为(太阳)黑子,意指人们对待这类事情犹如对待太阳黑子一样。假设人们把看到黑子作为吉祥的事情,那么,当人们观察到黑子时,经济就会走向"好的"均衡;相反,当没有观察到黑子时,经济就会走向"坏的"均衡。于是,给人的感觉是仿佛黑子成了引发经济周期的主要因素。

15.2 宏观经济政策理论

凯恩斯发表《通论》至今,政府是否需要用货币和财政政策干预经济的问题一直争论不休。许多经济学家对此也各抒己见。

理性预期学派和实际经济周期理论认为市场天生是稳定的,经济经历的大幅度和无效率的波动完全是由错误的经济政策造成的。所以,政府不应该试图用所谓的稳定政策去"微调经济"，而是不要去干预市场的正常运行。

而凯恩斯主义和新凯恩斯主义者认为市场经济本身具有内在不稳定性，经济频繁经历总需求和总供给的冲击。这些冲击诱发的经济波动会损害社会福利，所以，政府要用货币与财政政策稳定经济，缓减这些冲击带来的产出、就业和价格等不必要且无效率的波动。宏观经济政策应该是"逆风而上"，即当经济萧条时刺激经济，而当经济过热时抑制经济。

下面就各学派有关政府是否需要经济干预问题的理论分析作一个简单介绍。

1. 宏观经济政策无效性

根据理性预期理论，未预期的货币供给冲击首先影响社会购买力的变化，使总需求曲线发生移动，从而影响一般价格水平的变化。正是未预期的原因，起初总有一部分人误将一般价格变化当作相对价格改动，做出偏离潜在产出的生产决策。但是，经过一段时间后，人们逐渐明白这是一般价格变化改变了未来价格预期，使总供给曲线发生变动，纠正了原先错误的生产决策，让社会总产量恢复到潜在产出。也就是说，只要货币当局的政策具有系统性的操作，它就不能改变产出增长的长期路径。如果要长期影响产出，货币当局只能随机地改变货币政策，不让经济当事人掌握其规律，其代价是产出波动更为剧烈。这也可以用图 15.3 来加以说明。

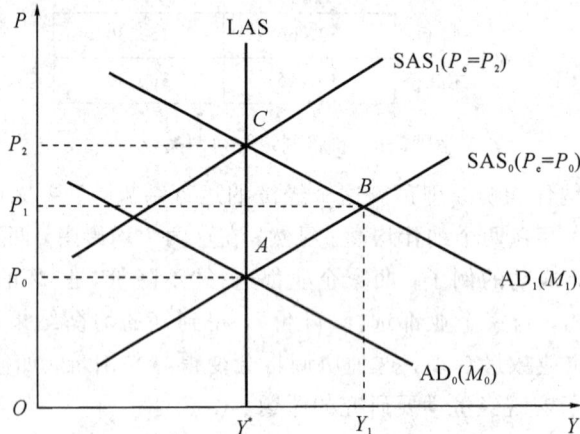

图 15.3 理性预期学派的"政策无效性"

在图 15.3 中，经济起初在 A 点处运行，A 点是总需求曲线 AD_0、总供给曲线 SAS_0 和 LAS 三条线的交点。在 A 点，价格水平 P^* 被完全预见（即实际和预期的价格水平一致），产出处在其长期均衡的水平（潜在产出）Y^* 上。假设货币当局宣布打算提高货币供给（货币存量从 M_0 增至 M_1），理性的当事人在形成他们的预期时会考虑这个信息并完全预见到货币供给的提高对一般价格水平的影响，结果产出会停留在潜在产出 Y^* 上不发生变动。当货币工资在一个向上的价格预期之下提高时，总需求曲线从 AD_0 向右移到 AD_1 的效果就被总供给曲线从 SAS_0 到 SAS_1 的向左移动所抵消。在这种情况下，经济将从 A 点直接移动到 C 点，停留在垂直的长期供给曲线 LAS 上，即使在短期，产出也不会发生变化。也就是说，货币是中性的。

相反，如果货币当局在未宣布其打算的情况下增加货币供给，出乎许多人的意料，拥有不完全信息的企业和工人很有可能会把一般价格水平上升的结果错误地当作相对价格的上升，他们会做出提高产量和增加劳动供给的反应。比如，在图 15.3 中，当总需求曲线将从 AD_0 移动到 AD_1 时，社会没有改变价格预期，总供给曲线仍为 SAS_0。AD_1 与 SAS_0 相交于 B 点。这时经济的产出增至 Y_1，偏离潜在产出 Y^*，这是预期误差的结果。按照理性预期理论的说法，产量偏离潜在产出的变化都是暂时的。一旦当事人意识到相对价格并没有变化，产量就会又回到它们的长期均衡（潜在产出）水平。在图 15.3 中，当人们纠正了价格预期时，总供给曲线就会从 SAS_0 向左移动到 SAS_1，与 AD 在 C 点相交，产量又回到潜在产出 Y^*，但是价格却从 P^* 升到 P_2。

总之，理性预期学派的观点是：第一，可预期的货币供给的变化将只改变价格水平，而对实际产出不会产生影响；第二，只有未预期的货币供给的变化才影响实际产出。宽松的货币政策暂时可能会增加实际产出，但最终只会制造通货膨胀，而不会影响实际产出。

2. 时间不一致性

时间不一致性（time inconsistency）是指政府在某一时期制定并执行的最优政策，随着时间的推移，政策环境发生了变化，原来是最优的政策就会变得不是最优的了。如果政府的行动可以不受约束或允许政府采用相机抉择，那么一项政策起初是最优的，而在社会不断改变价格预期的情况下，最后就会变得非最优了。由于短期菲利普斯曲线揭示了通货膨胀和失业之间存在一种短期替代关系，政府为了争取更大的支持率，往往会利用经济政策对经济进行"调整"。比如，当初通货膨胀率为零，失业率为自然率，政府为了争取支持率，制定了一项"通货膨胀换就业"的计划。计划初期，人们的通货膨胀预期为 0，社会对低通货膨胀换更高就业的计划是满意的。但是，随着计划实施的持续，人们逐渐改变了对通货膨胀的预期，短期菲利普斯曲线向右移动，失业率又回到自然率，社会发现通货膨胀并不能持续换来更高就业，经济比计划前更不满意了。结果制订的计划与执行的计划之间的经济环境发生分离，产生了所谓"时间不一致性"。

下面用图 15.4 说明"时间不一致性"问题。

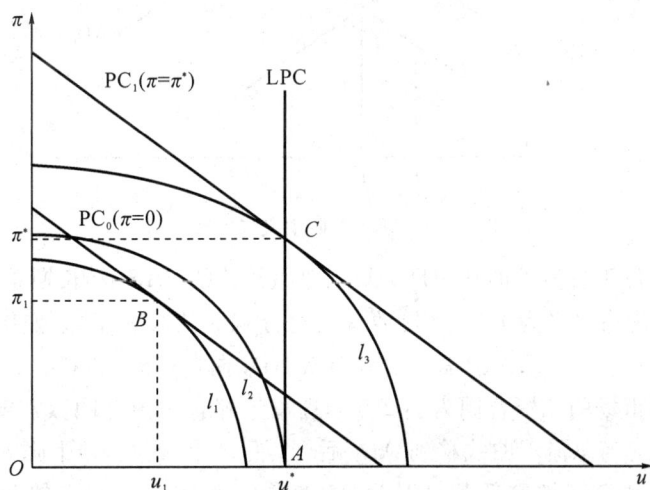

图 15.4　"时间不一致性"问题

图 15.4 中，横轴是失业率，纵横是通货膨胀率。一簇外凸曲线 l_1，l_2，l_3，…是政府的厌恶函数的无差异曲线。失业和通货膨胀都是厌恶品，厌恶程度 B 是失业率 u 和通货膨胀

率 π 的递增函数。政府希望 B 越小越好，自然会选择越靠近原点无差异曲线上的组合。PC_0 是通货膨胀率等于 0 时的短期菲利普斯曲线。如果起初经济处在 A 点，通货膨胀率为 0，失业率为自然率 u^*，那么一个短视的政府就会为了追求短期厌恶最小化目标而采取扩张性经济政策，使经济达到短期均衡点 B，失业率下降到 u_1，但通货膨胀率上升到 π_1。然而，随着时间的推移，人们对通货膨胀率的预期不再是 0，而是 $\pi_1(>0)$。这时，短期菲利普斯曲线就会向右移动，自然 B 点也就不再是短期均衡点了。短视的政府又会在经济处于预期通货膨胀率等于 π_1 的短期菲利普斯曲线上寻找新的短期均衡点……最终，政府使经济处于 C 点（短期菲利普斯曲线 PC_1 和厌恶函数的无差异曲线 l_3 的切点落在长期菲利普斯曲线 LPC 上，且可看作短视政府与社会博弈的长期均衡点），这时，失业率仍为自然率 u^*，可是通货膨胀率却达到 π^*。因为过 A 点厌恶无差异曲线 l_2 代表的厌恶程度要低于过 C 点厌恶无差异曲线 l_3 代表的厌恶程度。从长期来看，稳定政策不但没有使厌恶程度下降，反而使厌恶程度上升了。这样看来，政府最初还不如让经济处于 A 点更好。

3. 宏观经济政策对改善社会福利的影响

与新古典宏观经济学家的观点不同，新凯恩斯主义者不但不认为稳定政策是无效的和有害的，反而认为是有用的，有助于改善社会福利。调整工资的模型说明稳定政策对改善社会福利的作用，如图 15.5 所示。

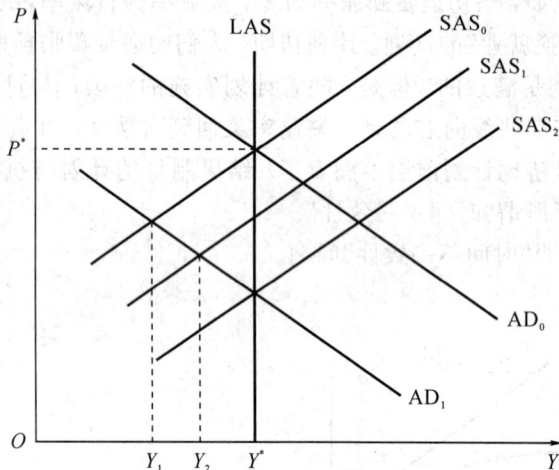

图 15.5　新凯恩斯主义稳定政策

假定经济起初位于总需求曲线 AD_0、短期总供给曲线 SAS_0 和长期总供给曲线 LAS 的共同交点上，这时价格水平为 P^*，实际收入为充分就业的收入 Y^*。如果经济受到总需求冲击（不妨设其为负向的），那么总需求曲线会从 AD_0 向左移动到 AD_1。

现在假定劳动市场的工资合同为期 2 年，且每年都有一半合同数需要重新签订。按照新凯恩斯主义理论，当总需求曲线移到 AD_1 后，实际产出（或收入）下降到 Y_1，这种状态一直持续到第一批劳动合同被重新签订时为止。在第一批占总数一半的劳动合同重新签订时，劳动供求双方达成了较低的名义工资协议，较低的名义工资使短期总供给曲线向右移动到 SAS_1，这时，实际产出（或收入）增加到 Y_2。直到总需求冲击后的第 2 年，当第二批劳动合同重新签订时，总供给曲线向右移动到 SAS_2，产出（或收入）才恢复到了总需求冲击前

的充分就业的水平 Y^*。

新凯恩斯主义在政策主张方面的观点是，由于价格和工资的黏性，经济总需求冲击后（例如导致经济衰退），从一个非充分就业的均衡状态恢复到充分就业的均衡状态是一个缓慢的过程，因此用政策来刺激总需求是必要的，不能等待工资和价格向下的压力带来经济恢复（因为这是一个长期的痛苦的过程）。

4. 相机抉择和单一规则

凯恩斯主义、新凯恩斯主义，甚至货币主义者都认为虽然资本主义经济体制具有某些自动稳定器功能，可以起到缓和经济周期的作用，但是仍不足以克服经济周期可能带来的严重经济衰退和恶性通货膨胀。因此，政府需要应用"逆经济风向"的经济政策"熨平"经济周期，改善社会福利。然而，在赞成政府干预经济的经济学家中，具体如何操作政策却存在一定分歧，大致可以分为"相机抉择（discretion）"和"单一规则（single rule）"两种观点。下面以货币政策为例说明两者的差异。

相机抉择是指政府根据一定时期的经济社会状况，机动地决定和选择不同类型的反经济周期的经济政策工具，干预经济运行，实现宏观经济目标。货币当局或中央银行通过改变准备金或货币流量变化率，调节宏观经济走向，控制失业率和通货膨胀率。相机抉择货币政策是：当经济衰退，失业率增高，总需求不足时，货币当局应该增加货币供给，降低利率，刺激经济；相反，当经济过热，通货膨胀率高涨，总需求过度时，货币当局应该减少货币供给，提高利率。然而，相机抉择只给出政策的方向，却没有提及政策的力度。相机抉择的政策力度往往带有很大的主观随意性。

相反，货币主义的领军人物弗里德曼却认为相机抉择政策不仅很难收到预期效果，甚至会适得其反，造成经济的大起大落。因此，他主张用一种预先制定的对货币投放有约束力的"规则"取而代之。他认为，货币当局应宣布一个稳定的货币供给增长率，以避免对价格膨胀和紧缩造成人为的扰动。弗里德曼认为，美国在 20 世纪 70 年代以前每年物价上涨为 3%～5%，他估计，美国每年人口和劳动力增长率约为 1%～2%，每年 GDP 增长为 3%，这样，货币供应总额（现金加上商业银行的活期和定期存款）每年增长 3%～5% 就可以了。后来，泰勒进一步提出美国货币供给的规则：

$$r = \pi + 0.5\Delta Y + 0.5(\pi - 0.02) + 0.02$$

式中：r 为联邦基金利率；π 为前四个季度的平均通货膨胀水平；ΔY 为实际产出对潜在产出的偏离的百分比。

附录 1　总供给曲线斜率与经济波动的关系

15.1 节中，为方便起见，用振幅来说明经济波动的大小。严格地说，说明随机波动的大小应该用（振幅的）方差，而非振幅。为了说明问题方便起见，这里我们假定只有来自总需求方面的冲击 ε。设总供给曲线为 $Y = Y^* + (P - P_e)/\lambda$，总需求曲线为 $P = -\alpha Y + \varepsilon$（去掉无关紧要的常数项），其中，$\lambda$ 是总供给曲线斜率（$0 \leqslant \lambda < +\infty$），$\alpha$ 是总需求曲线斜率（$0 < \alpha$），P_e 是预期价格。根据上述方程可解得均衡产量 Y_e 和它的方差 σ_Y^2。

$$Y_e = \frac{\lambda Y^* - P_e}{\lambda + \alpha} + \frac{\varepsilon}{\lambda + \alpha}, \quad \sigma_Y^2 = \left(\frac{1}{\lambda + \alpha}\right)^2 \sigma_\varepsilon^2$$

其中，σ_ε^2 是总需求方面冲击 ε 的方差。

因为 $\dfrac{d\sigma_Y^2}{d\lambda}=\dfrac{-2\sigma_\epsilon^2}{(\lambda+\alpha)^3}<0$，故总供给曲线斜率越大，波动越小。当价格完全黏性，总供给曲线水平（$\lambda=0$）时，波动最大，$\sigma_{Y\max}^2=\dfrac{\sigma_\epsilon^2}{\alpha^2}$。当价格完全弹性，总供给曲线垂直（$\lambda\rightarrow\infty$）时，波动最小，$\sigma_{Y\min}^2=0$。

附录 2　货币经济周期模型

1. 总需求曲线

根据货币需求函数 $MV=PY$（其中，M 是名义货币，P 是价格，Y 是产出，V 是货币流通速度），两边取对数，有

$$\ln M+\ln V=\ln P+\ln Y$$

如果 $\ln V$ 随机变动，取 $m=\ln M$，$p=\ln P$，$y=\ln Y$，就有总需求曲线 $y=\alpha+(m-p)$（去掉无关紧要的常数项，α 为货币供给外的白噪声，期望值等于 0 随机扰动，即 $E\alpha=0$）。

2. 经济周期模型

根据前面讨论知总供给曲线 $y_s=y^*+\lambda(p-p_e)$，总需求曲线 $y_d=\alpha+(m-p)$。当经济达到均衡时，

$$y=y_s=y_d$$

对总供给曲线和总需求曲线两边取期望，有

$$y_e=y^*$$
$$y_e=m_e-p_e$$

解得 $y^*=m_e-p_e$，将总供给曲线和总需求曲线分别减去上面两式，得

$$y-y^*=\lambda(p-p_e)$$
$$y-y^*=\alpha+(m-m_e)-(p-p_e)$$

解得

$$y=y^*+\frac{\lambda}{1+\lambda}[\alpha+(m-m_e)]$$

$$p=m_e-y^*+\frac{1}{1+\lambda}[\alpha+(m-m_e)]$$

由于人们经过一段时间总能预期到总需求的波动 α，因此 α 不会导致产量 y 长期偏离潜在产出 y^*，只有未预期到的货币供给量的变化 $(m-m_e)$ 才能使产出水平长期偏离潜在产出。

附录 3　实际经济周期的基本模型

假设经济由众多长生不老的相同的家庭组成，他们作出有关消费、投资和劳动供给的决策。再假定家庭决策者无限理性，能确定未来消费序列 C_t，每个家庭的目的是选择消费序列 $\{C_t\}$，使长期效用最大化，即

$$\max E_t U=E_t\Big[\sum_{i=0}^{\infty}\beta^{t+i}u(C_{t+i})\Big]$$

其中，β 是贴现因子。

为便于讨论，假定人口和劳动力固定，这个经济中所生产的实际收入取决于技术和资本存量，从而总产量可表示为

$$Y_t = A_t f(K_t) = C_t + I_t$$

在简单的新古典框架下，产品要么被消费掉，要么用于投资。资本存量的运动规律为下一期的资本等于新投资加上本时期资本存量减去折旧：

$$K_{t+1} = (1-\delta)K_t + I_t$$

综上所述，可以归纳为以下最优规划问题：

$$\max E_t U = E_t \Big[\sum_{i=0}^{\infty} \beta^{t+i} u(C_{t+i}) \Big]$$

$$\text{s. t.} \quad Y_t = A_t f(K_t) = C_t + I_t, \quad K_{t+1} = (1-\delta)K_t + I_t$$

将 $Y_t = A_t f(K_t) = C_t + I_t$ 和 $K_{t+1} = (1-\delta)K_t + I_t$ 代入 $E_t U = E_t \Big[\sum_{i=0}^{\infty} \beta^{t+i} u(C_{t+i}) \Big]$，得

$$\max E_t U = E_t \Big\{ \sum_{t=0}^{\infty} \beta^{t+i} u \big[A_{t+i} f(K_{t+i}) - K_{t+i+1} + (1-\delta)K_{t+i} \big] \Big\}$$

对 K_{t+1} 求导，得到

$$-\beta^t u'(C_t) + E_t \{ \beta^{t+1} u'(C_{t+1}) [A_{t+1} f'(K_{t+1}) - (1-\delta)] \} = 0$$

简化得一阶条件：

$$u'(C_t) = E_t \{ \beta u'(C_{t+1}) [A_{t+1} f'(K_{t+1}) + (1-\delta)] \}$$

如果满足横截条件：

$$\lim_{i \to \infty} \beta^{t+i} u'(C_{t+i}) K_{t+i+1} = 0$$

则上述最优规划的解存在。

为了得到显示解，对效用函数、生产函数和参数做一些特殊的设定，这里取：

$$u(C_t) = \ln C_t, \quad Y_t = A_t K_t^{\alpha}, \quad \delta = 1$$

各期资本完全折旧。根据约束条件和一阶条件得到

$$A_t K_t^{\alpha} = C_t + K_{t+1}, \quad \frac{1}{C_t} = E_t \Big[\beta \frac{\alpha A_{t+1} K_{t+1}^{\alpha-1}}{C_{t+1}} \Big] = \alpha \beta E_t \Big[\frac{Y_{t+1}}{C_{t+1}(Y_t - C_t)} \Big]$$

化简得到

$$\frac{Y_t}{C_t} - 1 = \alpha \beta E_t \Big(\frac{Y_{t+1}}{C_{t+1}} \Big)$$

令 $s_t = \dfrac{Y_t}{C_t}$，则有 $s_t - 1 = \alpha \beta E_t s_{t+1}$。此方程中可求得一个稳定解：

$$s_1 = s_2 = \cdots = s_t \cdots = s = \frac{1}{1-\alpha\beta}$$

则

$$C_t = \frac{Y_t}{1-\alpha\beta}, \quad K_{t+1} = \frac{\alpha \beta A_t K_t}{1-\alpha}, \quad Y_t = \Big(\frac{\alpha\beta}{1-\alpha} \Big)^{\alpha} A_t Y_{t-1}^{\alpha}$$

取 $y_t = \ln Y_t$，$a_t = \ln A_t$，省略不重要的常数项后得到

$$y_t = \alpha y_{t-1} + a_t$$

注意在去掉常数项的过程中，潜在产出也被"去掉"了，剩下的就是"波动"部分。

假设技术冲击服从一阶自回归过程（first-order auto-regressive process），即

$$a_t = \rho a_{t-1} + \varepsilon_t$$

其中，$\rho < 1$，ε_t 是一个白噪声，即 $E\varepsilon_t = 0$。

由 $a_t = y_t - \alpha y_{t-1}$ 可得

$$y_t - \alpha y_{t-1} = \rho(y_{t-1} - \alpha y_{t-2}) + \varepsilon_t$$

移项可得

$$y_t = (\alpha + \rho)y_{t-1} - \alpha\rho y_{t-2} + \varepsilon_t$$

即产出是一个二阶自回归过程。

附录 4　实际经济周期的工资顺周期说明

为了便于讨论，这里将多时段简化为两时段，即

$$\max\left[C_1 - \frac{L_1^{1-\eta} - 1}{1-\eta} + \beta\left(C_2 - \frac{L_2^{1-\eta}}{1-\eta}\right) \right] \quad (\eta < 0)$$

$$\text{s.t.} \quad C_1 + S = W_1 L_1, \ C_2 = W_2 L_2 + (1+r)S$$

$$\Leftrightarrow \quad \max\left[C_1 - \frac{L_1^{1-\eta} - 1}{1-\eta} + \beta\left(C_2 - \frac{L_2^{1-\eta}}{1-\eta}\right) \right]$$

$$\text{s.t.} \quad W_2 L_2 + (1+r)W_1 L_1 - (1+r)C_1 - C_2 = 0$$

构建拉氏函数：

$$F = \left[C_1 - \frac{L_1^{1-\eta} - 1}{1-\eta} + \beta\left(C_2 - \frac{L_2^{1-\eta}}{1-\eta}\right) \right] + \lambda\left[W_2 L_2 + (1+r)W_1 L_1 - (1+r)C_1 - C_2 \right]$$

一阶条件为

$$\frac{\partial F}{\partial L_1} = -L_1^{-\eta} + \lambda(1+r)W_1 = 0$$

$$\frac{\partial F}{\partial L_2} = -\beta L_2^{-\eta} + \lambda W_2 = 0$$

$$\frac{\partial F}{\partial \lambda} = W_2 L_2 + (1+r)W_1 L_1 - (1+r)C_1 - C_2 = 0$$

前两式相除，整理可得

$$\frac{L_1}{L_2} = \left[\beta(1+r) \right]^{-\frac{1}{\eta}} \left(\frac{W_1}{W_2} \right)^{-\frac{1}{\eta}}$$

因为 $-\dfrac{1}{\eta} > 0$，所以劳动供给与工资顺周期。

附录 5　时间不一致性说明

为了便于说明问题，设政府的厌恶函数为 $B = \pi^2 + u^2$，政府短期决策的优化问题为

$$\min B = \pi^2 + u^2$$

$$\text{s.t.} \ u = u^* - \lambda(\pi - \pi_e)$$

当 $\pi_e = 0$ 时，上述方程可简化为

$$\min B = \pi^2 + (u^* - \lambda\pi)^2$$

一阶条件为

$$2\pi + 2\lambda(\lambda\pi - u^*) = 0$$

短期均衡点 B 对应的 $\pi_1 = \dfrac{\lambda u^*}{1+\lambda^2}$，$u_1 = \dfrac{u^*}{1+\lambda^2}$。

根据 C 点要求，应满足下列方程：

$$u = u^*$$

$$-\frac{1}{\lambda} = \frac{\mathrm{d}\pi}{\mathrm{d}u}\bigg|_{\text{SRPC}} = -\frac{\dfrac{\partial B}{\partial u}}{\dfrac{\partial B}{\partial \pi}} = -\frac{2u}{2\pi}$$

解得 C 点的通货膨胀率 $\pi^* = \lambda u^*$，相应的厌恶度为 $B_C = (1+\lambda^2)u^{*2}$，大于 A 点的厌恶度 $B_A = u^{*2}$。

习　题　15

一、选择题

1. 以下各项都是与名义变量相对的实际变量，除了（　　）。

A. 产出   B. 就业

C. 消费   D. 价格

2. 按照实际经济周期理论，实际 GDP 总是（　　）。

A. 大于产出的自然率   B. 等于产出的自然率

C. 小于产出的自然率   D. 不能确定

3. 以下各项都是实际经济周期理论的特点，除了（　　）。

A. 价格是黏性的   B. 经济按照古典模型的假设运行

C. 所有的失业都是自愿的   D. 实际工资是灵活的

4. 在鲁滨逊假设中，实际 GDP 的变化是由于（　　）。

A. 总需求的变化，如货币供给的变化

B. 总供给的变化，如技术冲击与天气

C. 既不是总需求的变化也不是总供给的变化

D. 通货膨胀

5. 按照实际经济周期理论，当实际利率提高时，产出增加，这是因为（　　）。

A. 技术变化   B. 时际劳动替代

C. 实际货币余额的变化   D. 价格与工资黏性

6. 新古典主义经济学家把经济衰退期的产出减少解释为（　　）。

A. 过低的实际利率，导致工人选择现在休息而将劳动时间推迟到未来的某阶段

B. 可用生产技术的退化

C. 失业保障收益的增加使工人选择更多的闲暇

D. 以上全部

7. 按照实际经济周期理论，以下所有关于就业的陈述都是正确的，除了（　　）。

A. 人们总是在他们的劳动供给曲线上运行

B. 就业的波动反映了想要在市场工资水平下工作的人数的变化

C. 实际工资完全可变,所有劳动市场总是出清的

D. 人们通过改变他们愿意供给的劳动力数量回应名义工资的变化,即使实际工资保持不变

8. 按照实际经济周期理论,货币供给的增加将(   )。

A. 降低实际利率

B. 提高实际利率

C. 对实际利率没有影响

D. 降低实际利率或者对实际利率没有影响

9. 以下选项中,(   )不是货币非中性的论据。

A. 大萧条

B. 经济政策与 GDP 的变化之间的关系

C. 足球比赛用掷硬币决定选边的传统

D. 控制通货膨胀的牺牲率

10. 按照实际经济周期理论,GDP 与货币供给之间的正向关系可能是由于(   )。

A. 货币供给的增加使实际利率下降,投资与产出增加

B. 产出的增加使货币需求增加,适应了货币供给的增加

C. 货币供给的增加引起通货膨胀,降低了实际工资,增加了劳动需求量与 GDP

D. 以上全部

11. 新凯恩斯主义经济学家认为,短期中的黏性价格与价格是(   )的结果。

A. 理性预期　　　　　　　　　　B. 货币供给的改变

C. 菜单成本　　　　　　　　　　D 自由竞争

12. 企业不考虑它们价格的下降对(   )的影响时,总需求的外部性出现。

A. 通货膨胀　　　　　　　　　　B. 产出

C. 政府支出　　　　　　　　　　D. 货币供给

13. 如果出现(   )情况,协调失效可能导致经济衰退。

A. 经济参与者中无人具有竞赛精神

B. 企业保持自己的价格不变,因为它们预期其他企业也保持价格不变

C. 企业组成卡特尔以协调价格

D. 企业许诺联合,但结果却没有做到

14. 可能支持经济衰退期的扩张性货币政策与财政政策的经济学家是(   )。

A. 古典主义经济学家　　　　　　B. 新古典主义经济学家

C. 新凯恩斯主义经济学家　　　　D. 货币主义经济学家

15. 企业最常用(   )来作为它们不愿改变价格的理由。

A. 它们认为这对消费者不公平

B. 它们决定等到其他企业也改变价格时再改变

C. 改变价格会使企业损失惨重

D. 它们担心消费者会把价格的下降误认为产品质量的下降

二、简答题

1. 用实际经济周期理论如何解释就业的波动?

2．个别企业价格调整的交错如何影响物价总水平对货币紧缩的调整？

3．根据实际经济周期理论，持久的与暂时的技术冲击对经济应该有完全不同的影响。用鲁滨逊的故事来比较暂时冲击(预期好天气只持续几天)与持久冲击(气候模式的有利变动)的影响。哪一种冲击对鲁滨逊的工作努力程度影响更大？对 GDP 影响更大？这些冲击中有哪一种会减少工作努力程度？

4．用协调失灵理论解释经济周期现象。

5．用工资交错调整理论解释经济周期现象。

参考文献

[1] 布莱恩·斯诺登，霍华德·R.文. 现代宏观经济学：起源、发展和现状[M]. 佘江涛，魏威，张风雷，译. 南京：凤凰出版传媒集团，江苏人民出版社，2009.

[2] N·格里高利·曼昆. 宏观经济学[M]. 9版. 卢远瞩，译. 北京：中国人民大学出版社，2016.

[3] 鲁迪格·多恩布什，斯坦利·费希尔，理查德·斯塔兹. 宏观经济学[M]. 12版. 王志伟，译. 北京：中国人民大学出版社，2017.

[4] 奥利维尔·布兰查德，大卫·约翰逊. 宏观经济学[M]. 6版. 王立勇，等译. 北京：清华大学出版社，2014.

[5] 高鸿业，等. 西方经济学：宏观部分[M]. 7版. 北京：中国人民大学出版社，2018.

[6] 袁志刚，樊潇彦. 宏观经济学[M]. 北京：高等教育出版社，2008.